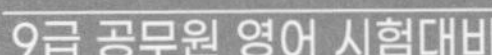

특 별 판

진가영 영어

진가영 편저

New Trend
단기합격 길라잡이

기출 빅데이터인 족보를 기반으로 출제 예상되는
문법, 어휘, 생활영어 각 영역 핵심 내용 총정리!

진(眞)족보 마무리 합격노트

시험 직전 막판 역전을 만든다!

PREFACE

이책의 머리말

진(眞)족보 마무리 합격노트를 출간하며...

안녕하세요. 여러분들의 단기합격 길라잡이 진가영입니다.

시험 직전에 반드시 보고 가야 할 필수 내용을 담아 막판 역전을 이끌어 낼 수 있도록 돕는 진족보 마무리 합격노트를 출간하게 되어 기쁘고 감사한 마음입니다. 여러분이 시험 직전에 든든하게 들고 갈 수 있는 마무리 합격 노트가 필요하다고 생각했지만, 이를 완성하는 과정은 쉽지 않았고 오랜 시간과 노력이 필요했습니다.

그렇기에 이 교재가 출간되는 순간이 더욱 뜻깊고, 여러분께 실질적인 도움이 될 것이라 확신합니다. 진족보 마무리 합격노트는 방대한 공무원 영어 내용을 압축하여 핵심적이고 필수적인 내용만을 선별해 마지막 정리를 돕는 필수 교재입니다. 이를 통해 시험 직전 완벽한 준비를 마칠 수 있으며, 시험장까지 든든한 길잡이가 되어줄 것입니다. 이 교재의 주요 특징은 다음과 같습니다.

1. 신경향 출제 기조에 따른 필수 어휘 정리
   - 최신 출제 경향을 반영한 다의어 어휘를 한눈에 보기 쉽게 정리하고, 예문까지 제공하여 학습의 효율성을 극대화할 수 있도록 했습니다.
   - 착각하기 쉬운 혼동 어휘를 체계적으로 정리해 시험장에서의 정확도를 높일 수 있도록 했습니다.
   - 공무원 시험에 자주 출제되거나 매끄러운 해석을 위해 반드시 알아야 할 핵심 숙어들을 정리하여 안전한 시험 대비를 도울 수 있도록 했습니다.
2. 15개년 이상의 기출 빅데이터 분석을 통한 문법 OX 문제
   - 핵심 문법 선지를 적중 포인트별로 출제 순위에 따라 정리하여, 시험 직전 중요한 문법 개념을 빠르게 점검할 수 있습니다.
   - OX 문제 형식으로 구성해 문법 개념을 연습하고, 실전 적용 능력을 기를 수 있도록 했습니다.
3. 생활영어 영역 테마별 대표 문제 및 표현 정리
   - 공무원 시험에서 중요한 생활영어 표현들을 테마별로 정리하여 학습자의 부담을 줄이고, 시험 직전 효과적으로 정리할 수 있도록 했습니다.
   - 각 테마별 대표 문제를 풀어보고 핵심 표현을 정리함으로써 최적의 마무리 학습을 가능하게 했습니다.
4. 신경향 출제 기조 전환 예시 1차·2차 문제 및 해설 제공

   인사혁신처가 제공한 출제 기조 전환 예시 문제의 중요성은 아무리 강조해도 지나치지 않습니다. 이에 따라, 마지막에 꼭 정리해야 할 출제 기조 전환 예시 문제 1차·2차를 수록하고 상세 해설을 제공했습니다. 이를 통해 실전 감각을 키우고 출제자의 의도를 정확히 파악할 수 있도록 했습니다.

이처럼 강력한 장점을 두루 갖춘 진족보 마무리 합격노트는 여러분이 반드시 합격할 수 있도록 큰 도움이 될 것입니다.
끝으로, 좋은 수업과 교재가 나올 수 있도록 도와주신 학원과 출판 관계자분들께 진심으로 감사드립니다. 또한, 항상 저를 믿고 따라와 주시는 여러분께 깊은 존경과 감사를 전합니다.

여러분들의 노력이 반드시 합격으로 이어질 수 있도록, 현명한 단기합격 길라잡이로서 더 좋은 모습으로 수업에서 뵙도록 하겠습니다. 이 진족보 마무리 합격노트 교재를 통해 꼭 빠른 합격을 이루시길 항상 응원합니다.

Dreams come true!

꿈은 반드시 이루어진다!

진심을 다해 가르치는 영어 - 진가영

① 2025년도 출제 기조 전환 "핵심 내용"

"지식암기 위주에서 현장 직무 중심으로 9급 공무원 시험의 출제 기조가 바뀐다"

인사혁신처가 출제하는 9급 공무원 시험 국어·영어 과목의 출제 기조가 2025년부터 전면 전환됩니다. 인사혁신처 처장은 '2023년 업무보고'에서 발표했던 인사처가 출제하는 9급 공무원 시험의 '출제 기조 전환'을 2025년부터 본격 추진한다고 밝혔습니다.

'출제 기조 전환'의 핵심내용은 지식암기 위주로 출제되고 있는 현행 9급 공무원 시험 국어·영어 과목의 출제 기조를 직무능력 중심으로 바꾸고, 민간 채용과의 호환성을 강화하는 것입니다. 현장 직무 중심의 평가를 위해 영어 과목에서는 실제 업무 수행에 필요한 실용적인 영어능력을 검증하고자 합니다. 특히 영어 과목에서는 실제 활용도가 높은 어휘를 주로 물어보고 어법의 암기를 덜 요구하는 방식이고, 전자메일과 안내문 등 업무 현장에서 접할 수 있는 소재와 형식을 적극 활용한 문제들로 구성될 것으로 보입니다.

이를 바탕으로 인사혁신처는 종합적 사고력과 실용적 능력을 평가하게 되는 출제 기조 전환으로 공직에 더 적합한 인재를 선발할 수 있고, 공무원과 민간부문 채용시험 간 호환성 제고로 청년들의 시험 준비 부담이 감소되고 우수한 인재가 공직에 보다 더 지원할 것으로 기대하고 있습니다.

② 2025년 "현명한" 신경향 공무원 영어 학습 전략

신경향 어휘 학습

출제 기조 전환 전에는 유의어 유형을 많이 물어보고 단순 암기로 인하여 문제 푸는 시간 또한 절약할 수 있었습니다. 하지만 2025년 출제 기조 전환 예시문제를 보면 어휘는 빈칸 유형으로만 구성된 것으로 보아 **제시문의 맥락을 고려하고 정확한 단서를 찾은 후에 빈칸 안에 어떤 어휘가 적절한 것인지 찾는 훈련과 연습**이 반드시 필요합니다.

신경향 문법 학습

출제 기조 전환 전에는 문법 문제들이 박스형, 문장형, 영작형으로만 구성되었지만 출제 기조 전환 발표 중 일부인 민간 채용과의 호환성을 강화하는 취지로 **TOEIC, TEPS 시험에서 잘 나오는 빈칸 유형이 문법 문제로 새로 추가되었습니다.** 이런 유형들은 기존의 유형들과 확실하게 다른 접근법으로 문제를 풀어야 하므로 **문법 파트별로 체계적인 이론 정리와 더불어 다양한 문제들을 많이 풀어보고 문제 풀이 전략을 정확하고 확실하게 배워야 합니다.**

신경향 독해 학습

출제 기조 전환 전에는 1지문 1문제로 구성되고 각 선지들이 지문에 맞는지, 안 맞는지만 판단하기만 하면 되었지만 **2025년 출제 기조 전환 예시문제를 보면 독해 유형에 세트형이 2문제**로 구성되어 있습니다. 세트형이라고 난도가 더 올라갔다고 보기는 어렵지만 **다소 생소한 형식의 문제 유형이 출제되면 수험생들이 당황하기가 쉬우므로 신유형 독해 문제인 전자메일과 안내문, 홈페이지 게시글 등의 형식들에 대한 체계적인 학습을 통해 빠르고 정확하게 푸는 전략을 체화시켜야 합니다.** 이와 같은 형식으로 단일 지문으로 구성되기도 하니 특히 많은 훈련이 필요한 영역입니다.

GUIDE

구성과 특징

1 신경향 출제 기조에 따른 필수 어휘 정리

- 최신 출제 경향을 반영한 다의어 어휘를 한눈에 보기 쉽게 정리하고, 예문까지 제공하여 학습의 효율성을 극대화할 수 있도록 했습니다.
- 착각하기 쉬운 혼동 어휘를 체계적으로 정리해 시험장에서의 정확도를 높일 수 있도록 했습니다.
- 공무원 시험에 자주 출제되거나 매끄러운 해석을 위해 반드시 알아야 할 핵심 숙어들을 정리하여 안전한 시험 대비를 도울 수 있도록 했습니다.

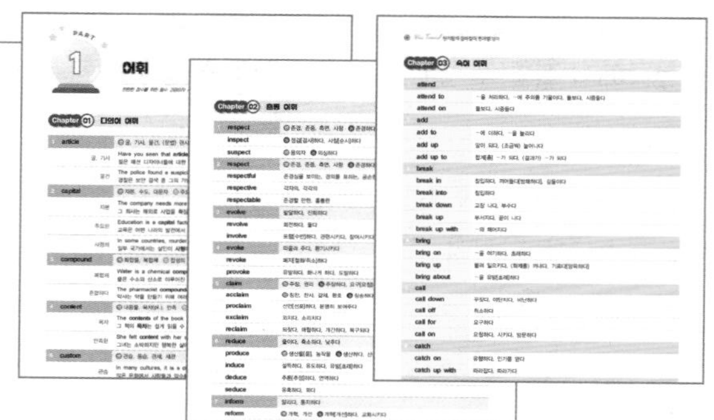

2 15개년 이상의 기출 빅데이터 분석을 통한 문법 OX 문제

- 핵심 문법 선지를 적중 포인트별로 출제 순위에 따라 정리하여, 시험 직전 중요한 문법 개념을 빠르게 점검할 수 있습니다.
- OX 문제 형식으로 구성해 문법 개념을 학습하고, 실전 적용 능력을 기를 수 있도록 했습니다.

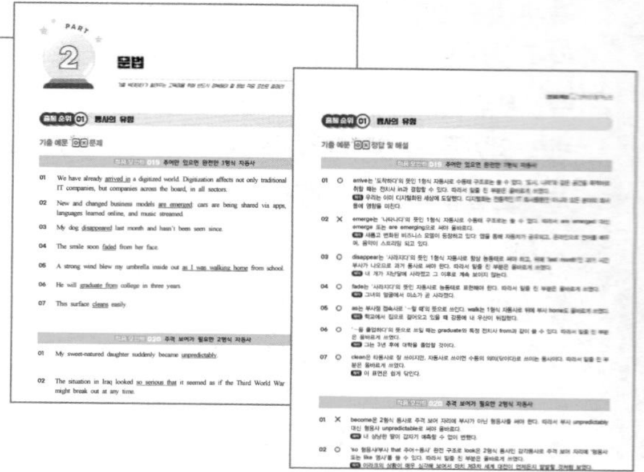

3 생활영어 영역 테마별 대표 문제 및 표현 정리

- 공무원 시험에서 중요한 생활영어 표현들을 테마별로 정리하여 학습자의 부담을 줄이고, 시험 직전 효과적으로 정리할 수 있도록 했습니다.
- 각 테마별 대표 문제를 풀어보고 핵심 표현을 정리함으로써 최적의 마무리 학습을 가능하게 했습니다.

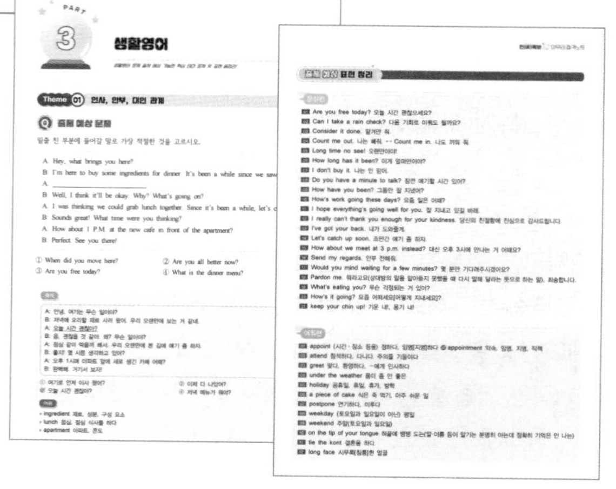

4 신경향 출제 기조 전환 예시 1차·2차 문제 및 해설 제공

마지막에 꼭 정리해야 할 출제 기조 전환 예시 문제 1차 · 2차를 수록하고 상세 해설을 제공했습니다. 이를 통해 실전 감각을 키우고 출제자의 의도를 정확히 파악할 수 있도록 했습니다.

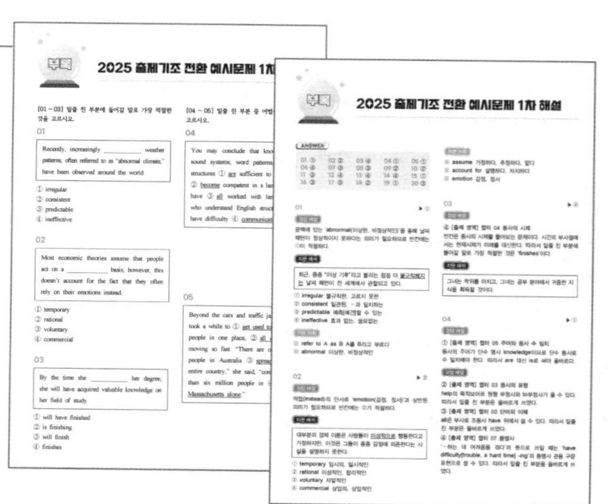

REVIEW

후기

가영쌤과 점수 수직 상승을 만들어 낸 "생생한" 수강후기

★★★★★ 충남 교행 수석 영어 100점

김**

가영쌤의 커리는 기본적으로 **반복을 거듭해서 확실하게 기억하고 또 여러 방향으로 적용하면서 어떤 식으로 문제가 변형되어 나와도 확실하게 캐치할 수 있게 만드는 방향으로 진행됩니다. 특히 여러 번 강조해서 배우는, 자주 출제되는 중요한 내용들은 계속 따로 자료를 만들고, 또 특강으로도 계속 또 반복해서 빠짐없이 떠 먹여 주기까지 합니다.** 따라가려고 노력만 하면 보상을 받을 수 있는 그런 시간을 보낼 수 있는 강의라고 생각합니다. 가영쌤은 또, 더 재밌는 강의를 위해 매번 좀 웃긴 거를 많이 준비해 오시는 것 같은 모습이 보이는데 많은 정성과 노력을 기울이고 계시다는 걸 느낄 수 있는 시간들이었습니다.

★★★★★ 우정직 수석 합격 영어 85점

박*태

영어 선생님을 고를 때 가영쌤을 추천하는 이유는 먼저 탄탄한 커리큘럼과 숙제 관리, 그리고 문법 교재가 너무너무 좋습니다! 콤팩트한 책에 있을 내용 다 있고, 문판왕이나 동형모의고사 등 문풀 수업과의 연계도 잘 되어 있습니다. 그리고 매주 실강 수업 때 나오는 ox 숙제를 계속 반복해야 문법 출제 포인트가 무엇인지 익숙해집니다. 또한, 가영쌤의 어휘책 구성도 좋았고, 매 수업 전에 테스트를 하기 때문에 미리 공부해가야 하는 게 실력 향상에 도움이 되었습니다. **덕분에 이번 문제 풀이 소요시간, 24분, 동형 때는 달성해보지 못했던 최고기록입니다. 가영쌤** I cannot thank you enough!!

★★★★★ 2024 일반행정직 영어 100점

**선

영어 100점은 진짜 운이라고 생각했는데 선생님 만나고 나서 이게 진짜 실력으로 된다는 걸 알았어요. 단어 미친 반복으로 겨우 다 외우고 문법도 단판승 3시간 너무 좋았고 독해는 그 200제가 정말 좋았어요. 제가 국가직 영어 35분 걸려서 정말 선생님도 찾아뵈고 걱정 많이 했는데 **이번 지방직은 20분 컷해서 정말 좋았어요. 언제나 감사합니다!!**

★★★★★ 2024 일반행정직 영어 95점

**경

공시 시작하고 가영쌤을 만나서 영어 공부도 즐겁게 할 수 있었고 95점이라는 고득점도 해볼 수 있었고 항상 최선을 다하시는 모습을 보면서 많이 본받아야겠다 생각했습니다. 나태해질 때마다 쌤을 보면서 힘을 얻었고 앞으로도 제가 많이 존경하고 진심으로 응원할 영원한 제 1타 강사 가영쌤♥ 건강 잘 챙기시고 곧 태어날 아이와 가족들 또 주변 사람들과 행복한 순간만 앞으로 더 가득하시면 좋겠어요♥ 서울 가게 되면 인사드리러 꼭 갈게요!! **쌤이랑 함께한 시간들 항상 소중했어요♥** I cannot thank you enough♥

★★★★★ 2024년 사회복지직 영어 95점

**화

I cannot thank you enough♥시험을 준비하면서 나름의 소소한 목표 중 하나가 영어 시험을 잘 봐서 가영쌤한테 제가 먼저 올해 영어 잘 봤다고 연락드리는 거였는데, 드디어 그 목표를 이룰 수 있게 되어서 너무 기뻐요! 처음 박문각 와서 하프 들었을 때 3,4개 맞기도 하고 그랬던 적이 있었는데~ **쌤과 열심히 함께 달렸더니 95점이라는 이런 좋은 점수를 받았습니다. 영어는 제 발목을 잡는 과목 중 하나여서 처음부터 끝까지 긴장을 놓지 않고 제일 큰 비중을 두고 공부한 과목이었습니다. 이번 지방직에서 단어, 문법, 생활영어까지 쌤과 함께 공부했던 범위 내에서 계속 반복하며 공부했던 부분들이라 신속하고 정확하게 풀 수 있어시간 절약을 했던 것 같아요!** 다 가영쌤과 함께한 덕분이에요!

CURRICULUM

커리큘럼

2025 출제 기조 전환 대비 단기합격 커리큘럼 영상

2025년
신경향(New Trend)
정규 커리큘럼

합격을 위한 필수 과정

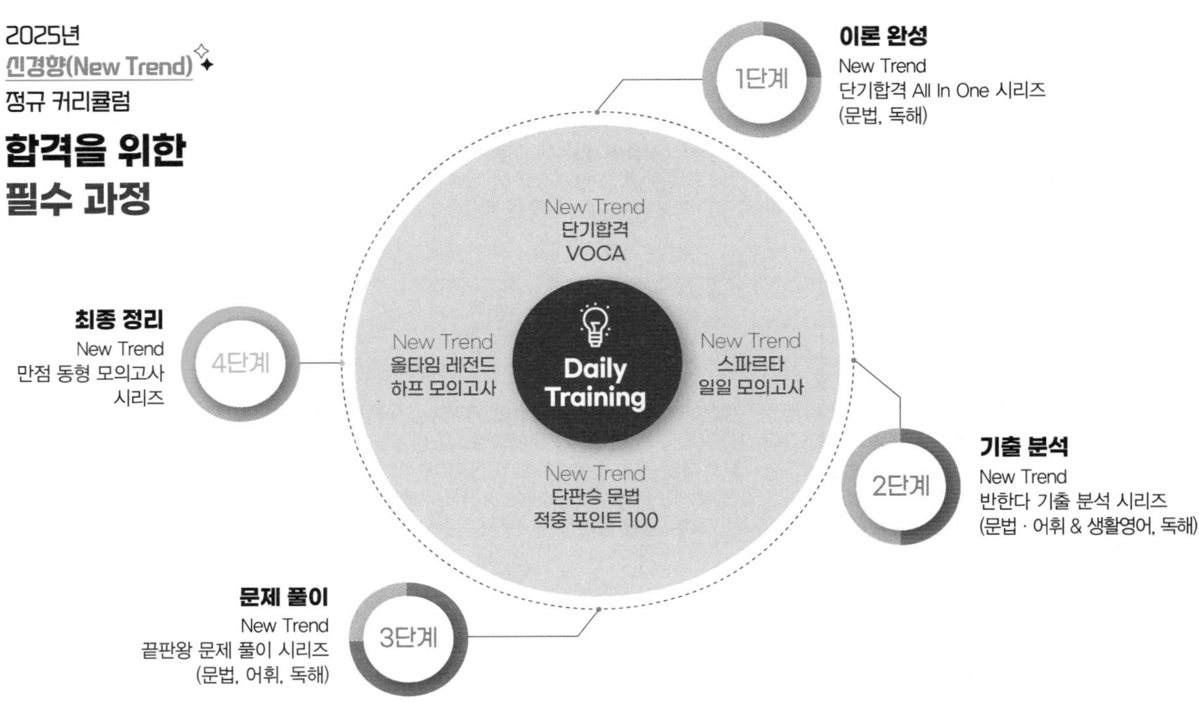

2025년
신경향(New Trend)
보완 커리큘럼

합격을 위한 선택 과정

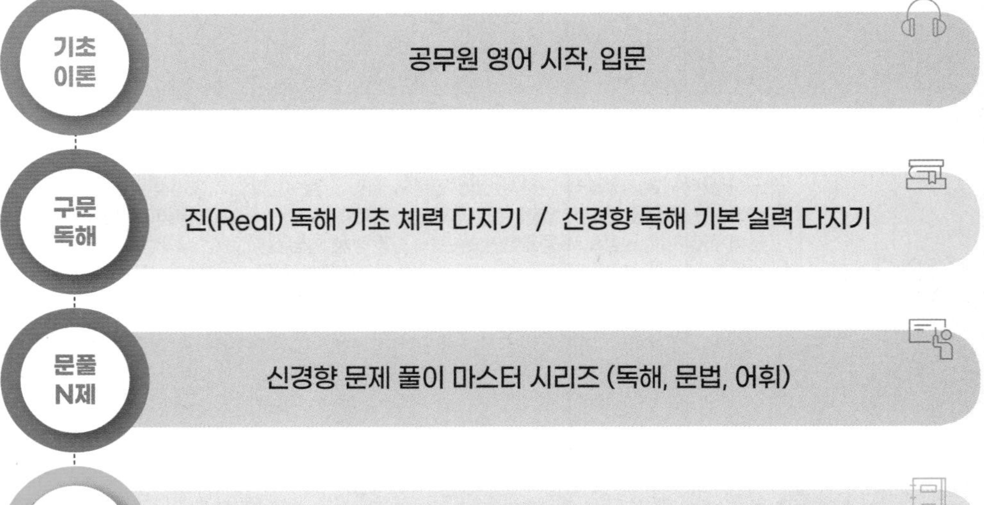

CONTENTS

차례

PART 01 어휘

PART 02 문법

PART 03 생활영어

부록 신경향 예시문제

진가영 영어

진(眞)족보 마무리 합격노트

진가영 영어연구소 | cafe.naver.com/easyenglish7

Part 01

어휘

어휘

탄탄한 점수를 위한 필수 과정이자 시험장에서 자신감을 끌어내는 핵심 어휘 총정리!

Chapter 01 다의어 어휘

1 article	명 글, 기사, 물건, (문법) 관사
글, 기사	Have you seen that **article** about young fashion designers? 젊은 패션 디자이너들에 대한 그 **기사** 보셨어요?
물건	The police found a suspicious **article** in his bag during the security check. 경찰은 보안 검색 중 그의 가방에서 수상한 **물건**을 발견했다.
2 capital	명 자본, 수도, 대문자 형 주요한, 사형의
자본	The company needs more **capital** to expand its operations overseas. 그 회사는 해외로 사업을 확장하기 위해 더 많은 **자본**이 필요하다.
주요한	Education is a **capital** factor in the development of any country. 교육은 어떤 나라의 발전에서 **주요한** 요소이다.
사형의	In some countries, murder is considered a **capital** offense. 일부 국가에서는 살인이 **사형**에 해당하는 범죄로 간주된다.
3 compound	명 화합물, 복합체 형 합성의 동 혼합하다
복합체	Water is a chemical **compound** made up of hydrogen and oxygen. 물은 수소와 산소로 이루어진 화학적 **복합체**이다.
혼합하다	The pharmacist **compounded** several ingredients to create the medicine. 약사는 약을 만들기 위해 여러 성분을 **혼합했다**.
4 content	명 내용물, 목차(pl.), 만족 형 만족한 동 만족시키다
목차	The **contents** of the book are divided into ten chapters for easy reading. 그 책의 **목차**는 쉽게 읽을 수 있도록 10개의 장으로 나누어져 있다.
만족한	She felt **content** with her simple but happy life. 그녀는 소박하지만 행복한 삶에 **만족했다**.
5 custom	명 관습, 풍습, 관세, 세관
관습	In many cultures, it is a **custom** to greet people with a handshake. 많은 문화에서 사람들과 악수를 하는 것이 **관습**이다.
관세	We had to pay **customs** on the items we brought from abroad. 우리는 해외에서 가져온 물품에 대해 **관세**를 내야 했다.

6 degree
명 정도, 학위, (온도, 각도, 경도의) 도

정도
The **degree** of difficulty in this exam is higher than expected.
이 시험의 난이도 **정도**가 예상보다 높다.

학위
To become a doctor, you need to complete a medical **degree**.
의사가 되려면 의학 **학위**를 이수해야 한다.

7 discipline
명 규율, 훈육, 학과

규율
Military training requires a high level of **discipline** and dedication.
군사 훈련은 높은 수준의 **규율**과 헌신을 요구한다.

학과
She is studying in the **discipline** of biology to become a researcher.
그녀는 연구자가 되기 위해 생물학 **학과**에서 공부하고 있다.

8 edge
명 가장자리, 모서리, 우위, 강점

가장자리
Be careful not to cut yourself on the sharp **edge** of the knife.
칼날의 날카로운 **가장자리**에 베이지 않도록 조심하세요.

우위
The new technology gives the company an **edge** in the market.
새로운 기술은 그 회사에게 시장에서 **우위**를 제공한다.

9 faculty
명 능력, 재능, 학부, 교수진

능력
She has the **faculty** to solve complex problems quickly and efficiently.
그녀는 복잡한 문제를 빠르고 효율적으로 해결할 수 있는 **능력**이 있다.

교수진
The **faculty** met to discuss the new curriculum for the upcoming semester.
교수진은 다가오는 학기를 위한 새로운 교육 과정을 논의하기 위해 모였다.

10 assume
동 추정[상정]하다, (권력 · 책임을) 맡다, ~인 척하다, 가장하다

추정하다
Don't **assume** everything will go according to plan.
모든 일이 계획대로 될 거라고 **추정하지** 마라.

맡다
She **assumed** the position of project manager without hesitation.
그녀는 망설임 없이 프로젝트 매니저 직책을 **맡았다**.

11 figure
명 수치, 숫자, 인물 동 중요하다, 생각하다, 계산하다

수치
The **figure** for unemployment has decreased significantly in the last month.
실업률 **수치**는 지난달에 크게 감소했다.

인물
She is a key **figure** in the fight for women's rights.
그녀는 여성 권리 운동에서 중요한 **인물**이다.

생각하다
I **figure** we can finish the project by the end of the week if we work hard.
우리가 열심히 일하면 이번 주 끝까지 프로젝트를 마칠 수 있을 거라고 **생각한다**.

12 jury
명 배심원단, 심사원 동 심사하다

배심원단
The **jury** found the defendant guilty after deliberating for several hours.
배심원단은 몇 시간 동안 숙고한 후 피고인에게 유죄 판결을 내렸다.

심사하다
They will **jury** the final round of the competition tomorrow morning.
그들은 내일 아침 대회의 결승전을 **심사할** 것이다.

13 level	명 정도, 수준, 단계 형 평평한 동 평평하게 하다, 동등하게 하다
수준	His skills are at a high **level**, making him one of the top players on the team. 그의 기술은 높은 **수준**이어서 팀에서 최고의 선수 중 한 명이다.
평평한	Make sure the surface is **level** before installing the furniture. 가구를 설치하기 전에 표면이 **평평한지** 확인하세요.
동등하게 하다	The manager decided to **level** the playing field by giving everyone the same resources. 매니저는 모든 사람에게 동일한 자원을 제공하여 경쟁 조건을 **동등하게 만들기로** 결정했다.
14 material	명 재료, 자료 형 물질의, 중요한
재료	The **material** used to make the chair is strong and durable. 그 의자를 만드는 데 사용된 **재료는** 강하고 내구성이 있다.
중요한	His research provided **material** evidence that changed the course of the investigation. 그의 연구는 조사의 방향을 바꾼 **중요한** 증거를 제공했다.
15 peer	명 동등한 사람, 동료 동 ~에 필적하다, 응시하다
동료	She is well respected by her **peers** for her dedication and hard work. 그녀는 헌신과 노력 덕분에 **동료들** 사이에서 존경받고 있다.
~에 필적하다	The new student's talent in music **peers** that of professional musicians. 그 새로운 학생의 음악 재능은 전문 음악가들**에 필적한다**.
16 perspective	명 관점, 시각, 원근법
관점	From a business **perspective**, this strategy could lead to significant growth. 비즈니스 **관점**에서 이 전략은 상당한 성장을 이끌어낼 수 있다.
원근법	The artist used **perspective** to create the illusion of depth in the painting. 그 예술가는 그림에서 깊이감을 창조하기 위해 **원근법**을 사용했다.
17 property	명 재산, 부동산, 건물 (구내), 속성, 특성
재산	He inherited a large amount of **property** from his grandparents. 그는 조부모로부터 많은 **재산**을 상속받았다.
건물	The **property** on the corner is up for sale. 모퉁이에 있는 **건물**이 매물로 나와 있다.
속성	One important **property** of water is its ability to dissolve many substances. 물의 중요한 **속성** 중 하나는 많은 물질을 용해할 수 있는 능력이다.
18 pupil	명 학생, 제자, 눈동자, 동공
제자	The teacher always takes a personal interest in her **pupils**' success. 그 교사는 항상 **제자들**의 성공에 개인적인 관심을 가진다.
동공	Her **pupils** dilated when she entered the dark room. 그녀는 어두운 방에 들어가자 **동공**이 확장되었다.
19 resort	명 의지, 의존, 수단, 방편, 휴양지 동 의지하다
수단	When all negotiations failed, the union called for a strike as the last **resort**. 모든 협상이 실패하자, 노동조합은 최후의 **수단**으로 파업을 요청했다.
의지하다	In times of crisis, people often **resort** to their most trusted methods to cope. 위기 상황에서 사람들은 종종 가장 신뢰하는 방법에 **의지한다**.

20 **scale**	명 규모, 범위, 등급, 비늘, 저울, 체중계, 축척
규모	The **scale** of the disaster was much greater than initially anticipated. 재해의 **규모**는 처음 예상했던 것보다 훨씬 더 컸다.
비늘	The snake shed its old **scales** as it grew. 그 뱀은 자라면서 오래된 **비늘**을 벗어냈다.
21 **stroke**	명 타격, 치기, (글자의) 한 획, 수영법, 뇌졸중 동 쓰다듬다
타격	The boxer landed a powerful **stroke** that knocked his opponent out. 그 복서는 상대방을 기절시키는 강력한 **타격**을 날렸다.
뇌졸중	A **stroke** can lead to long-term disability if not treated immediately. **뇌졸중**은 즉시 치료하지 않으면 장기적인 장애를 초래할 수 있다.
쓰다듬다	He **stroked** her hair to comfort her after the difficult news. 그는 힘든 소식 후 그녀를 위로하기 위해 그녀의 머리를 **쓰다듬었다**.
22 **stuff**	명 물건, 것 동 채우다
물건	The closet was full of **stuff** that she didn't need anymore. 그 옷장은 더 이상 필요하지 않은 **물건**들로 가득 차 있었다.
채우다	He **stuffed** the turkey with herbs and spices before roasting it. 그는 칠면조를 굽기 전에 허브와 향신료로 속을 **채웠다**.
23 **subject**	명 주제, 과목, 피실험자, 주어, 신하, 국민 형 지배받는, ~하기 쉬운, ~에 달려 있는
주제	The book's main **subject** is the history of ancient civilizations. 그 책의 주요 **주제**는 고대 문명의 역사이다.
피실험자	Each **subject** in the experiment was asked to perform a series of tasks. 실험에 참여한 각 **피실험자**는 일련의 작업을 수행하도록 요청받았다.
지배받는	The country's economy is **subject** to fluctuations in global markets. 그 나라의 경제는 세계 시장의 변동에 **지배받는다**.
24 **sum**	명 합계, 액수 동 합하다, 요약하다
합계	The **sum** of all the donations exceeded our expectations. 모든 기부금의 **합계**는 우리의 예상보다 더 많았다.
요약하다	He **summed** up the meeting by highlighting the key points. 그는 주요 포인트들을 강조하며 회의를 **요약했다**.
25 **summit**	명 꼭대기, 절정, 정점, 정상 회담
꼭대기	After hours of hiking, we finally reached the **summit** of the mountain. 몇 시간의 하이킹 끝에 우리는 마침내 산의 **꼭대기**에 도달했다.
정점	Winning the prestigious award was the **summit** of his artistic career. 그 유명한 상을 수상하는 것은 그의 예술 경력의 **정점**이었다.
정상 회담	The leaders of the two countries met at a **summit** to discuss trade agreements. 두 나라의 지도자들은 무역 협정을 논의하기 위해 **정상 회담**을 가졌다.

26 surface	명 표면 동 드러나다, 나타나다
표면	The **surface** of the water was calm and reflected the clear sky. 물의 **표면**은 고요했고 맑은 하늘을 반영했다.
드러나다	As the investigation continued, the truth finally **surfaced**. 조사가 계속되면서 진실이 마침내 **드러났다**.
27 term	명 용어, 학기, 기간, 조건, 관계(pl.) 동 칭하다, 일컫다
용어	The professor introduced several key **terms** related to the theory of evolution. 교수님은 진화론과 관련된 몇 가지 중요한 **용어**를 소개했다.
학기	The spring **term** begins in March and ends in June. 봄 **학기**는 3월에 시작해 6월에 끝난다.
관계	The two countries are on good **terms**, having settled their previous disputes peacefully. 두 국가는 이전의 분쟁을 평화롭게 해결하고 좋은 **관계**를 유지하고 있다.
칭하다	The scientist **termed** the new discovery as a breakthrough in the field of genetics. 그 과학자는 새로운 발견을 유전학 분야에서 획기적인 진전으로 **칭했다**.
28 adapt	동 적응하다, 맞추다, 조정하다, 각색하다
적응하다	It took him several months to **adapt** to the new working environment. 그는 새로운 작업 환경에 **적응하는** 데 몇 달이 걸렸다.
각색하다	The novel was **adapted** into a movie and became a huge box office success. 그 소설은 영화로 **각색되었고**, 큰 흥행 성공을 거두었다.
29 admit	동 인정[시인]하다, 들어가게 하다, 입장을 허락하다
인정하다	He **admitted** that he had made a mistake during the presentation. 그는 발표 중에 실수를 했다고 **인정했다**.
입장을 허락하다	The theater only **admits** people over the age of 18 for the late-night show. 그 극장은 심야 상영에 18세 이상만 **입장을 허락한다**.
30 adopt	동 채택하다, 입양하다
채택하다	The school **adopted** a new policy to improve student attendance. 그 학교는 학생들의 출석률을 개선하기 위해 새로운 정책을 **채택했다**.
입양하다	They decided to **adopt** a child after years of trying to conceive. 그들은 여러 해 동안 임신을 시도한 후 아이를 **입양하기로** 결정했다.
31 apply	동 신청하다, 지원하다, 적용하다, 응용하다, 바르다
신청하다	She decided to **apply** for the job opening at the tech company. 그녀는 그 기술 회사의 채용 공고에 **지원하기로** 결정했다.
적용하다	You can **apply** this technique to any problem that involves numbers. 이 기법은 숫자가 관련된 문제에 모두 **적용할** 수 있다.
바르다	Make sure to **apply** sunscreen before going outside to protect your skin. 밖에 나가기 전에 피부를 보호하기 위해 선크림을 **바르는** 것을 잊지 마세요.

32 appreciate	동 평가하다, 인정하다, 감사하다, 감상하다
평가하다	The critics **appreciated** the director's innovative approach to filmmaking. 비평가들은 감독의 영화 제작에 대한 혁신적인 접근 방식을 **평가했다**.
인정하다	His colleagues **appreciated** his contribution to the success of the project. 그의 동료들은 프로젝트의 성공에 대한 그의 기여를 **인정했다**.
감사하다	She **appreciated** the thoughtful gift and expressed her gratitude. 그녀는 그 사려 깊은 선물에 **감사하며** 고마움을 표했다.
33 attend	동 참석하다, 주의하다, 시중들다
참석하다	She will **attend** the conference next week to present her research findings. 그녀는 다음 주에 연구 결과를 발표하기 위해 컨퍼런스에 **참석할** 것이다.
주의하다	You need to **attend** to your health by exercising regularly and eating well. 규칙적으로 운동하고 잘 먹는 것으로 건강에 **주의해야** 한다.
34 commit	동 저지르다, 범하다, 전념하다, 약속하다, 맡기다
저지르다	He **committed** a serious crime and was sentenced to five years in prison. 그는 중대한 범죄를 **저질러** 5년형을 선고받았다.
약속하다	She **committed** to finishing the project by the end of the week. 그녀는 이번 주 끝까지 프로젝트를 마치겠다고 **약속했다**.
35 consist	동 ~로 구성되다, 이루어져 있다 (of), ~에 있다, 존재하다 (in), ~와 일치하다, 양립하다 (with)
~로 구성되다	The team **consists** of skilled professionals from various fields. 그 팀은 다양한 분야에서 온 숙련된 전문가들**로 구성되어** 있다.
존재하다	True happiness **consists** in finding peace within oneself. 진정한 행복은 자신 안에서 평화를 찾는 데 **존재한다**.
일치하다	The witness's statement does not **consist** with the evidence presented in court. 증인의 진술은 법정에서 제출된 증거와 **일치하지** 않는다.
36 convict	명 죄인, 기결수 동 유죄를 선고하다
죄인	The **convict** was released on parole after serving half of his sentence. 그 **죄인**은 형기의 절반을 마친 후 가석방되었다.
유죄를 선고하다	The jury found him guilty, and the judge **convicted** him of murder. 배심원단은 그를 유죄로 판단하고, 판사는 그에게 살인**죄를 선고했다**.
37 count	동 세다, 계산하다, 간주하다, 중요하다
세다	He quickly **counted** the money to make sure it was all there. 그는 모든 돈이 있는지 확인하기 위해 빨리 돈을 **세었다**.
중요하다	Every vote **counts** in a close election, so make sure to participate. 치열한 선거에서는 모든 투표가 중요하므로 참여하는 것이 **중요하다**.
38 distort	동 비틀다, 일그러뜨리다, 왜곡하다
비틀다	The heat from the fire **distorted** the shape of the metal. 불의 열기가 금속의 형태를 **비틀었다**.
왜곡하다	The media often **distorts** the truth to create sensational stories. 언론은 종종 선정적인 기사를 만들기 위해 진실을 **왜곡한다**.

39 engage	동 끌다, 사로잡다, 몰두시키다, 고용하다, 약속하다, 약혼시키다
사로잡다	The speaker's interesting story **engaged** the audience for hours. 연사의 흥미로운 이야기는 청중의 관심을 몇 시간 동안 **사로잡았다**.
고용하다	She **engaged** a lawyer to help with the legal paperwork for her business. 그녀는 사업을 위한 법적 서류 작업을 도와줄 변호사를 **고용했다**.
약속하다	The two countries **engaged** to work together on climate change issues. 두 나라는 기후 변화 문제에 대해 함께 협력할 것을 **약속했다**.

40 identify	동 확인하다, 알아보다, 찾다, 발견하다, 동일시하다
확인하다	Can you **identify** the person in the photograph? 사진 속 사람을 **확인할** 수 있나요?
발견하다	The scientists **identified** a new species of bird in the Amazon rainforest. 과학자들은 아마존 열대 우림에서 새로운 새 종을 **발견했다**.
동일시하다	Many young people **identify** with the movement for social justice. 많은 젊은 사람들이 사회 정의 운동과 자신을 **동일시한다**.

41 impose	동 부과하다, 강요하다, 도입하다, 속이다, 기만하다 (on, upon)
부과하다	The government decided to **impose** new taxes on luxury goods. 정부는 사치품에 새로운 세금을 **부과하기로** 결정했다.
강요하다	He tried to **impose** his opinions on everyone at the meeting. 그는 회의에서 자신의 의견을 모든 사람에게 **강요하려** 했다.
속이다	He attempted to **impose** on the company by pretending to be a potential investor. 그는 잠재적 투자자라고 가장하여 회사를 **속이려고** 했다.

42 induce	동 설득하다, 유도하다, 유발하다, 초래하다
설득하다	The teacher tried to **induce** the students to participate in the debate. 선생님은 학생들이 토론에 참여하도록 **설득하려** 했다.
유발하다	The medication can **induce** drowsiness, so avoid driving after taking it. 그 약은 졸림을 **유발할** 수 있으므로 복용 후 운전을 피해야 한다.

43 intrigue	동 호기심[흥미]을 돋우다, 음모를 꾸미다, 모의하다
호기심을 돋우다	The plot of the movie **intrigued** the audience, leaving them eager to see what happens next. 영화의 줄거리는 관객들의 **호기심을 자극하여** 다음에 어떤 일이 일어날지 궁금하게 만들었다.
음모를 꾸미다	The two rivals **intrigued** against each other, trying to undermine their opponent's reputation. 두 경쟁자는 서로 **음모를 꾸며** 상대방의 명성을 훼손하려 했다.

44 manage	동 해내다, 살아 나가다[지내다], 관리[운영]하다
해내다	She **managed** to finish the project on time, despite the tight deadlines. 그녀는 촉박한 기한에도 불구하고 프로젝트를 제시간에 **해냈다**.
관리하다	She is responsible for **managing** the company's finances. 그녀는 회사의 재정을 **관리하는** 일을 맡고 있다.

45 observe	동 관찰하다, 목격하다, 지키다, 준수하다
관찰하다	She spent hours **observing** the stars through her telescope. 그녀는 망원경을 통해 몇 시간 동안 별들을 **관찰했다**.
준수하다	All employees must **observe** the company's dress code while at work. 모든 직원은 근무 중에 회사의 복장 규정을 **준수해야** 한다.

46 oppose	동 반대하다, 겨루다
반대하다	He **opposed** the proposal because he felt it was unfair to the workers. 그는 그 제안이 노동자들에게 불공정하다고 느꼈기 때문에 **반대했다**.
겨루다	The two teams will **oppose** each other in the final match next week. 두 팀은 다음 주 결승전에서 서로 **겨룰** 것이다.

47 owe	동 빚지고 있다, 덕분이다
빚지고 있다	I **owe** the bank a large amount of money for the mortgage on my house. 나는 집 담보 대출로 은행에 큰 돈을 **빚지고 있다**.
덕분이다	I **owe** my good health to regular exercise and a balanced diet. 나는 규칙적인 운동과 균형 잡힌 식단 **덕분에** 건강을 유지하고 있다.

48 prescribe	동 처방하다, 규정[지시]하다
처방하다	The doctor **prescribed** antibiotics to treat my infection. 의사는 내 감염을 치료하기 위해 항생제를 **처방했다**.
규정하다	The contract **prescribes** the terms and conditions for the services to be provided. 계약서는 제공될 서비스에 대한 조건과 규정을 **규정하고** 있다.

49 prevail	동 만연[팽배]하다, 유행하다, 승리하다, 설득하다
만연하다	Corruption **prevails** in many sectors, making it difficult to bring about change. 많은 분야에서 부패가 **만연해** 있어 변화를 이끌어내기가 어렵다.
승리하다	Justice will **prevail** in the end, and those who commit crimes will be held accountable. 결국 정의가 **승리하고**, 범죄를 저지른 사람들은 책임을 지게 될 것이다.

50 promote	동 촉진[고취]하다, 홍보하다, 승진[진급]시키다
촉진하다	The new campaign aims to **promote** healthy eating habits among children. 새로운 캠페인은 어린이들 사이에서 건강한 식습관을 **촉진하는** 것을 목표로 한다.
홍보하다	The company hired a celebrity to **promote** their new product on social media. 그 회사는 유명인을 고용하여 소셜 미디어에서 자사의 신제품을 **홍보했다**.
승진시키다	After years of hard work, she was **promoted** to manager of the department. 몇 년 간의 노력 끝에 그녀는 부서의 매니저로 **승진했**다.

51 raise	동 들어올리다, 일으키다, 제기[언급]하다, 키우다[기르다]
들어올리다	She **raised** the box to put it on the shelf. 그녀는 상자를 **들어올려** 선반에 놓았다.
제기하다	During the meeting, she **raised** concerns about the project's budget. 회의 중에 그녀는 프로젝트 예산에 대한 우려를 **제기했다**.
키우다	He **raised** a garden full of flowers in his backyard. 그는 뒷마당에 꽃들로 가득한 정원을 **키웠다**.

52 **recruit**	명 신병, 신참자, 신입 사원[회원] 동 모집하다, 뽑다
신참자	The company hired several **recruits** for the new project. 그 회사는 새로운 프로젝트를 위해 몇 명의 **신참자**를 고용했다.
모집하다	They are **recruiting** volunteers for the upcoming charity event. 그들은 다가오는 자선 행사에 자원봉사자를 **모집하고** 있다.

53 **reflect**	동 비추다, 반사하다, 반영하다, 심사숙고하다
반사하다	The mirror **reflected** the sunlight into the room. 거울은 햇빛을 **반사하여** 방 안으로 비추었다.
반영하다	The survey results **reflect** the opinions of the entire community. 설문 조사 결과는 전체 커뮤니티의 의견을 **반영한다**.

54 **register**	명 기록[등록/등기]부, 명부 동 등록[기재]하다, 신고하다
기록부	The teacher carefully wrote down the names of all the students in the attendance **register**. 선생님은 출석 **기록부**에 모든 학생의 이름을 신중하게 적었다.
등록하다	She **registered** her new business with the government to obtain the necessary licenses. 그녀는 필요한 허가를 받기 위해 새 사업체를 정부에 **등록했다**.

55 **remain**	명 나머지, 잔여물, 유물, 유적 동 남다, 계속[여전히] ~이다
유물	The **remains** of the old castle still stand as a reminder of the region's rich history. 오래된 성의 **유물**은 여전히 지역의 풍부한 역사를 상기시키는 역할을 한다.
남다	Despite the changes, the core values of the company **remain** the same. 변화에도 불구하고 회사의 핵심 가치는 그대로 **남아 있다**.

56 **reserve**	명 예비, 비축, 보호 구역 동 예약하다, 비축하다, 보류[유보]하다
예약하다	He **reserved** a seat at the front row to get a better view of the concert. 그는 콘서트를 더 잘 보기 위해 앞줄에 좌석을 **예약했다**.
보류하다	I will **reserve** my comments until I have more information about the situation. 나는 상황에 대해 더 많은 정보를 얻을 때까지 내 의견을 **보류할** 것이다.

57 **resolve**	동 해결하다, 결심[다짐]하다, 분해[용해]하다
해결하다	The management team worked hard to **resolve** the conflict between the two departments. 경영진은 두 부서 간의 갈등을 **해결하기** 위해 열심히 노력했다.
분해하다	Scientists are trying to **resolve** the complex chemical compound into its basic elements. 과학자들은 복잡한 화학 화합물을 기본 요소로 **분해하려고** 노력하고 있다.

58 **resume**	명 이력서 동 재개하다, 다시 시작하다
이력서	Make sure your **resume** highlights your skills and work experience effectively. **이력서**에 당신의 기술과 업무 경험이 효과적으로 강조되도록 하세요.
재개하다	After a short break, the meeting will **resume** at 2 PM. 짧은 휴식 후 회의는 오후 2시에 **재개될** 것이다.

59 seize	동 붙잡다, 움켜잡다, 체포하다, 장악[점령]하다
움켜잡다	She **seized** the child's hand firmly to prevent him from running into the street. 그녀는 아이가 길로 뛰어드는 것을 막기 위해 아이의 손을 꽉 **움켜잡았다**.
체포하다	The police **seized** the suspect at the airport before he could board the plane. 경찰은 용의자가 비행기에 탑승하기 전에 공항에서 그를 **체포했다**.

60 settle	동 해결하다, 결정하다, 정착하다
해결하다	The lawyer helped the two parties **settle** the financial issues peacefully. 변호사는 두 당사자가 재정 문제를 평화롭게 **해결하도록** 도왔다.
정착하다	Many immigrants **settled** in the new city in search of better opportunities. 많은 이민자들이 더 나은 기회를 찾아 새로운 도시에 **정착했다**.

61 submit	동 제출하다, 항복[굴복]하다, 말하다, 진술하다
제출하다	All students must **submit** their assignments by the end of this week. 모든 학생들은 이번 주 말까지 과제를 **제출해야** 한다.
항복하다	The enemy troops had no choice but to **submit** after being surrounded. 적군은 포위된 후 **항복할** 수밖에 없었다.
진술하다	The witness **submitted** a detailed report about what happened that night. 목격자는 그날 밤 일어난 일에 대해 상세한 보고서를 **진술했다**.

62 suggest	동 제안[제의]하다, 추천하다, 암시[시사]하다
제안하다	He **suggested** visiting the new museum as a weekend activity. 그는 주말 활동으로 새 박물관을 방문하자고 **제안했다**.
암시하다	His tone of voice **suggested** he was unhappy with the decision. 그의 목소리 톤은 그가 그 결정에 불만이 있다는 것을 **암시했다**.

63 suspend	동 연기[유보]하다, 중단[유예]하다, 정직[정학]시키다, 매달다, 걸다
연기하다	Due to the heavy rain, the match was **suspended** until tomorrow. 폭우로 인해 경기는 내일까지 **연기되었다**.
정직시키다	The company **suspended** the employee after an investigation into his misconduct. 회사는 그의 부정행위에 대한 조사를 마친 후 직원을 **정직시켰다**.
매달다	He **suspended** the decorations from the walls to create a festive atmosphere. 그는 벽에 장식을 **매달아** 축제 분위기를 만들었다.

64 swear	동 맹세하다, 욕을 하다
맹세하다	She **swore** to always tell the truth, no matter the consequences. 그녀는 어떤 결과가 있더라도 항상 진실을 말하겠다고 **맹세했다**.
욕을 하다	He was so angry that he started to **swear** loudly in the middle of the street. 그는 너무 화가 나서 길 한복판에서 큰 소리로 **욕을 하기** 시작했다.

65 tend	동 돌보다, 보살피다, ~하는 경향이 있다, ~을 하기 쉽다
돌보다	The nurse **tended** to the patients in the ward with great care. 간호사는 병동에서 환자들을 매우 세심하게 **돌보았다**.
~하는 경향이 있다	People **tend** to become more cautious as they get older. 사람들은 나이가 들수록 더 신중해지**는 경향이 있다**.

66 **advance**	명 진전, 발전, 전진 형 사전의 동 전진시키다, 나아가다, 증진되다
발전	The company is investing heavily in research to **advance** its products. 그 회사는 자사 제품의 **발전**을 위해 연구에 많은 투자를 하고 있다.
사전의	The **advance** notice allowed everyone to prepare for the meeting in advance. **사전** 통지 덕분에 모든 사람이 회의를 미리 준비할 수 있었다.
67 **withdraw**	동 철수하다, 중단[철회]하다, 인출하다
철수하다	Due to the worsening situation, the company decided to **withdraw** from the market. 상황이 악화되자 회사는 시장에서 **철수하기로** 결정했다.
중단하다	The government has decided to **withdraw** funding for the project due to lack of results. 정부는 결과 부족으로 프로젝트에 대한 자금을 **중단하기로** 결정했다.
인출하다	He went to the ATM to **withdraw** some cash for the weekend trip. 그는 주말 여행을 위해 현금을 **인출하려고** ATM에 갔다.
68 **abstract**	명 추상, 요약, 개요 형 추상적인, 관념적인 동 추출하다, 발췌하다, 요약하다
추상적인	His explanation was too **abstract** for most people to understand clearly. 그의 설명은 대부분의 사람들이 명확하게 이해하기에는 너무 **추상적이었다**.
추출하다	The scientists were able to **abstract** the essential components from the natural ingredients. 과학자들은 자연 재료에서 필수 성분을 **추출할** 수 있었다.
69 **acute**	형 격심한, 극심한, 급성의, 예민한
극심한	The city faced an **acute** shortage of medical supplies during the crisis. 그 도시는 위기 동안 의료 용품의 **극심한** 부족에 직면했다.
급성의	The patient was diagnosed with an **acute** infection and required immediate treatment. 그 환자는 **급성** 감염으로 진단받았고 즉각적인 치료가 필요했다.
예민한	She has an **acute** sense of smell and can detect even the faintest odor. 그녀는 **예민한** 후각을 가지고 있어 아주 미세한 냄새도 감지할 수 있다.
70 **anxious**	형 불안해하는, 염려하는, 열망하는, 간절히 바라는
염려하는	She was **anxious** about the upcoming exam and couldn't sleep the night before. 그녀는 다가오는 시험에 대해 **염려해서** 전날 밤 잠을 잘 수 없었다.
열망하는	After years of hard work, she was **anxious** to see the results of her efforts. 몇 년 간의 노력 후, 그녀는 자신의 노력의 결과를 보기 위해 **열망했다**.
71 **appropriate**	형 적절한, 적합한 동 도용[전용]하다, 책정하다
적절한	It's important to wear **appropriate** clothing for a formal event like a wedding. 결혼식과 같은 공식적인 행사에는 **적절한** 옷을 입는 것이 중요하다.
도용하다	The artist was accused of **appropriating** ideas from other creators without permission. 그 예술가는 다른 창작자들의 아이디어를 허락 없이 **도용했다는** 비난을 받았다.

72 **casual**	형 평상시의, 임시의, 대충하는, 우연한
평상시의	He prefers **casual** clothing, like jeans and t-shirts, on the weekends. 그는 주말에는 청바지와 티셔츠처럼 **평상시의** 옷을 선호한다.
우연한	Their **casual** encounter at the airport sparked a lasting friendship. 공항에서의 **우연한** 만남이 지속적인 우정으로 이어졌다.

73 **treatment**	명 치료, 처치, 대우, 처우
치료	This hospital specializes in the **treatment** of heart diseases. 이 병원은 심장병 **치료**를 전문으로 한다.
대우	She complained about the unfair **treatment** at work. 그녀는 직장에서의 부당한 **대우**에 대해 항의했다.

74 **delicate**	형 연약한, 다치기 쉬운, 섬세한, 우아한, 정교한
연약한	The **delicate** flower petals were damaged by the strong wind. **연약한** 꽃잎은 강한 바람에 의해 손상되었다.
섬세한	The artist's **delicate** touch brought out the fine details in the painting. 그 예술가의 **섬세한** 손길이 그림의 세밀한 디테일을 강조했다.
정교한	The **delicate** design of the clock required skilled craftsmanship to assemble. 그 시계의 **정교한** 디자인은 조립을 위해 숙련된 기술이 필요했다.

75 **domestic**	형 국내의, 가정의, 길들여진
국내의	The company focuses on **domestic** markets, offering products tailored to local needs. 그 회사는 **국내** 시장에 집중하며, 현지 요구에 맞춘 제품을 제공한다.
길들여진	The dog is a **domestic** animal that has been living with humans for thousands of years. 그 개는 수천 년 동안 인간과 함께 살아온 **길들여진** 동물이다.

76 **due**	형 ~때문에, ~할 예정인, 만기가 된
~때문에	The meeting was canceled **due** to unforeseen circumstances. 예기치 못한 상황 **때문에** 회의가 취소되었다.
만기가 된	The rent is **due** on the first of every month. 임대료는 매달 1일에 **만기가 된다**.

77 **flexible**	형 유연한, 잘 구부러지는, 융통성 있는
유연한	The plastic material is **flexible**, making it easy to mold into various shapes. 그 플라스틱 재료는 **유연해서** 다양한 모양으로 만들기 쉽다.
융통성 있는	The company has a **flexible** rule that allows employees to work from home when necessary. 그 회사는 필요할 때 직원들이 재택근무할 수 있도록 하는 **융통성 있는** 규칙을 가지고 있다.

78 **run**	동 달리다, 참가하다, 운영하다, 작동하다, 운행하다, 출마[입후보]하다
운영하다	Our family **runs** a bakery in the neighborhood. 우리 가족은 동네에서 빵집을 **운영한다**.
출마하다	She decided to **run** for mayor next year. 그녀는 내년에 시장 선거에 **출마하기로** 했다.

79 **meet**	동 만나다, 충족시키다, 지불하다
만나다	They decided to **meet** in person to discuss the project in detail. 그들은 프로젝트를 자세히 논의하기 위해 직접 **만나기로** 결정했다.
충족시키다	The company's products **meet** the highest standards of quality. 그 회사의 제품은 최고의 품질 기준을 **충족시킨다**.

80 **intent**	명 의도, 목적 형 관심[흥미]을 보이는, 몰두[열중]하는
의도	His **intent** was to surprise her with a special gift on her birthday. 그의 **의도**는 그녀의 생일에 특별한 선물로 그녀를 놀라게 하는 것이었다.
몰두하는	He was so **intent** on his studies that he didn't hear the phone ring. 그는 공부에 **몰두하고** 있어 전화벨이 울리는 소리를 듣지 못했다.

81 **keen**	형 예민한, 예리한, 열정적인, 열심인
예민한	His **keen** eyesight allows him to spot small details that others often miss. 그의 **예민한** 시력은 다른 사람들이 종종 놓치는 작은 디테일들을 발견하게 한다.
열정적인	He was **keen** on playing soccer and practiced every day to improve his skills. 그는 축구에 **열정적이어서** 실력을 향상시키기 위해 매일 연습했다.

82 **minor**	명 미성년자, 부전공 형 작은, 가벼운
미성년자	A **minor** cannot sign a contract without the consent of a parent or guardian. **미성년자**는 부모나 보호자의 동의 없이 계약을 체결할 수 없다.
부전공	She is majoring in biology with a **minor** in chemistry. 그녀는 생물학을 전공하고 화학을 **부전공**으로 하고 있다.
작은	There was a **minor** mistake in the report, but it didn't affect the overall outcome. 보고서에 **작은** 실수가 있었지만, 전체적인 결과에는 영향을 미치지 않았다.

83 **narrow**	형 좁은, 편협한, 한정된[제한된] 동 좁아지다, (눈을) 찌푸리다
좁은	The alley was so **narrow** that only one person could walk through at a time. 그 골목은 너무 **좁아서** 한 번에 한 사람만 지나갈 수 있었다.
한정된	The **narrow** scope of the research limited its potential for broader applications. 연구의 **한정된** 범위는 그것의 더 넓은 적용 가능성을 제한했다.

84 **negative**	명 부정, 거부, 음수 형 부정적인, 소극적인, (검사 결과가) 음성의
부정적인	The movie received **negative** reviews from critics, but it was still popular with audiences. 그 영화는 평론가들로부터 **부정적인** 평가를 받았지만, 여전히 관객들에게 인기가 있었다.
음성의	The test result came back **negative**, meaning that the patient does not have the disease. 검사 결과는 **음성**으로 나와, 환자가 그 질병을 가지고 있지 않다는 것을 의미했다.

85 **odd**	형 이상한, 특이한, 홀수의
이상한	She made an **odd** comment during the meeting that left everyone confused. 그녀는 회의 중에 모두를 혼란스럽게 만든 **이상한** 발언을 했다.
홀수의	When you add two **odd** numbers, the result is always an even number. **홀수**를 두 개 더하면 결과는 항상 짝수가 된다.

86 outstanding — 형 뛰어난, 중요한, 미지불된, 미해결된

뛰어난
His **outstanding** leadership skills have earned him respect from his team.
그의 **뛰어난** 리더십 능력은 팀원들의 존경을 받게 했다.

미지불된
The company has an **outstanding** debt that needs to be cleared immediately.
그 회사는 즉시 정리해야 할 **미지불된** 부채가 있다.

87 physical — 형 신체[육체]의, 물질[물리]적인, 물리학의

신체의
Regular **physical** exercise is important for maintaining a healthy body.
규칙적인 **신체** 운동은 건강한 몸을 유지하는 데 중요하다.

물질적인
The **physical** structure of the building is designed to withstand earthquakes.
그 건물의 **물질적** 구조는 지진을 견딜 수 있도록 설계되었다.

88 plain — 명 평원, 평지 형 분명한, 명백한, 평범한, 보통의

평원
The herd of cattle grazed peacefully on the open **plain**.
소 떼는 열린 **평원**에서 평화롭게 풀을 뜯고 있었다.

분명한
The instructions were written in a **plain** and easy-to-understand manner.
지침은 **분명하고** 이해하기 쉬운 방식으로 작성되었다.

89 positive — 명 긍정적인 것, 양성 형 긍정적인, (검사 결과가) 양성의

긍정적인
She always maintains a **positive** attitude, no matter what challenges she faces.
그녀는 어떤 도전에 직면하더라도 항상 **긍정적인** 태도를 유지한다.

양성의
The test result was **positive**, indicating that he had the virus.
검사 결과는 **양성**으로 나와 그가 바이러스를 가지고 있음을 나타냈다.

90 primary — 명 예비 선거 형 주된, 최초[초기]의, 초등의, 예비의

예비 선거
The candidates are preparing for the **primary**, hoping to secure enough votes.
후보자들은 **예비 선거**를 준비하며, 충분한 표를 확보하기를 희망하고 있다.

주된
The **primary** goal of the project is to improve customer satisfaction.
이 프로젝트의 **주된** 목표는 고객 만족도를 향상시키는 것이다.

최초의
The **primary** sources for the historical research were documents from the 18th century.
역사 연구의 **최초** 자료는 18세기의 문서들이었다.

91 prominent — 형 유명한, 중요한, 눈에 잘 띄는, 두드러진, 돌출된

유명한
He became a **prominent** figure in the tech industry due to his innovative ideas.
그는 혁신적인 아이디어 덕분에 기술 산업에서 **유명한** 인물이 되었다.

눈에 잘 띄는
The **prominent** sign outside the store attracts many customers.
상점 밖의 **눈에 잘 띄는** 간판은 많은 고객을 끌어들인다.

92 sophisticated — 형 세련된, 교양 있는, 정교한, 복잡한, 지적인, 수준 높은

세련된
She has a **sophisticated** taste in fashion.
그녀는 패션에 대해 **세련된** 취향을 가지고 있다.

정교한
The software uses **sophisticated** algorithms to analyze large amounts of data.
그 소프트웨어는 대량의 데이터를 분석하기 위해 **정교한** 알고리즘을 사용한다.

지적인
His **sophisticated** understanding of history made him an expert in the field.
그의 역사에 대한 **지적인** 이해는 그를 이 분야의 전문가로 만들었다.

93 steep	형 가파른, 비탈진, 급격한
가파른	The hikers struggled to climb the **steep** mountain trail. 등산객들은 **가파른** 산길을 오르며 고생했다.
급격한	There was a **steep** increase in the price of gasoline last year. 지난해 휘발유 가격이 **급격히** 상승했다.
94 substantial	형 상당한, 견고한, 실체의, 실재하는
상당한	The company made a **substantial** investment in renewable energy projects. 그 회사는 재생 가능 에너지 프로젝트에 **상당한** 투자를 했다.
실체의	The research provided **substantial** evidence to support the theory. 그 연구는 이론을 뒷받침할 **실체적인** 증거를 제공했다.
95 virtual	형 사실상의, 실제의, 가상의
사실상의	Although he doesn't have the official title, he is the **virtual** leader of the team. 그는 공식적인 직책은 없지만, **사실상** 팀의 리더이다.
가상의	Customers have introduced a **virtual** store where they can shop online. 고객들은 온라인 쇼핑을 할 수 있는 **가상** 상점을 도입했다.
96 account	명 계좌, 장부, 이야기, 설명 동 간주하다, 여기다, 설명하다, 차지하다
계좌	She opened a new savings **account** at the bank to save for her future. 그녀는 미래를 위해 저축할 새로운 저축 **계좌**를 은행에 개설했다.
이야기	The book provides a first-person **account** of life during the war. 그 책은 전쟁 중의 삶에 대한 1인칭 시점의 **이야기**를 제공한다.
설명하다	The detective asked the witness to **account** for what happened on the night of the crime. 형사는 목격자에게 범죄 당일 밤에 일어난 일을 **설명해** 달라고 요청했다.
차지하다	The company **accounts** for a significant portion of the market share in the industry. 그 회사는 산업에서 시장 점유율의 상당 부분을 **차지하고** 있다.
97 balance	명 균형, 평정, 잔고, 잔액 동 균형을 유지하다
균형	Maintaining a **balance** between work and personal life is crucial for mental health. 일과 개인 생활 사이의 **균형**을 유지하는 것은 정신 건강에 중요하다.
잔고	Please check your account **balance** before making any purchases. 구매하기 전에 계좌 **잔고**를 확인하세요.
98 burden	명 부담, (운반하기 힘든) 짐 동 부담을 지우다, 짐을 나르다
부담	The financial **burden** of raising a family can be overwhelming. 가정을 꾸리는 경제적 **부담**은 매우 클 수 있다.
짐	He carried a heavy **burden** of books in his backpack. 그는 배낭에 많은 책을 담아 무거운 **짐**을 지고 있었다.
99 classic	명 고전, 명작, 모범 형 일류의, 최고 수준의, 전형적인, 대표적인, 고전적인
고전	"Pride and Prejudice" by Jane Austen is considered a **classic** of English literature. 제인 오스틴의 "오만과 편견"은 영어 문학의 **고전**으로 간주된다.
대표적인	The sports car is a **classic** example of luxury and performance. 스포츠카는 사치와 성능을 대표하는 **대표적인** 예이다.

100 **commission**	명 위원회, 수수료, 의뢰[주문] 동 의뢰[주문]하다, 위임하다, 임관시키다
위원회	The **commission** will meet next week to discuss the proposed changes to the law. **위원회**는 법 개정안에 대해 논의하기 위해 다음 주에 모일 예정이다.
수수료	The salesperson receives a 5% **commission** on every sale they make. 그 판매원은 자신이 한 모든 판매에 대해 5%의 **수수료**를 받는다.
의뢰하다	The artist was **commissioned** to create a sculpture for the city's new park. 그 예술가는 도시의 새로운 공원을 위한 조각품을 **의뢰받았다**.
101 **contract**	명 계약[약정](서) 동 계약하다, 줄어들다, 수축하다, (병에) 걸리다
계약	They signed a **contract** to build a new shopping mall in the city. 그들은 도시에 새로운 쇼핑몰을 건설하기 위한 **계약**을 체결했다.
수축하다	His muscles **contracted** suddenly due to the intense pain. 심한 통증으로 인해 그의 근육이 갑자기 **수축했다**.
(병에) 걸리다	She **contracted** a severe flu after traveling abroad. 그녀는 해외여행 후 심한 독감**에 걸렸다**.
102 **dare**	명 모험, 도전 동 ~할 용기가 있다
모험	He accepted the **dare** to climb the highest mountain in the region. 그는 지역에서 가장 높은 산을 오르라는 **모험**을 받아들였다.
~할 용기가 있다	She **dared** to speak up against the unfair decision. 그녀는 부당한 결정에 맞서 발언**할 용기를 냈다**.
103 **deliberate**	형 고의의, 의도적인, 신중한 동 숙고하다, 신중히 생각하다
고의의	His actions were **deliberate**, aimed at causing confusion among the team. 그의 행동은 **고의적이었으며**, 팀 내 혼란을 유발하려는 목적이었다.
신중한	She took **deliberate** steps to ensure the safety of the project. 그녀는 프로젝트의 안전을 보장하기 위해 **신중한** 조치를 취했다.
숙고하다	The jury **deliberated** for hours before reaching a verdict. 배심원단은 평결을 내리기 전에 몇 시간 동안 **숙고했다**.
104 **deposit**	명 보증금, 예금, 침전물 동 맡기다, 두다, 예금하다, 침전시키다
보증금	The hotel requires a **deposit** to confirm your booking. 호텔은 예약을 확인하기 위해 **보증금**을 요구한다.
침전물	Mineral **deposits** were found at the bottom of the lake. 호수 바닥에서 광물 **침전물**이 발견되었다.
105 **dose**	명 복용량, 투여량 동 투여[투약]하다, 조제하다
복용량	The doctor prescribed a higher **dose** of painkillers for his condition. 의사는 그의 상태를 위해 더 높은 **복용량**의 진통제를 처방했다.
조제하다	The pharmacist carefully **dosed** the medicine according to the prescription. 약사는 처방전에 따라 신중하게 약을 **조제했다**.
106 **draft**	명 원고, 초안, 어음, 징병, 징집 동 초안[원고]을 작성하다, 선발하다, 징집하다
원고	The writer spent hours editing the **draft** of her new novel. 그 작가는 자신의 새로운 소설 **원고**를 편집하는 데 몇 시간을 보냈다.
선발하다	The team decided to **draft** a new player for the upcoming season. 팀은 다가오는 시즌을 위해 새로운 선수를 **선발하기로** 했다.

107 **even**	형 평평한, 고른, 짝수의 부 ~조차, 훨씬
평평한	The carpenter worked carefully to make sure the floor was **even**. 목수는 바닥이 **평평하도록** 신중하게 작업했다.
짝수의	Eight is an **even** number, while seven is odd. 8은 **짝수**이고, 7은 홀수이다.
~조차	She didn't **even** say goodbye before leaving. 그녀는 떠나기 전에 작별 인사**조차** 하지 않았다.
108 **excuse**	명 변명, 이유, 핑계, 구실 동 변명하다, 용서하다
변명	He made an **excuse** for being late to the meeting, saying there was traffic. 그는 회의에 늦은 이유로 교통 체증이 있었다고 **변명**을 했다.
용서하다	The teacher **excused** the student for being late because it was her first time. 그 선생님은 학생이 처음으로 늦었다는 이유로 **용서해** 주었다.
109 **faint**	명 기절, 실신 형 희미한, 미약한, 아주 적은 동 기절하다
희미한	I heard a **faint** sound coming from the other room. 나는 다른 방에서 **희미한** 소리가 나는 것을 들었다.
기절하다	He **fainted** at the sight of blood during the surgery. 그는 수술 중에 피를 보고 **기절했다**.
110 **fair**	명 박람회, 품평회 형 공정한, 공평한, 타당한
박람회	We went to the **fair** last weekend to enjoy the rides and games. 우리는 지난 주말에 놀이기구와 게임을 즐기기 위해 **박람회**에 갔다.
공정한	It's important to have a **fair** opportunity to express your opinions in a debate. 토론에서 자신의 의견을 표현할 **공정한** 기회를 갖는 것이 중요하다.
111 **firm**	명 회사 형 딱딱한, 단단한, 견고한, 확고한, 확실한
회사	The **firm** has expanded its operations internationally over the past decade. 그 **회사**는 지난 10년 동안 국제적으로 사업을 확장했다.
단단한	The ground was **firm** underfoot, making it easier to walk. 땅이 **단단해서** 걷기가 더 쉬웠다.
확고한	He has a **firm** belief in the importance of education. 그는 교육의 중요성에 대한 **확고한** 믿음을 가지고 있다.
112 **grant**	명 보조금 동 승인[허락]하다, 인정하다
보조금	The university received a **grant** to fund its new research project. 그 대학은 새로운 연구 프로젝트를 위한 **보조금**을 받았다.
승인하다	The committee **granted** her request for additional funding. 위원회는 그녀의 추가 자금 지원 요청을 **승인했다**.
113 **grasp**	명 꽉 쥐기[움켜잡기], 통제[지배], 이해, 파악 동 꽉 잡다, 움켜잡다, 이해하다, 파악하다
움켜잡다	He **grasped** the rope tightly to avoid falling into the water. 그는 물에 빠지지 않도록 로프를 꽉 **움켜잡았다**.
이해하다	He struggled to **grasp** the concept of quantum physics in his first semester. 그는 첫 학기 동안 양자 물리학의 개념을 **이해하는** 데 어려움을 겪었다.

114 grave
명 무덤, 산소 형 심각한

무덤
They visited their grandfather's **grave** on his birthday to honor him.
그들은 할아버지의 생일에 할아버지의 **무덤**을 방문하여 그를 기렸다.

심각한
The doctor gave us a **grave** warning about the risks of smoking.
의사는 흡연의 위험에 대해 **심각한** 경고를 해주었다.

115 lot
명 많음, 다수, (토지의) 한 구획, 지역[부지], 제비뽑기, 추첨

많음
There were a **lot** of people at the concert last night.
어젯밤 콘서트에는 **많은** 사람들이 있었다.

부지
The **lot** behind the restaurant is where they park the delivery trucks.
레스토랑 뒤의 **부지**는 배달 트럭을 주차하는 곳이다.

제비뽑기
The team picked their captain by **lot** to ensure fairness.
팀은 공정성을 보장하기 위해 **제비뽑기**로 주장을 뽑았다.

116 mass
명 덩어리, 질량, 대중, 무리 형 대량의, 대중적인 동 모이다, 모으다

질량
He learned that the **mass** of an object increases with its size.
그는 물체의 크기가 커질수록 **질량**이 증가한다는 것을 배웠다.

무리
A **mass** of people gathered in the square to hear the president speak.
사람들 **무리**가 대통령의 연설을 듣기 위해 광장에 모였다.

모이다
As the storm approached, clouds began to **mass** in the sky.
폭풍이 다가오자 구름이 하늘에 **모이기** 시작했다.

117 matter
명 문제, 사안, 상황, 사태, 물질 동 문제되다, 중요하다

문제
The legal team is working on the **matter** concerning the new regulations.
법률 팀은 새로운 규제와 관련된 **문제**를 처리하고 있다.

물질
All living organisms are made up of **matter**, including cells and tissues.
모든 살아있는 유기체는 세포와 조직을 포함한 **물질**로 구성되어 있다.

중요하다
Your opinion **matters** to me more than anything else.
당신의 의견은 나에게 무엇보다 **중요하다**.

118 mean
명 평균 형 인색한, 짓궂은, 보통의, 평균의 동 의미하다, 의도하다, 뜻하다

평균
The **mean** score of the class on the final exam was 85.
그 반의 기말시험 **평균** 점수는 85점이었다.

인색한
He was being **mean** by not sharing his food with his friends.
그는 친구들과 음식을 나누지 않음으로써 **인색하게** 굴었다.

의미하다
The sign in the store window **means** the shop is closed today.
가게 창문에 있는 표지판은 오늘 가게가 문을 닫았다는 **의미이다**.

119 medium
명 매체[수단] 형 중간의

매체
Television is a popular **medium** for advertising products to a wide audience.
텔레비전은 넓은 청중에게 제품을 광고하는 인기 있는 **매체**이다.

중간의
The company offers a **medium** range of prices to suit different customers.
그 회사는 다양한 고객에 맞춘 **중간** 가격대를 제공한다.

120 **object**	(명) 물건, 물체, 목적, 목표 (동) 반대하다, 항의하다
물건	She placed the **object** on the table and examined it closely. 그녀는 그 **물건**을 테이블 위에 놓고 자세히 살펴보았다.
목적	The **object** of the game is to collect as many points as possible. 이 게임의 **목적**은 가능한 많은 점수를 모으는 것이다.
반대하다	She **objected** to the proposal, stating that it would cause unnecessary harm. 그녀는 그 제안에 **반대하며** 그것이 불필요한 피해를 초래할 것이라고 말했다.

121 **own**	(형) 자신의, 고유한 (동) 소유하다, 인정하다
자신의	She has her **own** car, which she uses to commute to work every day. 그녀는 **자신의** 차가 있으며, 매일 출퇴근에 사용한다.
소유하다	He **owns** a small business that specializes in handmade jewelry. 그는 수제 보석을 전문으로 하는 작은 사업체를 **소유하고** 있다.

122 **patient**	(명) 환자 (형) 참을성[인내심] 있는
환자	The hospital is treating a large number of **patients** due to the flu outbreak. 병원은 독감 유행으로 많은 수의 **환자**를 치료하고 있다.
참을성 있는	It's important to be **patient** when learning a new language. 새로운 언어를 배울 때는 **참을성 있는** 것이 중요하다.

123 **plant**	(명) 식물, 공장 (동) 심다
식물	There are many different types of **plants** in the botanical garden. 식물원에는 다양한 종류의 **식물**이 있다.
공장	The workers at the **plant** are responsible for assembling the car parts. **공장**에서 일하는 노동자들은 자동차 부품을 조립하는 일을 맡고 있다.
심다	In spring, we **plant** flowers in our garden to brighten up the yard. 봄에는 정원을 환하게 만들기 위해 꽃을 **심는다**.

124 **press**	(명) 신문, 언론, 인쇄, 압박 (동) 누르다, 꼭 잡다[쥐다], 강조하다
언론	The **press** covered the event extensively, with many reporters attending. **언론**은 그 행사를 광범위하게 보도했으며, 많은 기자들이 참석했다.
압박	She felt the **press** of time as the deadline for the project was approaching. 그녀는 프로젝트 마감일이 다가오면서 시간에 대한 **압박**을 느꼈다.
강조하다	The teacher **pressed** the importance of studying regularly for the final exam. 선생님은 기말시험을 위해 규칙적으로 공부하는 것의 중요성을 **강조했다**.

125 **principal**	(명) 교장, 학장, 총장 (형) 주요한, 주된
교장	The **principal** of the school gave a speech during the opening ceremony. 학교 **교장**은 개회식에서 연설을 했다.
주요한	The **principal** reason for her success is her hard work and dedication. 그녀의 성공의 **주요** 이유는 그녀의 노력과 헌신이다.

126 **rate**	명 속도, 비율, 요금 동 평가하다, 등급을 매기다
비율	The exchange **rate** between the dollar and the euro has fluctuated recently. 최근 달러와 유로화의 **환율**이 변동했다.
요금	The hotel charges a high **rate** for rooms with a sea view. 그 호텔은 바다 전망이 있는 객실에 높은 **요금**을 부과한다.
평가하다	I would **rate** this restaurant as one of the best in town. 나는 이 식당을 이 도시에서 가장 좋은 곳 중 하나로 **평가할** 것이다.
127 **relative**	명 친척, 동족 형 상대적인, 비교상의, 관련된
친척	She invited all her **relatives** to her wedding ceremony. 그녀는 결혼식에 모든 **친척**들을 초대했다.
비교상의	The **relative** size of the two companies is quite different. 두 회사의 **비교된** 크기는 꽤 다르다.
128 **release**	명 석방, 발표, 개봉, 출시 동 석방하다, 풀어 주다, 공개[발표]하다, 개봉하다
풀어 주다	The authorities decided to **release** the prisoner after ten years. 당국은 10년 후에 그 죄수를 **풀어주기로** 결정했다.
공개하다	The company will **release** its new smartphone model next month. 그 회사는 다음 달에 새로운 스마트폰 모델을 **공개할** 예정이다.
129 **rest**	명 나머지, 휴식 동 쉬다, 휴식을 취하다
나머지	I finished my work, but the **rest** of the team is still working. 나는 내 일을 끝냈지만, **나머지** 팀원들은 아직도 일하고 있다.
휴식	After a long day at work, I need some **rest**. 긴 하루를 보낸 후, 나는 약간의 **휴식**이 필요하다.
130 **strike**	명 치기, 때리기, 파업, 공격 동 치다, 때리다, 파업하다
치다	The baseball player **struck** the ball with incredible speed. 그 야구 선수는 믿을 수 없을 정도로 빠르게 공을 **쳤다**.
파업하다	The workers decided to **strike** for better wages and working conditions. 노동자들은 더 나은 임금과 근무 조건을 위해 **파업하기로** 결정했다.
131 **suit**	명 정장, 의복, 소송 동 맞다, 적합하다, 어울리다
소송	He won the **suit** and received a large settlement from the court. 그는 **소송**에서 승소하여 법원으로부터 큰 합의금을 받았다.
맞다	The new job **suits** her skills and experience perfectly. 그 새로운 직장은 그녀의 기술과 경험에 완벽하게 **맞는다**.
132 **tear**	명 눈물, 울음 동 찢다, 뜯다
눈물	She wiped away a **tear** as she said goodbye to her friends. 그녀는 친구들에게 작별 인사를 하며 **눈물**을 닦았다.
찢다	He accidentally **tore** his shirt while climbing over the fence. 그는 울타리를 넘다가 실수로 셔츠를 **찢었다**.

133 **utter**	형 완전한, 순전한 동 말을 하다, 소리를 내다
완전한	The project ended in **utter** failure due to poor planning. 그 프로젝트는 부실한 계획으로 인해 **완전한** 실패로 끝났다.
말을 하다	She **uttered** a few words of comfort to calm him down. 그녀는 그를 진정시키기 위해 몇 마디 위로의 **말을 했다**.
134 **standard**	명 수준, 기준, 규범 형 일반적인, 보통의, 표준의
수준	The company sets high **standards** for its employees' performance. 그 회사는 직원들의 성과에 대해 높은 **수준**을 설정한다.
일반적인	A **standard** dress code is required for all employees in the office. 사무실 내 모든 직원은 **일반적인** 복장 규정을 따라야 한다.
135 **pose**	명 포즈, 자세 동 제기하다, 포즈[자세]를 취하게 하다
자세	The model held the same **pose** for several minutes during the photoshoot. 모델은 사진 촬영 중 몇 분 동안 같은 **자세**를 유지했다.
제기하다	The new evidence **poses** a serious challenge to the theory. 새로운 증거는 그 이론에 심각한 도전을 **제기한다**.
136 **reserved**	형 내성적인, 과묵한, 제한된, 예약된, 보류된
내성적인	He is a **reserved** person who prefers to stay quiet in social situations. 그는 사회적인 상황에서 조용히 있는 것을 선호하는 **내성적인** 사람이다.
예약된	A **reserved** seat in the front row was waiting for her at the event. 그 행사에서 그녀를 위해 앞줄의 **예약된** 자리가 기다리고 있었다.
137 **depression**	명 우울증, 불경기, 불황
우울증	After losing his job, he fell into a deep **depression**. 직장을 잃은 후 그는 깊은 **우울증**에 빠졌다.
불경기	During the economic **depression**, many businesses were forced to close down. 경제 **불경기** 동안 많은 기업들이 문을 닫을 수밖에 없었다.
138 **fix**	명 해결책 동 고정하다, 수리하다
고정하다	She used tape to **fix** the picture to the wall. 그녀는 그림을 벽에 **고정하기** 위해 테이프를 사용했다.
수리하다	The mechanic will **fix** the car's engine by tomorrow. 정비공은 내일까지 차의 엔진을 **수리할** 것이다.
139 **complication**	명 문제, 합병증
문제	**Complications** arose because the two companies did not agree on the terms of the contract. 두 회사가 계약 조건에 합의하지 않아 **문제**가 발생했다.
합병증	Flu can sometimes cause **complications** such as pneumonia. 독감은 때때로 폐렴 같은 **합병증**을 일으킬 수 있다.

140 apprehend	동 이해하다, 체포하다, 염려하다
이해하다	She could not **apprehend** the reason behind his sudden decision. 그녀는 그의 갑작스러운 결정을 **이해할** 수 없었다.
체포하다	The police **apprehended** the suspect after a long chase. 경찰은 긴 추격 끝에 용의자를 **체포했다**.
염려하다	I **apprehend** that the weather might worsen during our trip. 나는 여행 중 날씨가 악화될까 **염려하고** 있다.

141 provoke	동 유발하다, 야기하다, 선동하다, 화나게 하다, 도발하다
유발하다	The new changes in the law are likely to **provoke** protests across the country. 법의 새로운 변화는 전국에서 시위를 **유발할** 가능성이 높다.
화나게 하다	His rude remarks **provoked** her. 그의 무례한 발언은 그녀를 **화나게 했다**.

142 order	명 순서, 정리, 명령, 주문, 질서 동 명령하다, 주문하다, 정리하다
순서	Please arrange the books in alphabetical **order**. 책들을 알파벳 **순서**대로 정리해 주세요.
주문	We received a large **order** of supplies for the office today. 오늘 우리는 사무실 용품 대량 **주문**을 받았다.
명령하다	She **ordered** him to finish the report by the end of the day. 그녀는 그에게 오늘 끝날 때까지 보고서를 끝내라고 **명령했다**.

143 solid	형 고체의, 단단한, 튼튼한, 견고한, 순수한
고체의	Water turns into a **solid** when it freezes. 물은 얼면 **고체**로 변한다.
튼튼한	The table is made of **solid** oak, so it's very sturdy. 그 테이블은 **튼튼한** 오크 나무로 만들어졌기 때문에 매우 견고하다.

144 dull	형 따분한, 재미없는, 흐릿한, 둔한 동 둔해지다, 흐릿해지다
따분한	The lecture was so **dull** that several students fell asleep. 그 강의는 너무 **따분해서** 몇몇 학생들이 잠이 들었다.
흐릿한	The sky was **dull** and gray, with no sign of sunshine. 하늘은 **흐리고** 회색이었으며, 햇살의 기미도 보이지 않았다.

145 appeal	명 항소, 상고, 매력, 호소 동 항소[상고]하다, 관심을 끌다, 매력적이다, 호소하다
항소	The defendant's lawyer filed an **appeal** to challenge the court's decision. 피고의 변호사는 법원의 판결에 이의를 제기하기 위해 **항소**를 제기했다.
매력	Her natural beauty and kind personality add to her overall **appeal**. 그녀의 자연스러운 미모와 친절한 성격은 그녀의 전체적인 **매력**을 더해준다.

146 obscure	형 모호한, 이해하기 힘든, 잘 알려져 있지 않은, 무명의
모호한	The professor gave an **obscure** explanation that left the students confused. 교수는 학생들이 혼란스러워하게 만든 **모호한** 설명을 했다.
무명의	He was an **obscure** writer until his novel became a bestseller. 그는 자신의 소설이 베스트셀러가 되기 전까지 **무명** 작가였다.

147 **sanction**	명 승인, 허가, 제재 동 승인[허가]하다, 제재를 가하다, 처벌하다
승인	The new law is awaiting **sanction** by the president before it can be implemented. 새로운 법은 시행되기 전에 대통령의 **승인**을 기다리고 있다.
제재	The country faced international **sanctions** due to its violation of human rights. 그 나라는 인권 침해로 인해 국제적인 **제재**를 받았다.

148 **compromise**	명 타협, 절충, 화해, 양보 동 타협하다, 양보하다, ~을 위태롭게 하다
타협하다	After hours of negotiation, both parties **compromised** to reach a fair agreement. 몇 시간의 협상 끝에 양측은 공정한 합의에 도달하기 위해 **타협했다**.
위태롭게 하다	Failing to follow the rules **compromised** the integrity of the entire project. 규칙을 따르지 않음으로써 전체 프로젝트의 신뢰성을 **위태롭게 했다**.

149 **blunt**	형 무딘, 뭉툭한, 직설적인, 둔감한
무딘	The knife was too **blunt** to cut through the thick meat. 그 칼은 두꺼운 고기를 자르기에는 너무 **무뎌서** 사용할 수 없었다.
직설적인	His **blunt** comments about her appearance hurt her feelings. 그의 **직설적인** 외모에 대한 발언은 그녀의 기분을 상하게 했다.

150 **close**	형 가까운, 친밀한 부 가까이, 밀접하게 동 닫다, 마치다
가까운	The park is very **close** to my house, so I often go there for a walk. 공원이 내 집에서 매우 **가까워서** 나는 자주 그곳에 산책하러 간다.
친밀한	She has a **close** relationship with her siblings and talks to them every day. 그녀는 형제자매들과 **친밀한** 관계를 가지고 있으며 매일 그들과 대화한다.
닫다	The store will **close** at 9 PM, so we need to finish shopping soon. 그 가게는 오후 9시에 문을 **닫으므로** 우리는 빨리 쇼핑을 끝내야 한다.

151 **fabricate**	동 조작하다, 날조하다, 위조하다, 제작하다, 조립하다
조작하다	He was caught **fabricating** evidence to support his false claims. 그는 거짓 주장을 뒷받침하기 위해 증거를 **조작하다가** 적발되었다.
조립하다	Workers **fabricate** parts for the machines in the factory's assembly line. 노동자들은 공장의 조립 라인에서 기계 부품을 **조립한다**.

152 **novel**	명 소설 형 새로운, 신기한
소설	The **novel** was adapted into a popular movie last year. 그 **소설**은 작년에 인기 있는 영화로 각색되었다.
새로운	They came up with a **novel** solution to the company's financial problems. 그들은 회사의 재정 문제에 대한 **새로운** 해결책을 제시했다.

153 **cover**	동 덮다, 가리다, 감추다, 다루다, 보도하다
덮다	The workers **covered** the floor with a tarp to protect it from paint splashes. 작업자들은 페인트가 튀지 않도록 바닥을 방수포로 **덮었다**.
다루다	The textbook **covers** a wide range of topics, from history to science. 그 교과서는 역사부터 과학까지 다양한 주제를 **다룬다**.
보도하다	The news station **covered** the earthquake extensively throughout the day. 그 뉴스 보도국은 하루 종일 지진에 대해 광범위하게 **보도했다**.

어휘

154 charge	명 요금, 기소, 고발, 비난 동 청구하다, 비난하다, 기소하다, 고소하다, 책임을 맡기다, 충전하다
청구하다	The hotel **charges** an additional fee for parking. 그 호텔은 주차에 추가 요금을 **청구한다**.
기소하다	The police **charged** him with theft after finding the stolen goods in his car. 경찰은 그의 차에서 도난품을 발견한 후 그를 절도 혐의로 **기소했다**.
충전하다	I need to **charge** my phone because the battery is almost empty. 내 전화기가 배터리가 거의 다 떨어져서 **충전해야** 한다.

155 claim	명 주장, 권리, 청구[신청] 동 주장하다, 청구[신청]하다, (목숨을) 앗아 가다
주장하다	He **claimed** that he was innocent of all charges. 그는 모든 혐의에 대해 자신이 무죄라고 **주장했다**.
목숨을 앗아가다	The accident **claimed** the lives of two drivers. 그 사고는 두 명의 운전자의 **목숨을 앗아갔다**.

156 decline	명 감소, 하락 동 줄어들다, 감소하다, 거절하다, 사양하다
감소하다	The population in the city has been **declining** over the past few decades. 그 도시에 있는 인구는 지난 몇십 년 동안 **감소해** 왔다.
거절하다	He politely **declined** the invitation to the party. 그는 파티 초대를 정중히 **거절했다**.

157 attribute	명 자질, 속성 동 덕분으로 보다, ~탓[책임]이라고 보다
자질	Honesty is one of the most important **attributes** of a good leader. 정직은 좋은 리더의 가장 중요한 **자질** 중 하나이다.
~ 탓이라고 보다	She **attributed** her failure to lack of preparation and poor time management. 그녀는 자신의 실패를 준비 부족과 시간 관리 미숙 **탓이라고 보았다**.

158 scrupulous	형 세심한, 꼼꼼한, 양심적인
세심한	He is **scrupulous** about maintaining a clean and organized workspace. 그는 깨끗하고 정리된 작업 공간을 유지하는 데 **세심하다**.
양심적인	He is a **scrupulous** lawyer who always follows the law and maintains his integrity. 그는 항상 법을 따르고 정직을 지키는 **양심적인** 변호사이다.

159 yield	명 산출[수확](량) 동 산출[생산]하다, 항복[굴복]하다, 양도하다, 양보하다
생산하다	The farm **yields** a variety of fruits, including apples, oranges, and peaches. 그 농장은 사과, 오렌지, 복숭아를 포함한 다양한 과일을 **생산한다**.
항복하다	The army was forced to **yield** after a long and difficult battle. 그 군대는 길고 어려운 전투 끝에 **항복할** 수밖에 없었다.

160 commend	동 칭찬하다, 추천하다, 권하다
칭찬하다	The teacher **commended** the students for their hard work and dedication. 선생님은 학생들의 노력과 헌신을 **칭찬했다**.
추천하다	The doctor **commended** the patient to follow a healthy diet to improve his condition. 의사는 환자에게 건강한 식단을 따를 것을 **추천했다**.

161 **insipid**	형 맛이 없는, 재미없는
맛이 없는	The soup tasted **insipid** because it lacked any seasoning or spices. 그 수프는 양념이나 향신료가 부족해서 **맛이 없었다**.
재미없는	The movie was so **insipid** that I fell asleep halfway through. 그 영화는 너무 **재미없어서** 나는 중간쯤에 잠들었다.
162 **surrender**	명 항복[굴복], 양도 동 항복[굴복]하다, (권리 등을) 포기하다[넘겨주다]
항복하다	He had no choice but to **surrender** to the police after being surrounded. 그는 포위된 후 경찰에 **항복할** 수밖에 없었다.
포기하다	She decided to **surrender** her dream of becoming a doctor after failing the exam twice. 그녀는 두 번의 시험 실패 후 의사가 되겠다는 꿈을 **포기하기로** 결심했다.
163 **preclude**	동 막다, 방지하다, 배제하다, 제외하다
막다	The heavy rain **precluded** the team from playing their scheduled match. 폭우는 팀이 예정된 경기를 하는 것을 **막았다**.
배제하다	The rules of the competition **preclude** anyone from entering after the deadline. 대회 규칙은 마감일 이후에 누군가가 참가하는 것을 **배제한다**.
164 **dissipate**	동 흩어지게 하다, 흩뜨리다, 없애다, 소멸하다, 낭비하다
흩뜨리다	The fog slowly **dissipated** as the sun rose higher in the sky. 안개는 해가 더 높이 떠오르면서 천천히 **흩어졌다**.
낭비하다	He **dissipated** all his savings on unnecessary luxuries. 그는 불필요한 사치품에 모든 저축을 **낭비했다**.
165 **state**	명 상태, 국가, 주 형 국가의, 공식적인 동 말하다, 진술하다, 명시하다
상태	The patient is in critical **state** after the surgery. 그 환자는 수술 후 중환자 **상태**에 있다.
주	Texas is the second largest **state** in the U.S. 텍사스는 미국에서 두 번째로 큰 **주**이다.
말하다	She clearly **stated** her opinion during the meeting. 그녀는 회의 중에 자신의 의견을 명확하게 **말했다**.
166 **patronize**	동 가르치려 들다, 깔보는 듯하다, 애용하다, 후원하다
깔보는 듯하다	She was frustrated by the way he **patronized** her during the conversation. 그녀는 대화 중에 그가 그녀를 **깔보는 듯한** 방식에 불쾌감을 느꼈다.
후원하다	Companies **patronize** various cultural events to contribute to the community. 회사들은 지역 사회에 기여하기 위해 다양한 문화 행사들을 **후원한다**.
167 **impertinent**	형 무례한, 버릇없는, 무관한, 관계없는
무례한	His **impertinent** remarks upset everyone at the dinner party. 그의 **무례한** 발언은 저녁 파티에 있는 모든 사람을 불쾌하게 했다.
무관한	His **impertinent** remarks about my personal life were completely unnecessary. 내 개인적인 삶에 대한 그의 **무관한** 언급은 전혀 필요하지 않았다.

168 occupation	명 직업, 점령, 점거
직업	She is looking for an **occupation** that is both fulfilling and financially rewarding. 그녀는 보람있고 재정적으로 보상도 되는 **직업**을 찾고 있다.
점령	The city was under **occupation** by foreign troops for several months during the war. 그 도시는 전쟁 중 외국 군대의 **점령** 아래에 있었고, 몇 달 동안 계속되었습니다.

169 adaptable	형 적응할 수 있는, 융통성 있는
적응할 수 있는	People who are **adaptable** tend to thrive in changing industries and markets. **적응력이 있는** 사람들은 변화하는 산업과 시장에서 성공하는 경향이 있다.
융통성 있는	The team's **adaptable** approach allowed them to meet the clients' varying needs. 팀의 **융통성 있는** 접근 방식은 그들이 고객의 다양한 요구를 충족시킬 수 있게 했다.

170 disinterested	형 사심이 없는, 객관적인, 무관심한, 냉담한
사심이 없는	The judge was **disinterested** in the case, making sure to make a fair and unbiased decision. 판사는 이 사건에 **사심이 없었으며**, 공정하고 편향되지 않은 결정을 내리도록 했다.
무관심한	He seemed **disinterested** in the conversation, constantly checking his phone. 그는 대화에 **무관심한** 듯 보였고, 계속해서 전화기를 확인했다.

171 modest	형 보통의, 대단하지 않은, 겸손한, 신중한, 얌전한, 수수한
보통의	They live in a **modest** apartment, just big enough for the two of them. 그들은 두 사람에게 딱 맞는 크기의 **보통** 아파트에서 산다.
겸손한	She is a **modest** student who never brags about her excellent grades. 그녀는 자신의 뛰어난 성적에 대해 결코 자랑하지 않는 **겸손한** 학생이다.

172 objective	명 목적, 목표 형 객관적인, 실재하는
목적	Her main **objective** in life is to help others and make a positive impact on the world. 그녀의 삶의 주요 **목적**은 다른 사람들을 돕고 세상에 긍정적인 영향을 미치는 것이다.
객관적인	The judge made an **objective** decision based on the evidence presented in court. 판사는 법정에 제출된 증거를 바탕으로 **객관적인** 결정을 내렸다.

173 founder	명 창립자, 설립자 동 침몰하다, 실패하다
창립자	Steve Jobs was one of the **founders** of Apple Inc. 스티브 잡스는 애플의 **창립자** 중 한 명이었다.
침몰하다	The ship began to **founder** after hitting an iceberg. 그 배는 빙산에 부딪힌 후 **침몰하기** 시작했다.

174 execute	동 실행[수행]하다, 처형[사형]하다
실행하다	The team successfully **executed** the plan to launch the new product. 팀은 새로운 제품 출시 계획을 성공적으로 **실행했다**.
처형하다	The criminal was **executed** for his involvement in the murder. 그 범죄자는 살인에 연루되어 **처형되었다**.

175 **reclaim**	동 되찾다, 매립하다, 개간하다, 교화하다, 개선하다
되찾다	She worked hard to **reclaim** her position after the company downsized. 그녀는 회사가 축소된 후 자신의 자리를 **되찾기** 위해 열심히 일했다.
매립하다	The government plans to **reclaim** land from the sea to build a new port. 정부는 새로운 항구를 건설하기 위해 바다에서 땅을 **매립할** 계획이다.
176 **vessel**	명 선박[배], 그릇[용기], 혈관
선박	The navy deployed a new **vessel** for patrolling the waters. 해군은 수역을 순찰하기 위해 새로운 **선박**을 배치했다.
그릇	The chef used a large **vessel** to mix the ingredients. 그 셰프는 재료들을 섞기 위해 큰 **그릇**을 사용했다.
혈관	A blockage in the blood **vessels** can lead to serious health problems. **혈관**에 막힘이 생기면 심각한 건강 문제를 일으킬 수 있다.
177 **waste**	명 낭비[허비], 쓰레기, 폐기물 동 낭비[허비]하다, 소모시키다, 쇠약하게 하다
낭비	It's a **waste** of time to argue over something so trivial. 그렇게 사소한 일에 대해 논쟁하는 것은 시간 **낭비**다.
쓰레기	The streets were filled with **waste** after the festival. 축제 후 거리는 **쓰레기**로 가득했다.
178 **fare**	명 (교통) 요금, 승객, 음식, 식사
요금	The **fare** for a bus ride is usually cheaper than taking a taxi. 버스 **요금**은 일반적으로 택시를 타는 것보다 저렴하다.
승객	The bus driver greeted each **fare** as they boarded. 버스 운전사는 각 **승객**이 탑승할 때마다 인사했다.
179 **delegate**	명 대표 동 위임하다, 선정하다
대표	Each department in the company sends a **delegate** to the annual meeting. 회사의 각 부서는 연례 회의에 **대표**를 보낸다.
위임하다	The CEO decided to **delegate** the financial report preparation to the accounting team. CEO는 회계 팀에게 재무 보고서 준비를 **위임하기로** 결정했다.
180 **conceive**	동 상상하다, 생각하다, 임신하다
상상하다	It is hard to **conceive** how a single idea can change the world. 하나의 아이디어가 세상을 어떻게 바꿀 수 있을지 **상상하기** 어렵다.
임신하다	After trying for months, they finally **conceived** their first child. 몇 달 동안 시도한 끝에 그들은 마침내 첫 아이를 **임신했다**.
181 **suppress**	동 진압하다, 참다[억누르다]
진압하다	The government used force to **suppress** the protests. 정부는 시위를 **진압하기** 위해 무력을 사용했다.
참다	She tried to **suppress** her tears during the sad movie. 그녀는 슬픈 영화를 보면서 눈물을 **참으려** 애썼다.

182 **dismiss**	동 묵살[일축]하다, 해고하다, 해산시키다
묵살하다	She **dismissed** his explanation as unconvincing and moved on to the next topic. 그녀는 그의 설명을 설득력이 없다고 **묵살하고** 다음 주제로 넘어갔다.
해고하다	The company decided to **dismiss** several employees due to budget cuts. 그 회사는 예산 삭감으로 인해 여러 직원을 **해고하기로** 결정했다.

183 **compose**	동 구성하다, 작곡하다, 가다듬다
구성하다	This report is **composed** of data collected over the past year. 이 보고서는 지난 1년 동안 수집된 데이터로 **구성되어** 있다.
작곡하다	Beethoven **composed** some of the most famous symphonies in history. 베토벤은 역사상 가장 유명한 교향곡을 **작곡했다**.

184 **confer**	동 상의하다, 협의하다, 수여[부여]하다
상의하다	Before making a decision, the board members **confer** with each other. 결정을 내리기 전에 이사회 회원들은 서로 **상의한다**.
수여하다	The president will **confer** a medal of honor to the soldier for his bravery. 대통령은 그 병사의 용기를 인정하여 공로 훈장을 **수여할** 것이다.

185 **strain**	명 부담, 중압, 압박, 염좌[좌상] 동 혹사하다, 염좌를 입다, 상하게 하다, 잡아당기다, 긴장시키다
부담	The constant pressure at work started to cause a **strain** on his mental health. 직장에서의 지속적인 압박이 그의 정신 건강에 **부담**을 주기 시작했다.
혹사하다	She was **strained** by the constant workload and long hours. 그녀는 지속적인 업무량과 긴 근무 시간에 의해 **혹사당했다**.

186 **pursue**	동 추구하다, 계속하다, 뒤쫓다, 추적하다
추구하다	She decided to **pursue** a career in medicine to help people. 그녀는 사람들을 돕기 위해 의학 분야의 직업을 **추구하기로** 결정했다.
뒤쫓다	The police officer **pursued** the suspect through the crowded streets. 경찰은 붐비는 거리에서 용의자를 **뒤쫓았다**.

187 **present**	명 선물, 현재, 지금 형 현재의, 있는, 참석한, 존재하는 동 주다, 제시[제출]하다, 보여 주다, 나타내다
선물	She gave him a beautiful **present** for his birthday. 그녀는 그의 생일을 위해 아름다운 **선물**을 주었다.
현재의	The **present** situation requires immediate attention. **현재** 상황은 즉각적인 주의가 필요하다.
참석한	Only those **present** at the ceremony could receive the award. 그 행사에 **참석한** 사람들만 상을 받을 수 있었다.
주다	She will **present** the award to the winner of the competition. 그녀는 그 대회의 우승자에게 상을 **줄** 것이다.

188 **premise**	명 (주장의) 전제, 토지, 부동산(pl.)
전제	The argument is based on the **premise** that all humans seek happiness. 그 주장은 모든 인간이 행복을 추구한다는 **전제**를 바탕으로 한다.
토지	The company bought a large **premise** to build its new headquarters. 그 회사는 새 본사를 건설하기 위해 큰 **토지**를 샀다.

189 **distinct**	형 뚜렷한, 분명한, 별개의
뚜렷한	She has a **distinct** voice that is easy to recognize. 그녀는 쉽게 알아볼 수 있는 **뚜렷한** 목소리를 가지고 있다.
별개의	The two companies operate as **distinct** entities, with separate goals. 그 두 회사는 **별개의** 독립된 기업으로, 각기 다른 목표를 가지고 운영된다.
190 **adhere**	동 들러붙다, 부착되다, 고수하다, 집착하다
들러붙다	The paint will **adhere** better if you clean the surface first. 표면을 먼저 청소하면 페인트가 더 잘 **들러붙을** 것이다.
고수하다	It is important to **adhere** to the rules in order to maintain order. 질서를 유지하기 위해 규칙을 **고수하는** 것이 중요하다.
191 **acknowledge**	동 인정하다, 자백하다, 감사를 표하다, 사례하다
인정하다	She **acknowledged** that she had made a mistake during the meeting. 그녀는 회의 중에 실수를 했음을 **인정했다**.
감사를 표하다	The organization **acknowledged** his generous donation with a thank-you letter. 그 조직은 그의 기부에 감사의 편지로 **사례했다**.
192 **encompass**	동 포함하다, 아우르다, 에워[둘러]싸다
포함하다	The course syllabus **encompasses** a wide range of topics related to environmental science. 이 강의 계획서는 환경 과학과 관련된 광범위한 주제들을 **포함한다**.
둘러싸다	The city is **encompassed** by beautiful mountains, offering breathtaking views. 그 도시는 아름다운 산들에 **둘러싸여** 있어 숨막히는 경치를 제공한다.
193 **express**	명 급행, 속달 형 급행의, 신속한, 속달의 동 나타내다, 표현하다
급행의	I took the **express** train to get to the meeting on time. 나는 회의에 제시간에 도착하기 위해 **급행** 열차를 탔다.
표현하다	She **expressed** her feelings of gratitude in a heartfelt letter. 그녀는 진심 어린 편지로 감사의 마음을 **표현했다**.
194 **interpret**	동 설명하다, 해석하다, 이해하다, 통역하다
해석하다	Can you **interpret** the poem's meaning for me? 그 시의 의미를 나에게 **해석해** 줄 수 있나요?
통역하다	She was asked to **interpret** the conversation between the two diplomats. 그녀는 두 외교관 사이의 대화를 **통역해** 달라는 요청을 받았다.
195 **resign**	동 사임하다, 사직하다, 포기하다, 단념하다
사임하다	She had to **resign** from her job due to personal reasons. 그녀는 개인적인 사유로 직장에서 **사임해야** 했다.
포기하다	If you **resign** your rights to the inheritance, it will be passed on to the next heir. 유산에 대한 권리를 **포기하면** 그것은 다음 상속인에게 전달된다.

196 **issue**	명 주제, 쟁점, 문제, (정기 간행물의) 호, 발행 동 발표[공표]하다, 발행하다, 발부하다
주제	One of the key **issues** in the debate was the rising cost of healthcare. 토론에서 중요한 **주제** 중 하나는 증가하는 의료비였다.
호	The latest **issue** of the magazine features an interview with a famous actor. 최신 **호**에는 유명 배우와의 인터뷰가 실려 있다.
발표하다	The magazine will **issue** a special edition for the anniversary. 그 잡지는 기념일을 맞아 특별판을 **발표할** 예정이다.
197 **terminal**	명 터미널, 종착역, 종점 형 말기의, 불치의, 끝의
종착역	The train will arrive at the **terminal** in about 10 minutes. 기차는 약 10분 후에 **종착역**에 도착할 것이다.
말기의	She has been given a **terminal** prognosis, and there is little hope left. 그녀는 **말기** 진단을 받았고, 남은 희망은 거의 없다.
198 **erect**	형 똑바로 선 동 건립하다, 세우다
똑바로 선	The soldier stood **erect** in front of the commander, showing respect. 그 군인은 지휘관 앞에서 **똑바로 서서** 존경을 표시했다.
건립하다	They decided to **erect** a statue in honor of the city's founder. 그들은 도시 창립자를 기리기 위해 동상을 **건립하기로** 결정했다.
199 **laborious**	형 힘든, 곤란한, 근면한, 부지런한, 공들인
힘든	Writing the research paper was a **laborious** task that took several weeks. 연구 논문을 쓰는 것은 몇 주가 걸린 **힘든** 작업이었다.
근면한	She is a **laborious** student who always works hard to achieve her goals. 그녀는 항상 목표를 달성하기 위해 열심히 노력하는 **근면한** 학생이다.
200 **straightforward**	형 간단한, 쉬운, 복잡하지 않은, 솔직한, 정직한
간단한	His explanation was **straightforward**, so everyone understood it quickly. 그의 설명은 **간단해서** 모두가 빠르게 이해할 수 있었다.
솔직한	He is known for being **straightforward** and never hides the truth. 그는 **솔직한** 성격으로 유명하며 절대 진실을 숨기지 않는다.
201 **sterile**	형 불임의, 살균한, 소독한, 아무 소득 없는, 무익한, 불모의
불임의	He was diagnosed with a **sterile** condition that made it impossible for him to have children. 그는 아이를 가질 수 없는 **불임** 상태로 진단받았다.
소독한	You should always use **sterile** tools when performing medical procedures. 의료 절차를 수행할 때는 항상 **소독된** 도구를 사용해야 한다.
불모의	The desert is a **sterile** place, with no plants or wildlife. 사막은 식물이나 야생 동물이 없는 **불모의** 장소이다.
202 **desert**	명 사막, 황야 동 버리다, 떠나다
사막	They traveled across the **desert** for days, struggling to find water. 그들은 물을 찾기 위해 며칠 동안 **사막**을 횡단했다.
버리다	He decided to **desert** his old life and start fresh in a new city. 그는 옛 삶을 **버리고** 새로운 도시에 가서 새로 시작하기로 결심했다.

203 **forfeit**	명 벌금, 몰수품 동 몰수[박탈]당하다, 잃다
벌금	If you park in a no-parking zone, you will be required to pay a **forfeit**. 주차금지 구역에 주차하면 **벌금**을 내야 한다.
몰수당하다	He had to **forfeit** his deposit when he canceled the booking too late. 그는 예약을 너무 늦게 취소해서 보증금을 **몰수당했다**.
204 **plague**	명 전염병 동 괴롭히다, 성가시게 하다
전염병	The village was devastated by a **plague** that lasted for several months. 그 마을은 몇 달 동안 지속된 **전염병**에 의해 황폐해졌다.
괴롭히다	The constant noise from the construction site plagued the residents day and night. 공사 현장에서 나는 끊임없는 소음은 주민들을 낮과 밤으로 **괴롭혔다**.
205 **screen**	명 화면, 칸막이, 가리개, 장막, 차단막 동 가리다, 차단[보호]하다, 상영[방영]하다, 심사하다
화면	The movie was displayed on a huge **screen** at the cinema. 그 영화는 영화관의 거대한 **화면**에 상영되었다.
차단하다	The security system **screens** all incoming emails for potential threats. 보안 시스템은 모든 들어오는 이메일을 잠재적인 위협에 대해 **차단한다**.
심사하다	The hiring manager will **screen** the resumes before the interviews. 채용 담당자는 면접 전에 이력서를 **심사할** 것이다.
206 **abide**	동 머무르다, 살다, 지키다, 준수하다, 견디다, 참다
머무르다	They decided to **abide** in the countryside for the summer. 그들은 여름 동안 시골에서 **머무르기로** 결심했다.
지키다	We must **abide** by the rules of the competition to ensure fairness. 우리는 공정성을 보장하기 위해 대회의 규칙을 **지켜야** 한다.
참다	I can hardly **abide** the noise coming from the construction site next door. 나는 옆 집에서 나는 공사 소음을 **참기** 어렵다.
207 **current**	명 흐름, 경향[추세], 전류 형 현재의, 지금의, 통용되는
흐름	The ocean **current** brought warm water from the tropics to the shore. 바다의 **흐름**이 열대 지역에서 따뜻한 물을 해안으로 가져왔다.
경향	The **current** of public opinion is shifting towards more sustainable practices. 여론의 **경향**은 더 지속 가능한 방식으로 변화하고 있다.
현재의	The **current** economic situation is challenging for many businesses. **현재의** 경제 상황은 많은 기업들에게 도전적이다.
208 **temperate**	형 (기후 · 온도가) 온화한, 차분한, 절제된
온화한	The **temperate** climate of the region makes it an ideal place for agriculture. 그 지역의 **온화한** 기후는 농업에 이상적인 장소를 만든다.
차분한	His **temperate** attitude towards difficult situations helped calm the entire team. 어려운 상황에 대한 그의 **차분한** 태도가 팀 전체를 진정시켰다.

209 immune	형 면역성이 있는, 면역된, ~이 면제되는, ~을 면하는
면역된	A person with a strong **immune** system is less likely to get sick during flu season. **면역** 체계가 강한 사람은 독감 시즌에 아플 가능성이 적다.
면제되는	He was **immune** from military service because of his health condition. 그는 건강 문제로 군 복무에서 **면제되었다**.
210 pronounce	동 발음하다, 선언[표명]하다, 발표하다
발음하다	She had trouble **pronouncing** some of the difficult words in the foreign language. 그녀는 외국어에서 어려운 단어들을 **발음하는** 데 어려움을 겪었다.
선언하다	The judge will **pronounce** the verdict in the courtroom later today. 판사는 오늘 늦게 법정에서 판결을 **선언할** 것이다.
211 address	명 주소, 연설 동 주소를 쓰다, 연설하다, 말을 걸다, 다루다, 고심하다
주소	The letter was sent to the wrong **address**, so it got delayed. 그 편지는 잘못된 **주소**로 보내져서 지연되었다.
연설하다	The president will **address** the nation in a live broadcast this evening. 대통령은 오늘 저녁 생방송으로 국민에게 **연설할** 것이다.
다루다	We need to **address** the concerns raised by our customers immediately. 우리는 고객들이 제기한 우려 사항들을 즉시 **다뤄야** 한다.
212 plot	명 구성, 줄거리, 음모, 작은 땅 동 구성을 짜다, 음모[모의]하다, 표시하다
구성	The **plot** of the movie was so intriguing that I couldn't look away. 그 영화의 **구성**은 너무 흥미로워서 눈을 뗄 수 없었다.
음모	The detective uncovered a **plot** to assassinate the president. 그 탐정은 대통령을 암살하려는 **음모**를 밝혀냈다.
213 mold(mould)	명 틀, 주형, 곰팡이 동 만들다, 주조하다
곰팡이	The bread became stale and started to grow **mold** after a few days. 그 빵은 며칠 후에 상해서 **곰팡이**가 생기기 시작했다.
만들다	The artist used clay to **mold** a beautiful sculpture. 그 예술가는 점토로 아름다운 조각상을 **만들었다**.
214 disperse	동 흩뜨리다, 흩어지다, 해산시키다, 퍼뜨리다, 보급하다
흩어지다	The leaves **dispersed** in the wind, spreading all over the yard. 바람에 나뭇잎이 **흩어져** 마당 전체에 퍼졌다.
퍼뜨리다	The police tried to **disperse** the rumors that were causing panic. 경찰은 혼란을 일으키는 소문을 **퍼뜨리지** 않도록 막으려 했다.
215 discount	명 할인 동 할인하다, 무시하다, 치부하다
할인	The store is offering a 20% **discount** on all winter clothing this week. 그 가게는 이번 주에 모든 겨울 의류에 20% **할인**을 제공하고 있다.
무시하다	The manager **discounted** the employee's suggestion without even considering it. 매니저는 그 직원의 제안을 한 번도 고려하지 않고 **무시했다**.

216 **complex**	명 복합 건물, (건물) 단지, 강박관념 형 복잡한, 복합의
복합 건물	The shopping **complex** has a food court, a movie theater, and a fitness center. 그 쇼핑 **복합 건물**에는 푸드코트, 영화관, 피트니스 센터가 있다.
강박관념	Her fear of failure became a **complex** that affected her confidence. 실패에 대한 두려움은 그녀의 자신감에 영향을 미치는 **강박관념**이 되었다.
복잡한	The math problem was so **complex** that it took me hours to solve it. 그 수학 문제는 너무 **복잡해서** 해결하는 데 몇 시간이 걸렸다.

217 **nervous**	형 불안해하는, 초조해하는, 신경의
불안해하는	She felt **nervous** about the upcoming exam. 그녀는 다가오는 시험에 대해 **불안해했다**.
신경의	The doctor examined her **nervous** system to determine the cause of the headaches. 의사는 두통의 원인을 파악하기 위해 그녀의 **신경**계를 검사했다.

218 **gratuitous**	형 불필요한, 쓸데없는, 무료의, 무상의
불필요한	The movie was filled with **gratuitous** violence that added nothing to the plot. 그 영화는 줄거리에 아무런 도움이 되지 않는 **불필요한** 폭력 장면들로 가득했다.
무료의	They handed out **gratuitous** samples of the new product at the event. 그들은 행사에서 새로운 제품의 **무료** 샘플을 나눠주었다.

219 **store**	명 가게, 상점, 저장, 비축 동 저장[보관]하다
상점	There are many people shopping at the **store** today. 오늘 **상점**에는 쇼핑하는 사람들이 많다.
저장하다	You should **store** your files in the cloud to keep them safe. 파일을 안전하게 보관하려면 클라우드에 **저장하는** 것이 좋다.

220 **bill**	명 청구서, 계산서, 지폐, 법안, 부리
청구서	The hotel **bill** includes all taxes and service charges. 호텔 **청구서**에는 모든 세금과 서비스 요금이 포함되어 있다.
지폐	The cashier gave me two one-dollar **bills** as change. 계산원은 1달러 **지폐** 두 장을 잔돈으로 주었다.
법안	The senator introduced a new **bill** to improve healthcare. 상원 의원은 의료 개선을 위한 새로운 **법안**을 제출했다.

221 **board**	명 판자, (게시)판, 이사회, 위원회 동 탑승[승선/승차]하다, 하숙하다
(게시)판	The **board** in the hallway displays the weekly schedule. 복도에 있는 **게시판**에는 주간 일정이 게시되어 있다.
이사회	The **board** is responsible for making major decisions. **이사회**는 주요 결정을 내리는 책임이 있다.
탑승하다	All passengers must **board** the bus by 5 p.m. 모든 승객은 오후 5시까지 버스에 **탑승해야** 한다.

222 **interest**	명 관심, 흥미, 이자, 이익, 이해관계 동 ~의 관심[흥미]을 끌다
관심	The documentary sparked public **interest** in ancient history. 그 다큐멘터리는 고대 역사에 대한 대중의 **관심**을 불러일으켰다.
이자	Compound **interest** helps your savings grow faster. 복리 **이자**는 저축을 더 빠르게 불어나게 해준다.
223 **note**	명 메모, 필기, 주목[주의], 지폐, 음(표), 문서, 주석 동 필기하다, 주목[주의]하다, 언급하다
지폐	The cashier checked the **note** carefully to make sure it wasn't fake. 계산원은 **지폐**가 위조된 것이 아닌지 꼼꼼히 확인했다.
주석	There's a small **note** in the margin explaining the term. 여백에 그 용어를 설명하는 작은 **주석**이 있다.
언급하다	She **noted** that the project was behind schedule. 그녀는 프로젝트가 일정에 뒤처졌다고 **언급했다**.
224 **stress**	명 스트레스, 압박, 긴장, 강조, 역설, 강세 동 강조하다, 강세를 두다, 스트레스를 주다
압박	The **stress** of meeting deadlines can be overwhelming. 마감일을 맞춰야 하는 **압박**은 매우 부담스러울 수 있다.
강조	The article puts special **stress** on the need for innovation. 그 기사는 혁신의 필요성에 특별한 **강조**를 두고 있다.
225 **block**	명 덩어리, 토막, 구역, 블록, (건물) 단지, 장애, 방해 동 막다, 차단하다, 방해하다
덩어리	There was a large **block** of ice floating in the river. 강 위에 커다란 얼음 **덩어리**가 떠 있었다.
(건물) 단지	There are several restaurants in the same **block**. 같은 **건물 단지**에 여러 음식점들이 있다.
막다	The parked car **blocked** the entrance to the building. 주차된 차가 건물 입구를 **막았다**.
226 **correspond**	동 일치[부합]하다, 해당[상응]하다, 서신을 주고받다
일치하다	The two accounts did not **correspond**, which raised suspicion. 두 진술이 **일치하지** 않아서 의심을 불러일으켰다.
해당하다	The red button **corresponds** to the emergency stop. 빨간 버튼은 비상 정지 버튼에 **해당한다**.
227 **fine**	명 벌금 형 좋은, 괜찮은, 고운, 미세한, 순수한, 맑은
벌금	Failure to file your taxes on time may result in a **fine**. 세금을 제때 신고하지 않으면 **벌금**이 부과될 수 있다.
미세한	**Fine** cracks appeared on the surface of the wall. 벽 표면에 **미세한** 균열이 나타났다.
맑은	Tomorrow is expected to be **fine** and sunny. 내일은 **맑고** 화창할 것으로 예상된다.

Chapter 02 혼동 어휘

1	respect	명 존경, 존중, 측면, 사항 동 존경하다, 존중하다
	inspect	동 점검[검사]하다, 사찰[순시]하다
	suspect	명 용의자 동 의심하다
2	respectful	존경심을 보이는, 경의를 표하는, 공손한
	respective	각자의, 각각의
	respectable	존경할 만한, 훌륭한
3	evolve	발달하다, 진화하다
	revolve	회전하다, 돌다
	involve	포함[수반]하다, 관련시키다, 참여시키다
4	evoke	떠올려 주다, 환기시키다
	revoke	폐지[철회/취소]하다
	provoke	유발하다, 화나게 하다, 도발하다
5	claim	명 주장, 권리 동 주장하다, 요구[요청]하다
	acclaim	명 칭찬, 찬사, 갈채, 환호 동 칭송하다, 환호를 보내다
	proclaim	선언[선포]하다, 분명히 보여주다
	exclaim	외치다, 소리치다
	reclaim	되찾다, 매립하다, 개간하다, 복구되다
6	reduce	줄이다, 축소하다, 낮추다
	produce	명 생산물[품], 농작물 동 생산하다, 산출하다
	induce	설득하다, 유도하다, 유발[초래]하다
	deduce	추론[추정]하다, 연역하다
	seduce	유혹하다, 꾀다
7	inform	알리다, 통지하다
	reform	명 개혁, 개선 동 개혁[개선]하다, 교화시키다
	deform	변형시키다, 기형으로 만들다
	conform	따르다, 순응하다, 일치하다
	transform	변형시키다
8	dictate	받아쓰게 하다, 구술하다, 지시[명령]하다
	dedicate	바치다, 전념[헌신]하다
	indicate	나타내다, 보여 주다, 시사하다

9	**execute**	실행[수행]하다, 처형[사형]하다
	evacuate	대피시키다, 떠나다, 피난하다
	evaporate	증발하다, 사라지다
10	**genesis**	기원, 발생
	genius	천재(성), 특별한 재능
	genuine	진짜의, 진품의, 진실한, 진심 어린
	ingenious	기발한, 독창적인
	indigenous	원산의, 토착의, 고유의, 타고난
11	**incise**	새기다, 조각하다
	precise	정확한, 정밀한, 엄밀한, 꼼꼼한
	concise	간결한, 축약된
12	**ascribe**	~에 돌리다, ~의 탓으로 돌리다
	describe	말하다[서술하다], 묘사하다, 만들다[형성하다]
	prescribe	처방을 내리다, 처방하다, 규정[지시]하다
	subscribe	구독하다, 가입[시청]하다, 기부하다
13	**allude**	말하다, 암시하다, 언급하다
	elude	(교묘히) 피하다[빠져나가다]
	delude	속이다, 착각하게 하다
14	**include**	포함하다, 포함시키다
	exclude	제외[배제]하다, 거부[차단]하다
	conclude	끝내다, 마치다, 결론[판단]을 내리다
15	**assume**	가정하다, 추정[상정]하다, 맡다, 띠다[취하다]
	consume	소비[소모]하다, 먹다, 마시다
	resume	명 이력서 동 재개하다, 다시 시작하다
	presume	추정하다, 간주하다, 여기다
16	**abstain**	자제하다, 삼가다, 기권하다
	contain	포함하다, ~이 들어 있다, 억누르다, 참다
	sustain	유지하다, 살아가게[존재하게/지탱하게] 하다, 견디다[지탱하다]
	obtain	얻다, 획득하다, 존재하다
	retain	유지[보유]하다, 간직하다
17	**conceive**	상상하다, 임신하다
	deceive	속이다, 기만하다
	perceive	감지하다, 지각하다, 인지하다

18	exhibit	명 전시품, 증거물 동 전시하다, 보이다, 드러내다
	prohibit	금하다[금지하다], 못하게 하다
	inhibit	막다, 억제하다, 금하다
	inhabit	살다[거주/서식하다]
19	compel	강요[강제]하다, 강제로 ~하게 만들다
	expel	쫓아내다[추방하다], 퇴학시키다, 축출[제명]하다
	repel	물리치다, 격퇴하다, 혐오감[역겨움]을 느끼게 하다
	propel	나아가게 하다, 추진하다
20	aspire	열망[염원]하다
	conspire	음모[모의]를 꾸미다, 공모하다
	expire	만료되다, 만기가 되다, 끝나다, (숨을) 내쉬다
	inspire	고무[격려]하다, 영감을 주다, 불어넣다[고취시키다]
	respire	호흡하다
21	deficient	부족한[결핍된], 결함이 있는, 모자라는
	proficient	능숙한, 숙달된
	sufficient	충분한
	efficient	능률적인, 유능한, 효율적인
22	pulse	명 맥박, 고동 동 맥박치다, 고동치다
	impulse	충동, 충격, 자극
	pursue	추구하다, 계속하다, 뒤쫓다[추적하다]
	peruse	숙독[정독]하다
23	depress	우울[암울]하게 만들다, 약화시키다, 침체시키다
	impress	깊은 인상을 주다, 감명[감동]을 주다
	oppress	탄압[억압]하다, 압박감을 주다, 우울하게 만들다
	repress	참다[억누르다/억압하다], 탄압[진압]하다
	suppress	진압하다, 금하다, 참다[억누르다]
24	concede	인정하다, 허락[허용]하다, 양보하다
	recede	물러나다[멀어지다], 약해지다, 희미해지다
	precede	~에 앞서다, 선행하다
	proceed	계속 진행하다, 나아가다
25	access	명 입장, 접근 동 접근하다, 들어가다, 이용하다, 접속하다
	assess	평가하다, 사정하다
	assure	확인하다, 장담하다, 확언[확약]하다, 보장하다

26	admit	인정하다, 시인하다, 자백하다, 들어가게 하다, 입장을 허락하다
	emit	방출하다, 내뿜다
	omit	생략하다, 빠뜨리다
	commit	저지르다, 범하다, 약속하다
	permit	허용[허락]하다
	vomit	토하다
27	confine	국한시키다, 한정하다, 가두다
	define	정의하다, 규정하다
	refine	정제[제련]하다, 개선[개량]하다
28	confer	상의하다, 수여[부여]하다
	defer	미루다, 연기하다
	infer	추론하다, 암시하다
	offer	명 제의, 제안 동 제안하다, 권하다, 제공하다
	prefer	~을 좋아하다, 선호하다
	transfer	명 이동, 이적 동 옮기다, 이동[이송/이전]하다, 전학시키다, 전임[전근]시키다
29	subside	가라앉다, 진정되다, 내려앉다, 침하되다
	subsidy	보조금, 장려금
	subdue	진압하다, 억누르다
	subordinate	명 부하, 하급자 형 종속된, 부차[부수]적인
30	reside	살다, 거주하다
	residue	잔여[잔류]물, 나머지, 여분
	resign	사직[사임]하다, 물러나다
	resist	저항[반대]하다, 참다[견디다]
31	constitute	구성하다, 이루다, 설립[설치]하다
	constant	명 상수, 정수 형 끊임없는, 거듭되는, 변함없는
	consistent	한결같은, 일관된, 거듭되는, 변함없는, ~와 일치하는
32	state	명 상태, 국가, 나라, 주 형 국가의, 국가[공식]적인 동 말하다, 진술하다, 명시하다
	statue	조각상
	status	신분, 자격, 지위
	stature	(사람의) 키, 신장, 지명도, 위상
	statute	법규, 법령, 규정, 학칙

33	**construct**	명 생각, 건축[구조]물 동 건설하다, 구성하다
	obstruct	방해하다, 막다
	instruct	지시하다, 가르치다
34	**medium**	명 매체, 수단, 도구 형 중간의
	mediate	중재하다, 조정하다
	meditate	명상하다
	medicine	의학, 의술, 의료, 약, 약물
	mediocre	보통의, 평범한
35	**contagious**	전염되는, 전염성의
	conscious	의식하는, 자각하는
	conscientious	양심적인, 성실한
	conspicuous	눈에 잘 띄는, 튀는, 뚜렷한
36	**extend**	연장하다, 늘리다, 넓히다, 확대하다, 확장하다
	extent	정도, 규모, 크기
	expand	펼치다, 확장하다, 확대하다, 팽창시키다
	expend	소비하다, 지출하다, 들이다, 쏟다
37	**adverse**	부정적인, 불리한
	reverse	명 (정)반대, 역 동 뒤바꾸다, 반전[역전]시키다, 뒤집다
	inverse	거꾸로의, 반대의, 역의
38	**versatile**	다재다능한, 다용도의, 다목적의
	satellite	(인공)위성, 위성 도시
39	**conserve**	보호[보존]하다, 아끼다
	deserve	~을 받을 만하다, ~을 해야 마땅하다
	reserve	명 비축[예비](물), 보호 구역 동 예약하다, 따로 남겨 두다, 보류하다
	observe	관찰하다, 목격하다, 준수하다
	preserve	명 전유물 동 지키다, 보호하다, 보존하다
40	**abrupt**	돌연한, 갑작스러운, 퉁명스러운
	corrupt	형 부패한, 타락한, 부정한 동 부패하게 만들다, 타락시키다, 오염[변질]시키다
	disrupt	방해하다, 지장을 주다
	erupt	분출하다, 터지다, 터뜨리다, 폭발하다
	interrupt	방해하다, 중단시키다, 차단하다

41	assent	명 찬성, 승인 동 찬성하다
	consent	명 동의, 허락, 합의 동 동의하다, 허락하다
	dissent	명 반대 동 반대하다
	resent	분하게[억울하게] 여기다, 분개하다
42	strain	명 부담, 중압, 압박, 염좌[좌상] 동 혹사하다, 염좌를 입다, 상하게 하다, 잡아당기다, 긴장시키다
	constrain	~하게 만들다[강요하다], 제한[제약]하다
	restrain	저지[제지]하다, 억누르다, 억제하다
43	complicate	복잡하게 만들다
	delicate	연약한, 여린, 다치기[부서지기] 쉬운, 허약한, 섬세한, 우아한
	duplicate	명 사본, 복제물 형 똑같은, 복제의, 사본의 동 복사[복제]하다, 사본을 만들다
	replicate	복제하다, 베끼다
44	complicit	연루된, 공모한
	explicit	분명한, 명쾌한, 솔직한, 명백한, 노골적인
	implicit	암시된, 내포된, 함축적인, 절대적인, 무조건적인
45	abstract	명 개요, 추상 형 추상적인, 관념적인
	attract	마음을 끌다, 불러일으키다
	contract	명 계약[약정](서) 동 줄어들다, 수축하다
	distract	(정신이) 집중이 안 되게[산만하게/산란하게] 하다, (주의를) 딴 데로 돌리다
	extract	명 발췌, 추출물 동 뽑다, 추출하다, 얻어 내다
46	persecute	박해하다, 못살게 굴다
	prosecute	기소하다, 고발하다, 공소를 제기하다
47	perish	죽다, 소멸되다
	persist	집요하게 계속하다, 지속되다
	permit	허용하다, 허락하다, 가능하게 하다
48	collide	충돌하다, 상충하다
	collapse	붕괴되다, 무너지다, 쓰러지다
49	affirm	단언하다
	confirm	확인하다, 확정하다
	infirm	병약한, 노쇠한
50	discard	버리다, 폐기하다
	disregard	무시하다, 묵살하다

51	**encounter**	명 만남, 접촉 동 맞닥뜨리다, 부딪히다, 마주치다
	counteract	대응하다, 중화시키다
	counterfeit	형 위조의, 가짜의 동 위조하다, 모방하다, ~인 체하다
52	**coherent**	일관성 있는, 논리[조리]정연한
	inherent	내재하는
	adherent	명 지지자, 추종자 형 점착성의, 부착하는
53	**adapt**	맞추다, 조정하다, 적응하다, 각색하다
	adept	능숙한
	adopt	입양하다, 쓰다[취하다], 채택하다
54	**malady**	병폐, 심각한 문제
	malign	형 해로운, 불길한 동 비방하다, 헐뜯다
	malice	악의, 적의
55	**elicit**	끌어내다
	illicit	불법의, 사회 통념에 어긋나는
	explicit	분명한, 명쾌한, 솔직한, 노골적인
	exploit	이용하다, 착취하다
56	**impartial**	공정한, 공평한
	impatient	짜증난, 안달하는, 성급한, 못 견디는
57	**install**	설치하다, 취임시키다
	instill	주입하다, 불어넣다, 심어 주다
58	**excel**	뛰어나다, 탁월하다
	expel	퇴학시키다, 축출[제명]하다, 쫓아내다, 추방하다, 배출[방출]하다
	exile	명 망명, 추방, 유배 동 추방하다, 유배하다
59	**exorbitant**	과도한, 지나친
	extravagant	낭비하는, 사치스러운, 과장된
	extraneous	관련 없는
	exacerbate	악화시키다
	exasperate	몹시 화나게[짜증나게] 하다, 악화시키다
	exhilarate	아주 기쁘게[생기 나게/신나게] 만들다
60	**extinct**	멸종된, 사라진
	extrinsic	외부의, 외적인
	extinguish	(불을) 끄다, 끝내다, 없애다

61	**intervene**	개입하다, 끼어들다
	interfere	간섭[개입/참견]하다
	intercede	탄원하다, 중재하다, 조정하다
	interpret	설명하다, 해석하다, 이해하다, 통역하다
	interrupt	방해하다, 중단시키다, 차단하다
62	**debate**	명 토론, 논쟁, 논란 동 논의[논쟁]하다, 숙고하다
	devote	바치다, 전념하다
	devout	독실한
	divert	전환하다, 바꾸다, 다른 데로 돌리다
	deviate	벗어나다, 빗나가다
63	**superficial**	표면적인, 피상적인, 깊이 없는, 얄팍한
	superfluous	필요치 않은[불필요한]
	supercilious	거만한, 남을 얕보는
	superstitious	미신을 믿는, 미신적인
64	**undermine**	약화시키다, 해치다
	underline	밑줄을 긋다, 강조하다
	underlie	~의 토대를 이루다, 기초가 되다, ~의 밑에 깔려 있다
65	**suburb**	교외(도심지를 벗어난 주택 지역)
	superb	최고의, 최상의, 대단히 훌륭한
	superior	명 윗사람, 선배, 상급자, 상관 형 우수한, 우월한, 상관의, 상급의
66	**unanimous**	만장일치의
	anonymous	익명의
67	**biannual**	연 2회의
	biennial	2년에 한 번씩의, 격년의
68	**impudent**	무례한, 버릇없는
	imprudent	현명하지 못한, 경솔한
	impetuous	성급한, 충동적인
	impetus	자극(제), 추동력, 추진력
	impertinent	무례한, 버릇없는
	impediment	장애(물), 방해

69	**indolent**	게으른, 나태한
	insolent	버릇없는, 무례한
	indigent	가난한, 궁핍한
	indignant	분개한, 분해하는
	indigenous	원산의, 토착의
70	**consider**	고려하다, 사려하다, 생각하다, 여기다
	considerate	사려 깊은, (남을) 배려하는
	considerable	상당한, 많은
71	**nuisance**	성가신[귀찮은] 사람[것/일], 골칫거리
	nuance	미묘한 차이, 뉘앙스
72	**altitude**	(해발) 고도
	aptitude	소질, 적성
	latitude	위도
	longitude	경도
73	**casual**	명 평상복, 임시직[비정규직] (근로자) 형 평상시의, 임시의, 무심한, 대충하는, 우연한
	causal	인과 관계의
	casualty	사상자, 피해자
	calamity	재앙, 재난
74	**delegate**	명 대표(자) 동 위임하다, 선정하다
	delicate	연약한, 여린, 다치기[부서지기] 쉬운, 허약한, 섬세한, 우아한
	dedicate	바치다, 전념[헌신]하다, 헌정하다
75	**acquit**	무죄를 선고하다
	acquaint	익히다, 숙지하다
	acquiesce	묵인하다
76	**dispose**	배치하다, 처리하다
	dispense	나누어 주다, 제공하다, 조제하다
	disperse	흩어지다, 해산하다, 보급하다, 확산되다
77	**acquire**	획득하다, 습득하다, 얻다
	inquire	묻다, 문의하다, 알아보다
	require	필요[요구]하다, 필요로 하다

78	**immense**	엄청난, 어마어마한
	immerse	담그다, 잠그다, 몰두하다
	imminent	금방이라도 닥칠 듯한, 목전의, 임박한
	eminent	유명한, 저명한, 뛰어난, 탁월한
79	**welfare**	안녕, 행복, 복지, 후생
	warfare	전투, 전쟁
80	**ruthless**	무자비한, 가차없는, 인정사정없는
	relentless	수그러들지 않는, 끈질긴, 가차없는
	restless	가만히 못 있는, 쉬지 못하는
	reckless	무모한, 신중하지 못한
81	**sever**	자르다, 절단하다, 끊다, 단절하다
	severe	극심한, 심각한, 가혹한, 혹독한, 엄격한
	several	(몇)몇의, 각각[각자]의
82	**terminate**	끝내다, 종료하다
	exterminate	몰살[전멸]시키다
	eradicate	근절하다, 뿌리뽑다
	eliminate	없애다, 제거하다, 탈락시키다
	estimate	명 추정(치), 추산, 견적, 평가, 판단 동 추정하다, 평가하다
83	**withdraw**	물러나다, 철수하다, 중단하다, 철회하다, 탈퇴하다
	withhold	주지 않다, 보류하다, 억누르다, 억제하다
	withstand	견뎌[이겨] 내다
84	**erect**	형 똑바로 선 동 건립하다, 세우다
	elect	선출하다, 선택하다
85	**defect**	명 결함, 결핍, 결점 동 버리다, 떠나다
	detect	발견하다, 감지하다, 알아내다
	defeat	명 패배, 타도 동 패배시키다, 물리치다, 무산시키다
86	**industry**	산업, 공업, 근면성
	industrious	근면한, 부지런한
	industrial	산업[공업]의
87	**organ**	장기, 기관, 오르간
	orphan	명 고아 동 고아로 만들다
88	**discreet**	신중한, 조심스러운
	discrete	별개의, 따로따로의, 분리된

89	**hostility**	적의, 적대, 반감
	hospitality	환대, 후대, 접대
90	**augment**	늘리다, 증가시키다
	argument	논쟁, 언쟁, 말다툼
91	**amount**	총액, 액수
	paramount	가장 중요한, 최고의
	surmount	극복하다
92	**suppress**	진압하다, 억누르다, 숨기다
	surpass	능가하다, 뛰어넘다
	surplus	명 과잉, 흑자 형 과잉의, 잉여의
93	**moral**	도덕적인, 도의적인
	mortal	언젠가는 반드시 죽는, 영원히 살 수 없는, 치명적인
	morale	사기, 의욕
	parole	명 가석방 동 가석방하다
94	**natural**	자연의, 천연의, 정상적인, 당연한
	neutral	중립적인
	nocturnal	야행성의
	nature	자연, 본성
	nurture	명 양육, 육성 동 양육하다, 육성하다
95	**intimate**	형 친(밀)한, 친숙한 동 넌지시 알리다, 암시하다, 시사하다
	intimidate	겁을 주다, 위협하다
	intricate	복잡한
	intrigue	명 모의, 음모 동 흥미[호기심]를 불러일으키다, 모의하다, 음모를 꾸미다
96	**sterile**	불임의, 살균한, 무익한
	fertile	비옥한, 기름진, 가임의, 풍부한
	futile	헛된, 소용없는
97	**acid**	명 산 형 산성의, (맛이) 신
	arid	건조한, 메마른, 무미건조한
	acrid	(냄새나 맛이) 매캐한, 신랄한
	avid	열심인, 열렬한, 열망하는
98	**expedite**	더 신속히 처리하다
	expedient	명 방편, 처방, 방책 형 편리한, 적당한
	expedition	탐험, 원정, 여행

99	**hypnosis**	최면
	hypocrisy	위선
	hypothesis	가설, 추정, 추측
100	**misery**	고통, 고민, 빈곤
	miserly	인색한, 구두쇠인, 아주 적은
101	**thrift**	절약, 검약
	thrive	번창하다, 잘 자라다
	theft	절도
	thief	도둑, 절도범
101	**hazard**	명 위험 (요소) 동 ~을 위태롭게 하다
	haphazard	무계획적인, 되는 대로의
	hazardous	위험한
102	**bride**	신부
	bribe	명 뇌물 동 뇌물을 주다, 매수하다
103	**expansive**	포괄적인, 광범위한
	expensive	비싼, 돈이 많이 드는
104	**decisive**	결정적인, 결단력 있는
	deceive	속이다, 기만하다, 현혹하다
105	**monetary**	통화의, 화폐의
	momentary	순간적인, 잠깐[찰나]의
	momentum	탄력, 가속도, 운동량
	momentous	중대한
106	**endemic**	고유의, 고질적인, 풍토적인
	epidemic	유행병, 전염병
	pandemic	전국[전 세계]적인 유행병
107	**palpable**	감지할 수 있는, 뚜렷한, 손에 만져질 듯한
	palatable	맛있는, 맛좋은
	parable	우화
	potable	음료로 적합한, 마셔도 되는
	portable	휴대[이동]가 쉬운, 휴대용의

108	abbreviate	축약하다, 줄여 쓰다
	alleviate	완화하다, 경감하다
	ameliorate	개선하다
	amalgamate	합병하다, 연합하다
109	tense	명 시제 형 긴장한, 긴박한
	terse	간결한, 간단한
	tease	명 장난, 놀림 동 놀리다, 괴롭히다
111	popular	인기 있는, 대중적인, 일반적인
	populate	살다, 거주하다, 이주시키다
	populous	인구가 많은
112	reap	거두다, 수확하다
	leap	명 높이뛰기, 도약, 급증, 급등 동 뛰다, 뛰어오르다, 급증하다, 급등하다
113	empirical	경험[실험]에 의거한, 실증적인
	imperial	제국의, 황제의
	peripheral	주변적인, 지엽적인
	principal	명 교장, 학장, 총장 형 주요한, 주된
114	personal	개인의, 개인적인, 사적인
	personnel	인원, 직원들, 인사과
115	grieve	명 관리인, 농장[토지] 관리인 동 비통해하다, 슬퍼하다
	grave	명 무단, 묘 형 심각한
116	condole	문상하다, 조문하다, 위안하다
	console	위로하다, 위안을 주다
	condone	용납하다
	condemn	비난하다, 선고를 내리다
117	deplore	한탄하다, 애통해하다
	explore	답사[탐험]하다, 탐구[분석]하다
	implore	애원하다, 간청하다
118	treat	명 대접 동 대하다, 다루다, 취급하다, 여기다
	threat	협박, 위협, 위험
	entreat	간청하다, 애원하다
	retreat	명 후퇴, 철수, 퇴각 동 후퇴하다, 물러가다

119	**command**	명 명령 동 명령하다, 지시하다, 지휘하다
	commend	칭찬하다, 추천하다
	comment	명 논평, 언급 동 논평하다, 견해를 밝히다
	commence	시작하다, 개시하다
	commerce	무역, 상업
120	**complement**	명 보완[보충]물, 보어 동 보완하다, 덧붙이다
	compliment	명 칭찬, 찬사 동 칭찬하다
	complaint	불평, 항의, 고소
	compliant	순응하는, 따르는, (법률을) 준수하는
121	**confident**	자신감 있는, 확신하는
	confidential	비밀의, 기밀의, 은밀한, 신뢰를 받는, 신임하는
	confront	닥치다, 맞서다, 마주치다
122	**eligible**	~할 자격이 있는, 적임의, 적당한
	illegible	읽기 어려운, 판독이 불가능
	liable	법적 책임이 있는, ~하기 쉬운, ~할 것 같은
	inedible	먹을 수 없는, 못 먹는
123	**sensory**	감각의
	sensible	분별 있는, 합리적인, 실용적인
	sensitive	세심한, 감성 있는, 예민한
	sensual	감각적인, 관능적인
124	**absurd**	우스꽝스러운, 터무니없는
	abrupt	돌연한, 갑작스러운, 퉁명스러운
	abstruse	난해한, 심오한
125	**articulate**	형 또렷한, 분명한 동 분명히 표현하다, 또렷이 말하다
	calculate	계산[산출]하다, 추정[추산]하다
	speculate	추측[짐작]하다, 투기하다
	manipulate	조종하다, 다루다, 처리하다
126	**savage**	명 미개인, 야만인 형 야만적인, 미개한, 사나운, 잔인한
	salvage	명 구조, 인양 동 구조하다, 인양하다
	salutary	유익한, 효과가 좋은
	salary	급여, 봉급, 월급

127	**quality**	질, 품질, 자질, 특성, 특징
	quantity	양, 분량, 다량, 다수
	qualify	자격을 얻다, 취득하다
128	**compete**	경쟁하다, 겨루다
	complete	형 완벽한, 완전한 동 완료하다, 끝마치다, 작성하다
	contemplate	고려하다, 생각하다, 심사숙고하다
129	**steady**	형 꾸준한, 안정된, 한결같은 동 균형을 잡다, 진정되다, 안정되다
	sturdy	튼튼한, 견고한, 확고한, 단호한
	tardy	느린, 더딘, 지체된
130	**aesthetic**	명 미학 형 미학적인, 심미적인
	authentic	진품인, 진짜인, 정확한
	anesthetic	명 마취제 형 마취의, 무감각한
	ascetic	금욕적인
131	**elaborate**	형 정교한, 정성을 들인 동 자세히 말[설명]하다, 정교하게 만들어 내다
	eloquent	유창한, 연설을 잘 하는
	elegant	우아한, 품격 있는
132	**plead**	애원하다, 답변하다, 변호하다
	pledge	명 약속, 맹세, 서약, 저당[담보](물) 동 약속[맹세]하다, 저당[담보]을 잡히다
	plunge	명 낙하, 급락 동 거꾸러지다, 급락하다
	pleased	기쁜, 기뻐하는, 만족해하는
133	**divide**	나누다, 나뉘다, 갈라지다
	divine	형 신의, 신성한 동 예측하다, 간파하다
134	**merge**	합병하다, 합치다, 융합되다
	emerge	나오다, 드러나다, 생겨나다
	submerge	잠수하다, 잠그다, 깊이 감추다
135	**patent**	명 특허권[증] 형 특허의 동 특허를 받다
	patient	명 환자 형 참을성[인내심] 있는
	pertinent	적절한, 관련 있는
136	**fable**	우화, 꾸며낸 이야기
	feeble	아주 약한, 허약한, 미미한
	pale	형 창백한, 연한, 흐릿한 동 창백[핼쑥/흐릿]해지다
137	**wander**	돌아다니다, 헤매다
	wonder	명 경탄, 경이, 불가사의 동 놀라다, 궁금하다

138	content	내용물, 목차, 주제
	context	맥락, 전후 사정, 문맥
	contend	주장하다, 다투다, 겨루다
	consent	명 동의, 허락, 합의 동 동의하다, 허락하다
	contempt	경멸, 멸시, 무시
	contemplate	고려하다, 생각하다, 심사숙고하다
139	virtue	선행, 미덕, 덕목, 장점
	virtual	가상의, 사실상의
140	blame	명 책임, 탓 동 ~을 탓하다, 비난하다
	flame	명 불길, 불꽃 동 활활 타오르다, 새빨개지다
	frame	명 틀, 액자, 뼈대, 골격 동 틀에 넣다, 죄[누명]를 뒤집어씌우다
141	abscond	도주하다, 도망가다, 종적을 감추다
	abscind	절단하다, 잘라내다
	absence	결석, 부재, 없음, 결핍
	absurd	우스꽝스러운, 터무니없는
142	capricious	변덕스러운, 잘 변하는
	voracious	게걸스러운, 열렬히 탐하는
	vociferous	소리 높여 표현하는[외치는]
	fastidious	세심한, 꼼꼼한, 까다로운
	facetious	경박한, 까부는
143	exalt	올리다, 승격시키다, 칭찬하다
	exult	기뻐서 어쩔 줄 모르다, 의기양양하다
	extol	극찬하다, 칭찬하다
	exhort	열심히 권하다, 촉구하다
	extort	갈취하다
144	adorn	꾸미다, 장식하다
	adore	사모하다, 아주 좋아하다
	adjourn	중단하다, 휴정[휴회]하다
145	altruism	이타주의, 이타심
	egoism	자기중심주의, 이기주의

146	suspend	매달다, 걸다, 유예[중단]하다
	suspense	서스펜스, 긴장감
	suspect	명 혐의자, 용의자 동 의심하다, 혐의를 두다
	sustain	살아가게[존재하게/지탱하게] 하다, 계속[지속]시키다
147	correct	형 맞는, 정확한, 적절한, 옳은 동 바로잡다, 정정하다
	collect	모으다, 수집하다
148	course	강의, (학)과목, 과정
	coarse	거친, 굵은
149	court	명 법정, 법원, 코트 동 환심을 사려고 하다, 얻으려고 하다
	courteous	공손한, 정중한
	courageous	용감한
150	sanction	명 허가, 승인, 제재 동 허가[승인]하다, 제재를 가하다
	sanitary	위생의, 깨끗한
	sanity	온전한 정신, 분별
	saint	성인(聖人), 군자
151	punish	처벌하다, 벌주다
	furnish	비치하다, 제공[공급]하다
152	apprehend	이해하다, 체포하다, 염려하다
	comprehend	이해하다, 깨닫다
	reprehend	비난하다, 꾸짖다
153	preach	설교하다, 전도하다
	breach	명 위반, 파기 동 위반하다, 어기다
	impeach	탄핵하다, 고발하다, 의심하다
	outreach	명 봉사[원조/지원] 활동 동 ~보다 멀리 가다, 능가하다, (손을) 내밀다
154	counsel	명 조언, 충고, 변호인(단) 동 상담을 하다, 충고[조언]하다
	council	의회, 자문 위원회
155	candid	솔직한
	candidate	입후보자, 출마자, 지원자, 응시자
156	retail	명 소매 동 소매하다, 팔리다
	retaliate	보복하다, 앙갚음하다
	rehabilitate	회복[복원]시키다, 재활 치료를 하다

157	cordial	다정한
	cardinal	명 추기경 형 가장 중요한
	crucial	중대한, 결정적인
	cruel	잔혹한, 잔인한, 괴로운
158	mass	명 다수, 다량, 덩어리, 무리, 대중, 질량 형 대량의, 대규모의, 대중적인 동 모으다
	mess	명 엉망(진창)인 상태 동 엉망으로 만들다
	messy	지저분한, 엉망인, 골치 아픈
	massive	거대한, 부피가 큰, 다량의
159	dismal	음울한
	dismay	명 실망, 경악 동 경악하게 만들다, 실망[낙담]시키다
	dismiss	묵살하다, 일축하다, 해고하다
160	hollow	명 구멍, 움푹 꺼진 곳 형 (속이) 빈, 움푹 꺼진
	hallow	명 성인(聖人), 성자 동 숭배하다, 신성시하다
	shallow	얕은, 피상적인
	shallow	명 삼키기, 제비 동 삼키다
161	physiology	생리학
	psychology	심리학
	philosophy	철학
	physics	물리학
162	chronic	만성적인
	chronicle	명 연대기 동 연대순으로 기록하다
	chronological	발생[시간] 순서대로 된, 연대순의
163	apprise	알리다
	appraise	살피다, 평가하다
	appease	달래다, 진정시키다
	approve	찬성하다, 승인하다
164	fabulous	멋진, 엄청난, 굉장한, 우화에 나오는
	fatuous	어리석은, 얼빠진
	facetious	경박한, 까부는
	fastidious	세심한, 꼼꼼한
165	cite	인용하다, 소환하다
	incite	선동하다, 조장하다
	recite	암송하다, 낭독하다

166	**revoke**	폐지[철회/취소]하다
	rebuke	꾸짖다, 질책하다
	refute	논박[반박]하다, 부인하다
	repute	평판, 명성
167	**nasty**	끔찍한, 형편없는, 못된
	hasty	서두른, 성급한
	naughty	버릇없는, 말을 안 듣는
	haughty	거만한, 오만한
168	**assimilate**	완전히 이해하다, 동화되다, 흡수하다
	annihilate	전멸시키다, 완패시키다, 폐지하다
169	**abolish**	폐지하다
	admonish	꾸짖다, 충고하다
170	**circumvent**	피하다, 둘러 가다
	circumspect	신중한
	circumscribe	제한[억제]하다, ~의 둘레에 선을 긋다
171	**announce**	발표하다, 알리다, 선언하다
	denounce	비난하다, 고발하다
	renounce	포기하다, 그만두다, 부정하다
	pronounce	발음하다, 표명[선언/선고]하다
172	**receipt**	영수증, 수령, 인수
	recipient	받는 사람, 수령[수취]인
	reception	접수처, 프런트, 환영, 수신 (상태)
	reciprocal	상호간의
173	**glean**	얻다, 모으다, 줍다
	glance	명 노려봄, 눈부심 동 노려보다, 환하다, 눈부시다
	glance	명 흘낏[휙] 봄 동 흘낏[휙] 보다
174	**entry**	입장, 등장, 출입, 가입
	sentry	보초, 감시
175	**dissimulate**	감추다, 위장하다
	disseminate	퍼뜨리다, 전파하다
	dissemble	숨기다, 속이다
	dissipate	소멸하다, 낭비하다
	dissuade	(~을 하지 않도록) ~를 설득[만류]하다

176	**territory**	지역, 영토, 영역
	testimony	증거, 증언
	tertiary	제3의, 제3차의, 셋째의
	testify	증언하다, 증명하다
177	**advantageous**	이로운, 유리한
	adventurous	모험심이 강한, 모험을 즐기는, 용기가 필요한
178	**premise**	명 전제, 토지, 부동산, 건물 (구내) 동 전제로 하다, 상정하다
	promise	명 약속, 가능성 동 약속하다, ~일 것 같다, 조짐을 보이다
	precise	정확한, 정밀한, 꼼꼼한
179	**erratic**	불규칙한, 변덕스러운
	eccentric	괴짜인, 별난, 기이한
	eclectic	절충적인, 다방면에 걸친
180	**arbitrate**	중재하다, 조정하다
	arbitrary	임의적인, 제멋대로인
181	**disparate**	이질적인, 서로 전혀 다른
	disparage	폄하하다
	disperse	흩어지다, 해산하다
	dissipate	소멸하다, 낭비하다
	depreciate	가치가 떨어지다, 평가 절하하다
	deprecate	반대하다, 비난하다
182	**decay**	명 부패, 부식, 쇠퇴 동 부패하다, 썩다, 퇴락하다
	decry	매도하다, 비난하다
	deny	부인하다, 부정하다, 거부하다
183	**gratuitous**	불필요한, 쓸데없는, 무료의
	gratitude	고마움, 감사
184	**proper**	적절한, 올바른
	property	재산, 소유물, 부동산, 건물 (구내)
	prosper	번영[번창/번성]하다
	prospect	명 예상, 가능성, 전망 동 탐사하다, 답사하다
185	**equivocal**	모호한, 애매한
	equivalent	명 상당하는 것, 등가물 형 동등한, 상응하는

186	**depict**	그리다, 묘사하다
	deposit	명 예금, 착수금, 보증금 동 놓다, 두다, 예금하다, 침전시키다
	depose	물러나게 하다[퇴위/폐위시키다]
	dispose	배치하다, 처리하다, ~하고 싶게 하다
187	**banish**	추방하다, 유배를 보내다, 쫓아 버리다, 제거하다
	vanish	사라지다, 없어지다
188	**precipitate**	촉발시키다, 촉진시키다
	precipitation	강수(량), 침전(물)
	precipitous	가파른, 급작스러운
	perspiration	땀
	participate	참가하다, 참여하다
189	**complacent**	현실에 안주하는, 자기만족적인
	complaisant	공손한, 온순한, 순종적인, 고분고분한
	compliant	순응하는, 따르는, (법률을) 준수하는
	complaint	불평, 불만, 항의, 고소
190	**vestige**	자취, 흔적
	prestige	명 위신, 명망 형 위신[명망] 있는, 고급의
191	**impediment**	장애(물)
	implement	명 도구, 기구 동 시행하다
	implication	영향, 결과, 함축, 암시, 연루
	impertinent	무례한, 버릇없는
	involvement	관련, 관여, 개입, 연루, 몰두, 열중
192	**obtrude**	끼어들다, 강요하다
	obtrusive	(보기 싫게) 눈에 띄는[두드러지는]
	obstinate	고집 센, 완강한
	obsequious	아부하는
193	**discourse**	담론, 담화
	disclosure	폭로
	discursive	두서없는, 산만한
194	**surmise**	명 추측, 추정 동 추측하다, 추정하다
	surmount	극복하다

195	**explosion**	폭발, 폭파
	expulsion	축출, 추방, 제명, 배출, 방출
	exploration	탐사, 답사, 탐험, 탐구
	exploitation	착취, 이용
196	**conjecture**	명 추측 동 추측하다
	conjunction	결합, 연합, 접속사
	conjugal	부부(간)의, 혼인(상)의
197	**captive**	매혹된, 사로잡힌, 억류된
	captivate	~의 마음을 사로잡다[매혹하다]
	captivity	감금, 억류
	capacity	용량, 수용력, 능력, 지위
	capability	능력, 역량
198	**integral**	필수적인, 완전한
	integrity	진실성, 온전함
	integrate	통합시키다[되다]
199	**amiable**	쾌활한, 정감 있는
	amicable	우호적인, 원만한
200	**vindicate**	~의 정당성을 입증하다, 무죄를 입증하다
	vindictive	앙심을 품은, 보복을 하려는
201	**continent**	대륙
	contingent	명 대표단 형 ~의 여부에 따라, 우발적인
	continue	계속하다, 지속하다
202	**fortuitous**	우연한, 뜻밖의
	fortitude	불굴의 용기
	fortunate	운 좋은, 다행한
203	**specious**	허울만 그럴듯한, 실속 없는
	spurious	거짓된, 가짜의, 위조의
	sporadic	산발적인, 이따금 발생하는
204	**foster**	조성하다, 발전시키다, 양육하다, 기르다
	poster	명 포스터, 벽보, 대형 그림[사진] 동 포스터[벽보]를 붙이다, 광고[홍보]하다
	bolster	북돋우다, 강화[개선]하다

205	**forfeit**	명 벌금, 몰수품 동 몰수[박탈]당하다
	surfeit	명 과다, 과도, 범람 동 지나치게 먹이다[마시게 하다], 물리게 하다
	counterfeit	형 위조의, 모조의 동 위조[모조]하다
206	**latter**	명 후자, 마지막 형 후자의, 마지막의
	letter	명 편지, 글자, 문자 동 글자가 들어 있다
	ladder	사다리
	leather	가죽

Chapter 03 숙어 어휘

1	**attend**	
	attend to	~을 처리하다, ~에 주의를 기울이다, 돌보다, 시중들다
	attend on	돌보다, 시중들다
2	**add**	
	add to	~에 더하다, ~을 늘리다
	add up	말이 되다, (조금씩) 늘어나다
	add up to	합계[총] ~가 되다, (결과가) ~가 되다
3	**break**	
	break in	침입하다, 끼어들다[방해하다], 길들이다
	break into	침입하다
	break down	고장 나다, 부수다
	break up	부서지다, 끝이 나다
	break up with	~와 헤어지다
4	**bring**	
	bring on	~을 야기하다, 초래하다
	bring up	불러 일으키다, (화제를) 꺼내다, 기르다[양육하다]
	bring about	~을 유발[초래]하다
5	**call**	
	call down	꾸짖다, 야단치다, 비난하다
	call off	취소하다
	call for	요구하다
	call on	요청하다, 시키다, 방문하다
6	**catch**	
	catch on	유행하다, 인기를 얻다
	catch up with	따라잡다, 따라가다
7	**carry**	
	carry on	계속하다, 계속 가다
	carry out	수행하다, 실행하다

8	**come**	
	come by	잠시 들르다, 얻다, 획득하다
	come off	(~에서) 떨어지다, 성공하다
	come across	이해되다, 인상을 주다, 우연히 발견하다[마주치다]
	come up with	~을 생산하다, 제시[제안]하다
	come down with	(병에) 걸리다
	come under fire	비난을 받다
9	**cut**	
	cut a fine figure	두각을 나타내다
	cut corners	절차[원칙 등]를 무시[생략]하다
	cut back (on)	~을 줄이다, 축소하다, 삭감하다
	cut no ice	(~에게) 아무런 소용[효과]이 없다
	cut off	잘라내다, 차단하다
10	**fill**	
	fill in	작성하다, 채우다, 메우다, (시간을) 때우다, 대신하다
	fill out	작성하다, 기입하다
	fill up	(~으로) 가득 차다, ~을 가득 채우다
11	**get**	
	get on	~을 타다
	get on with	~을 계속하다, ~와 잘 지내다
	get off	떠나다[출발하다], 잠이 들다[들게 하다], 전화를 끊다
	get over	~을 넘다, 건너다, 극복하다
	get out of	~에서 벗어나다, 도망치다, 탈출하다, 알아내다, 받아내다
	get across	건너다, 횡단하다, 전달[이해]되다
	get rid of	~을 제거하다
	get ahead of	~을 앞지르다, 능가하다
	get cold feet	초조해지다, 겁먹다
	get above oneself	분수를 모르다, 자만하다
	get along with	~와 잘 지내다
	get away with	~을 잘 해내다, [벌 따위]를 교묘히 모면하다, ~을 훔쳐 달아나다
	get out from under	영향에서 벗어나다, ~의 아래에서 나오다

12	**give**	
	give in	제출하다, ~에 굴복[항복]하다
	give off	(냄새, 열, 빛 등을) 내다[발하다]
	give out	(열・빛 등을) 내다[발하다], ~을 나눠주다
	give up	포기하다, 그만두다
	give way to	(감정에) 못 이기다[무너지다], ~에게 굴복하다
	give rise to	~을 낳다, 일으키다, 초래하다
13	**go**	
	go about	~을 시작하다, 일을 보러 다니다
	go around	돌아다니다, (소문이나 질병 등이) 퍼지다, (사람들에게 몫이) 돌아가다
	go back to	~로 돌아가다, ~로 거슬러 올라가다
	go down	넘어[쓰러]지다, 침몰하다[침수되다], (해 달이) 지다, (질이) 나빠지다, (음식물이 목구멍으로) 넘어가다, (가격・기온 등이) 내려가다[낮아지다]
	go into	~에 들어가다, 시작하다
	go off	자리를 뜨다, 발사되다, 폭발하다[터지다], (경보기 등이) 울리다
	go south	남쪽으로 가다, 하향하다, 나빠지다
	go over	건너가다, 조사하다, 검토하다
	go through	통과[성사]되다, ~을 살펴보다[조사하다], ~을 겪다
14	**hand**	
	hand down	~을 물려주다
	hand in	~을 제출하다
15	**hit**	
	hit upon	~을 우연히 생각해내다
	hit the hay[sack]	잠을 자다
	hit the book	열심히 공부하다, 벼락치기 공부하다
	hit the roof	몹시 화가 나다
	hit the nail on the head of	핵심[정곡]을 찌르다, 적절한 말을 하다

16	**hold**	
	hold back	저지하다, 억제하다, 방해하다, 참다
	hold fast to	지키다, 고수하다
	hold off	시작하지 않다, 미루다, 연기하다
	hold on (to)	고수하다[지키다], 계속 보유하다
	hold out	지속되다[없어지지 않다], 저항하다[버티다], (가능성 · 희망을) 보이다[드러내다]
	hold up	~을 떠받치다, 견디다, 강탈하다
	hold water	(용기 따위가) 물이 새지 않다, 이치에 맞다, 타당하다
17	**keep**	
	keep abreast of	~을 알고 있다
	keep away from	(~에[을]) 가까이 하지 않다[멀리하다]
	keep in contact with	~와 접촉을 유지하다
	keep up	내려가지 않게 하다, ~을 계속하다, (사기 등이) 떨어지지 않게 하다
	keep up with	~에 뒤지지 않고 맞추어 가다, (~의 진도 · 증가 속도 등을) 따라가다
	keep ~ to oneself	~을 비밀로 하다, 마음 속에 담아두다
18	**lay**	
	lay down	내려놓다, 그만두다, 포기하다, 규정하다, 저장하다
	lay off	해고하다, 감축하다, 그만 먹다
	lay out	펼치다, 배치하다, 제시하다, 때려 눕히다, 설계[계획]하다
19	**look**	
	look up	올려다보다, 찾아보다, 나아지다
	look up to	~을 존경하다
	look down on	~을 낮춰보다[얕보다]
	look over	~을 살펴보다, 검토하다
	look back on	~을 돌아보다
20	**let**	
	let down	늦추다, 실망시키다
	let off	발사하다, 터뜨리다, 봐주다, 면하게 해주다
	let on	(비밀을) 말하다, 누설하다
	let up	(강도가) 약해지다, 누그러지다, 느슨해지다

21	make
make a case for	~에 옹호하는 의견을 내다
make away with	~을 면하다[벗어나다], 쫓아버리다, ~을 훔치다
make do with	~으로 임시변통하다
make ends meet	수입과 지출의 균형을 맞추다, 겨우 먹고 살 만큼 벌다
make fun of	놀리다
make it	성공하다, 해내다, 시간 맞춰가다, (모임 등에) 가다[참석하다]
make it up to	~에게 보상하다
make out	~을 이해하다, 알아보다
make over	~을 양도하다, 고치다
make off	급히 떠나다[달아나다]
make off with	~을 가지고 도망가다, ~을 훔치다
make sense	의미가 통하다, 타당하다, 말이 되다
make up	화장하다, 꾸며내다, 구성하다, 화해하다
make up for	보상[보충]하다
make up to	~에게 알랑거리다, 아첨하다
make up with	~와 화해하다
make much of	~을 중시하다
make light of	~을 경시하다
22 pick	
pick on	비난하다, 혹평하다, 괴롭히다
pick up	회복하다, 다시 시작하다, 알게 되다, 태워주다, 체포하다, (물건을) 집다, 사다
23 play	
play down	경시하다, 무시하다, 가볍게 보다
play on	계속하다, 속개하다, 이용하다
play up	강조하다, 과대평가하다, 선전하다, 말썽을 부리다, 괴롭히다
play up to	맞장구를 치다, 아부하다, 아첨하다

24	**put**	
	put by[aside]	모으다, 저축하다, 제쳐두다, 제거하다, 한쪽으로 치우다
	put down	적다, 진압하다, 내려놓다
	put off	미루다, 연기하다
	put on	~을 입다, ~을 바르다, 살이 찌다, 무대에 올리다, 가장하다
	put on hold	~을 보류하다, 연기하다
	put up	올리다, 세우다, 게시하다, 재워 주다, 지명[추천]하다, 제시하다
	put up with	참다, 견디다
	put upon	~을 속이다, 학대하다
25	**run**	
	run out of	~을 다 써버리다
	run over	(사람 · 동물을) 치다, 넘치다, 초과하다
	run short of	~이 부족하다[없다]
26	**stand**	
	stand a chance of	~의 가능성이 있다
	stand by	가만히[그냥] 있다, 대기하다, ~의 곁을 지키다, ~을 고수하다
	stand for	~을 상징하다, 나타내다[의미하다], 지지[옹호]하다
	stand in (for)	~을 대신하다
	stand out	빼어나다, 눈에 띄다, 튀어나오다
	stand to reason	당연하다, 도리에 맞다, 합리적이다
	stand up for	~을 지지하다, 옹호하다
	stand up to	~에게 저항하다[맞서다], ~에도 잘 견디다
27	**scratch**	
	scratch out	~을 지우다
	scratch the surface of	~을 피상적으로 다루다

28 take	
take after	~을 닮다
take apart	분해하다, ~을 혹독히 비판하다
take away	제거하다, 치우다
take a nosedive	급강하하다, 폭락하다
take care of	~을 돌보다
take down	내리다, 무너뜨리다, 적어 두다
take effect	효과가 나타나다, 시행[발효/적용]되다
take it out on	~에게 화풀이 하다
take in	속이다, 섭취[흡수]하다, 이해하다, (옷을) 줄이다, 포함하다, 받아들이다
take off	이륙하다, 벗다, ~동안을 쉬다, ~을 빼다, 떠나다, 유행하다
take on	떠맡다, 고용하다, 띠다
take over	~을 인계받다, 인수하다
take place	발생하다, 일어나다, 개최되다
take the place of	~을 대신하다
take up	(시간, 공간을) 차지하다[쓰다], ~을 배우다[시작하다]
take ~ for granted	~을 당연하게 여기다
take ~ into account	~을 고려하다
29 turn	
turn a blind eye to	못 본 체하다, 외면하다
turn down	거절하다
turn off	(전기·가스·수도 등을) 끄다, ~을 지루하게 만들다, (길을) 벗어나다
turn into	~로 바뀌다[되다, 변하다]
30 walk	
walk on air	기뻐 날뛰다, 들뜨다
walk on eggshells	눈치보다, 살얼음판을 걷다
31 work	
work out	운동하다, (일이) 잘 풀리다, 해결하다
work on	노력하다, 애쓰다, (설득시키려고) ~에게 공을 들이다
work up	~을 불러일으키다[북돋우다]

32	off
call off	취소하다, 중지하다, 철회하다, 철수시키다
cut off	자르다, 잘라 내다, 차단하다, 중단시키다, 방해하다
get off	떠나다, 출발하다, 잠이 들다
give off	(냄새 · 열 · 빛 등을) 내다[발하다], 풍기다
head off	막다, 저지하다, 차단하다, 방해[방지]하다
hold off	시작하지 않다, 미루다, 연기하다
knock off	중단하다, 끝내다, 훔치다, 털다
lay off	해고하다, 감축하다, 그만 먹다
let off	발사하다, 터뜨리다, 봐주다, 면하게 해주다
make off	급히 떠나다[달아나다]
pay off	성공하다, 갚다, 청산하다, 해고하다
put off	미루다, 연기하다
see off	배웅하다, 전송하다, 쫓아내다, 물리치다
set off	터뜨리다, 유발하다, 일으키다, 출발하다
show off	자랑하다, 과시하다, 으스대다
take off	이륙하다, 벗다, ~동안을 쉬다, ~을 빼다, 떠나다, 유행하다

33	out
back out	빠지다, 손을 떼다, 취소하다
blot out	완전히 덮다[가리다], 애써 잊다
cross out	줄을 긋다, 삭제하다, 지우다
drop out	탈퇴하다, 퇴거하다
leave out	빼다, 생략하다, 무시하다
map out	입안하다, 계획하다, 배치하다
pass out	의식을 잃다, 기절하다, 나눠주다, 배포하다
put out	내쫓다, 해고하다, (힘을) 발휘하다, 불을 끄다, 생산하다, 출판하다
root out	근절시키다, 박멸하다, 찾아내다, 알아내다
rule out	제외시키다, 배제하다
single out	선발하다, 선정하다, 뽑아내다
stand out	눈에 띄다, 빼어나다, 주장하다

34	out of
out of place	제자리에 있지 않은, 부적절한, 어색한, 불편한
out of question	의심의 여지가 없는, 틀림없이, 확실한
out of reach	손이 닿지 않는 곳에, 힘이 미치지 않는 곳에
out of sorts	몸이 불편한, 기분이 언짢은
out of stock	품절[매진]이 되어
out of the blue	갑자기, 난데없이
out of the question	불가능한
out of the woods	위기를 벗어나
out of this world	매우 훌륭한, 매우 아름다운

35	up with
catch up with	따라가다, 따라잡다, 체포하다
come up with	생산하다, 제시[제안]하다
make up with	~와 화해하다
put up with	참다, 견디다
keep up with	유행을 따르다, ~에 뒤지지 않다, 알게 되다, 계속 내다

진가영 영어

진(眞)족보

마무리 합격노트

Part

02 문법

출제 순위 01 **동사의 유형**
출제 순위 02 **분사**
출제 순위 03 **부정사**
출제 순위 04 **주어와 동사 수 일치**
출제 순위 05 **접속사**
출제 순위 06 **관계사**
출제 순위 07 **단어의 이해**
출제 순위 08 **동사의 시제**
출제 순위 09 **수동태**
출제 순위 10 **동명사**
출제 순위 11 **비교**
출제 순위 12 **조동사**
출제 순위 13 **도치 구문과 강조 구문**
출제 순위 14 **가정법**
출제 순위 15 **전치사**
출제 순위 16 **문장의 이해**

기출 빅데이터가 알려주는 고득점을 위해 반드시 정복해야 할 문법 적중 포인트 총정리!

출제 순위 01 동사의 유형

기출 예문 O X 문제

적중 포인트 019 주어만 있으면 완전한 1형식 자동사

01	We have already <u>arrived in</u> a digitized world. Digitization affects not only traditional IT companies, but companies across the board, in all sectors.	O / X
02	New and changed business models <u>are emerged</u>: cars are being shared via apps, languages learned online, and music streamed.	O / X
03	My dog <u>disappeared</u> last month and hasn't been seen since.	O / X
04	The smile soon <u>faded</u> from her face.	O / X
05	A strong wind blew my umbrella inside out as I <u>was walking home</u> from school.	O / X
06	He will <u>graduate from</u> college in three years.	O / X
07	This surface <u>cleans</u> easily.	O / X

적중 포인트 020 주격 보어가 필요한 2형식 자동사

01	My sweet-natured daughter suddenly became <u>unpredictably</u>.	O / X
02	The situation in Iraq looked so <u>serious</u> that it seemed as if the Third World War might break out at any time.	O / X
03	He arrived with Owen, who was weak and <u>exhaust</u>.	O / X
04	Yesterday at the swimming pool everything seemed <u>to go</u> wrong.	O / X

출제 순위 01 동사의 유형

기출 예문 O X 정답 및 해설

적중 포인트 019 주어만 있으면 완전한 1형식 자동사

01 O arrive는 '도착하다'의 뜻인 1형식 자동사로 수동태 구조로는 쓸 수 없다. '도시, 나라'와 같은 공간을 목적어로 취할 때는 전치사 in과 결합할 수 있다. 따라서 밑줄 친 부분은 올바르게 쓰였다.
해석 우리는 이미 디지털화된 세상에 도달했다. 디지털화는 전통적인 IT 회사들뿐만 아니라 모든 분야의 회사들에 영향을 미친다.

02 X emerge는 '나타나다'의 뜻인 1형식 자동사로 수동태 구조로는 쓸 수 없다. 따라서 are emerged 대신 emerge 또는 are emerging으로 써야 올바르다.
해석 새롭고 변화된 비즈니스 모델이 등장하고 있다. 앱을 통해 자동차가 공유되고, 온라인으로 언어를 배우며, 음악이 스트리밍 되고 있다.

03 O disappear는 '사라지다'의 뜻인 1형식 자동사로 항상 능동태로 써야 하고, 뒤에 'last month'인 과거 시간부사가 나오므로 과거 동사로 써야 한다. 따라서 밑줄 친 부분은 올바르게 쓰였다.
해석 내 개가 지난달에 사라졌고 그 이후로 계속 보이지 않는다.

04 O fade는 '사라지다'의 뜻인 자동사로 능동태로 표현해야 한다. 따라서 밑줄 친 부분은 올바르게 쓰였다.
해석 그녀의 얼굴에서 미소가 곧 사라졌다.

05 O walk는 1형식 자동사로 뒤에 부사 home도 올바르게 쓰였다.
해석 학교에서 집으로 걸어오고 있을 때 강풍에 내 우산이 뒤집혔다.

06 O '~을 졸업하다'의 뜻으로 쓰일 때는 graduate와 특정 전치사 from과 같이 쓸 수 있다. 따라서 밑줄 친 부분은 올바르게 쓰였다.
해석 그는 3년 후에 대학을 졸업할 것이다.

07 O clean은 타동사로 잘 쓰이지만, 자동사로 쓰이면 수동의 의미(닦이다)로 쓰이는 동사이다. 따라서 밑줄 친 부분은 올바르게 쓰였다.
해석 이 표면은 쉽게 닦인다.

적중 포인트 020 주격 보어가 필요한 2형식 자동사

01 X become은 2형식 동사로 주격 보어 자리에 부사가 아닌 형용사를 써야 한다. 따라서 부사 unpredictably 대신 형용사 unpredictable로 써야 올바르다.
해석 내 상냥한 딸이 갑자기 예측할 수 없이 변했다.

02 O look은 2형식 동사인 감각동사로 주격 보어 자리에 '형용사 또는 like 명사'를 쓸 수 있다. 따라서 밑줄 친 부분은 올바르게 쓰였다.
해석 이라크의 상황이 매우 심각해 보여서 마치 제3차 세계 대전이 언제든지 발발할 것처럼 보였다.

03 X be 동사의 주격 보어로 형용사가 와야 한다. 따라서 등위접속사(and) 기준으로 형용사 weak와 병치구조를 맞춰서 동사 exhaust 대신 형용사 exhausted로 써야 올바르다.
해석 그는 약해지고 지친 Owen과 함께 도착했다.

04 O seem은 2형식 동사로 주격 보어 자리에 형용사/명사/to부정사를 쓸 수 있다. 따라서 to go는 올바르게 쓰였다.
해석 어제 수영장에서 모든 것이 잘못되어가는 것처럼 보였다.

적중 포인트 021 전치사가 필요 없는 대표 3형식 타동사

01 She <u>has married to</u> her husband for more than two decades. O X

02 Please <u>contact to me</u> at the email address I gave you last week. O X

03 She never so much <u>as mentioned it</u>. O X

04 Even externally they are different from newspapers, mainly because magazines <u>resemble like a book</u>. O X

05 Without plants to eat, animals must <u>leave from</u> their habitat. O X

적중 포인트 022 4형식으로 착각하기 쉬운 3형식 타동사

01 She <u>mentioned me</u> that she would be leaving early. O X

적중 포인트 023 목적어 뒤에 특정 전치사를 수반하는 3형식 타동사

01 Her lack of a degree kept her <u>advancing</u>. O X

02 The company prohibited him from <u>promoting</u> to vice-president. O X

03 It reminds me <u>of the memories</u> of the past 24 years. O X

04 The fear of getting hurt didn't prevent him <u>from engaging</u> in reckless behaviors. O X

05 The right food can help you concentrate, keep you motivated, sharpen your memory, speed your reaction time, reduce stress, and perhaps even <u>prevent your brain from aging</u>. O X

적중 포인트 021 전치사가 필요 없는 대표 3형식 타동사

01 × marry는 3형식 타동사이므로 전치사 없이 목적어를 수반하고 수동태로 쓰일 경우에는 'be married to'의 구조로 써야 하므로 has married to 대신 has married 또는 has been married to로 써야 올바르다.
해석 그녀는 남편과 결혼한 지 20년 이상 되었다.

02 × contact는 3형식 타동사로 전치사 없이 바로 목적어를 취할 수 있다. 따라서 contact to me 대신 전치사 to를 삭제한 contact me로 써야 올바르다.
해석 저번 주에 제가 드렸던 이메일 주소로 저에게 연락해 주세요.

03 ○ 'never so much as 동사'의 원급을 활용한 구문으로 '~조차 없다[않다]'의 뜻으로 쓰인다. 이때 동사의 형태인 mention은 대표 3형식 타동사로 전치사 없이 바로 목적어를 취할 수 있다. 따라서 밑줄 친 부분은 올바르게 쓰였다.
해석 그녀는 그것을 언급조차 하지 않았다.

04 × resemble은 대표 3형식 타동사로 전치사 없이 바로 목적어를 취한다. 따라서 resemble like a book 대신 전치사 like를 삭제한 resemble a book으로 써야 올바르다.
해석 잡지는 외부적으로도 주로 책과 비슷한 모습을 가지기 때문에 신문과 다르다.

05 × leave는 '~을/를 떠나다'라는 뜻의 3형식 타동사로 전치사 없이 바로 목적어를 취할 수 있으므로 전치사에 주의한다. 따라서 leave from 대신 전치사 from을 삭제한 leave로 써야 올바르다.
해석 먹을 식물이 없다면, 동물들은 서식지를 떠나야 한다.

적중 포인트 022 4형식으로 착각하기 쉬운 3형식 타동사

01 × mention은 '언급하다'의 뜻인 3형식 타동사이다. 따라서 목적어를 두 개 취하는 4형식 구조로는 쓸 수 없다. 따라서 me 대신 to me로 써야 올바르다.
해석 그녀는 나에게 일찍 떠날 것이라고 언급했다.

적중 포인트 023 목적어 뒤에 특정 전치사를 수반하는 3형식 타동사

01 × keep은 '~을 방해하다'라는 의미로 쓰이기 위해서는 'keep+목적어+from -ing'의 구조로 쓴다. 따라서 advancing 대신 from advancing으로 써야 올바르다.
해석 학위가 없는 것이 그녀의 성공을 방해했다.

02 × 'A가 ~하는 것을 막다'의 뜻을 가진 구문으로 금지·방해동사 중 'prohibit A from -ing'가 있다. 그가 부회장으로 '승진하는 것'을 막는 것이므로 수동형 동명사(being p.p.)형태로 써야 한다. 따라서 능동형 동명사 promoting 대신 being promoted로 써야 올바르다.
해석 그 회사는 그가 부회장으로 승진하는 것을 금했다.

03 ○ '통고. 확신' 동사 remind는 'A of 명사/A to 동사/A that절'을 쓸 수 있다. 따라서 밑줄 친 부분은 올바르게 쓰였다.
해석 그것은 내게 지난 24년의 기억을 상기시켜준다.

04 ○ '~하는 것을 막다'의 뜻을 가진 구문으로는 'prevent+목적어+from -ing'의 특정 전명구를 수반하는 표현이 있다. 따라서 밑줄 친 부분은 올바르게 쓰였다.
해석 다칠까하는 두려움이 그가 무모한 행동에 가담하는 것을 막지 못했다.

05 ○ '~하는 것을 막다'의 뜻을 가진 구문으로는 'prevent+목적어+from -ing'의 특정 전명구를 수반하는 표현이 있다. 따라서 밑줄 친 부분은 올바르게 쓰였다.
해석 적절한 음식은 집중력을 높이고, 동기 부여를 유지하고, 기억력을 강화하고, 반응 시간을 빠르게 하고, 스트레스를 줄이며, 아마도 심지어 당신의 뇌가 노화되는 것도 막아줄 수도 있다.

적중 포인트 024 목적어를 두 개 취하는 4형식 수여동사

01 When my father heard me sneezing and coughing, he opened my bedroom door to ask me <u>that I needed anything</u>. O X

적중 포인트 025 to부정사를 목적격 보어로 취하는 대표 5형식 타동사

01 He had the students phone strangers and ask them <u>to donate</u> money. O X

02 Focus means <u>getting stuff done</u>. O X

03 Julie's doctor told her <u>to stop</u> eating so many processed foods. O X

04 We had much snow yesterday, which caused lots of people <u>slip</u> on the road. O X

적중 포인트 026 5형식 사역동사의 목적격 보어

01 A woman with the tip of a pencil stuck in her head has finally had it <u>remove</u>. O X

02 His past experience made him <u>suited</u> for the project. O X

03 The police authorities had the woman <u>arrested</u> for attacking her neighbor. O X

04 Don't let me <u>distracted</u> by the noise you make. O X

적중 포인트 024 목적어를 두 개 취하는 4형식 수여동사

01 × ask는 4형식 동사로 쓰일 경우 '~을 묻다'라는 의미로 쓰일 때 궁금한 내용을 나타내는 의문의 의미를 갖는 절을 직접목적어로 취한다. 따라서 '내가 무언가 필요한 것이 있는지 없는지를 물어봤다'라는 의미를 나타내기 위해 that 대신 whether 또는 if로 써야 올바르다.
해석 아버지가 내가 재채기와 기침하는 소리를 들었을 때, 내 방 문을 열어서 내가 무언가 필요한 것이 있는지 없는지를 물어봤다.

적중 포인트 025 to부정사를 목적격 보어로 취하는 대표 5형식 타동사

01 ○ ask는 5형식 타동사로 목적어와 목적보어의 관계가 능동일 경우에는 목적보어 자리에 to부정사를 써야 하므로 to donate 또한 올바르게 쓰였다.
해석 그는 학생들에게 모르는 사람들에게 전화를 걸어 성금을 기부할 것을 부탁하도록 시켰다.

02 ○ get은 목적어와 목적보어가 수동의 의미 관계를 갖는 경우에는 과거분사로 써야 한다. 문맥상 stuff가 완성되는 것으로 수동의 의미이므로 과거분사(done)로 쓴다. 따라서 밑줄 친 부분은 올바르게 쓰였다.
해석 집중은 일을 해내는 것을 의미한다.

03 ○ tell은 목적어와 목적보어가 능동의 의미 관계를 갖는 경우에는 to부정사를 목적보어로 취하는 5형식 타동사이다. 따라서 밑줄 친 부분은 올바르게 쓰였다.
해석 Julie의 의사는 그녀에게 가공식품을 많이 먹는 것을 멈추라고 했다.

04 × 'cause+목적어+to부정사(동사원형×)'의 구조를 취하므로 slip 대신 to slip으로 써야 올바르다.
해석 어제 눈이 많이 와서 많은 사람들이 길에서 미끄러졌다.

적중 포인트 026 5형식 사역동사의 목적격 보어

01 × 사역동사 have는 목적어와 목적보어의 관계가 능동일 경우에는 원형부정사를, 수동일 경우에는 과거분사(p.p.)를 목적보어로 취한다. 여기서 it이 가리키는 것이 the tip of a pencil이고, the tip of a pencil은 '제거되어지는 것'이므로 remove 대신 과거분사 removed로 써야 올바르다.
해석 머리에 연필 끝이 꽂힌 여자가 마침내 그것을 제거했다.

02 ○ 사역동사 make는 목적어와 목적보어의 관계가 능동일 경우에는 원형부정사를 수동일 경우에는 과거분사(p.p.)를 목적보어로 취한다. 그가 그 프로젝트에 적합하게 여겨졌다는 수동의 의미이므로 과거분사 suited는 올바르게 쓰였다.
해석 과거 경력 덕분에 그는 그 프로젝트에 적합하였다.

03 ○ 사역동사 have는 목적어와 목적보어의 관계가 수동일 경우에는 목적보어 자리에 과거분사(p.p.)를 써야 한다. 목적어(the woman)가 체포되는 것이므로 목적보어에 과거분사 arrested는 올바르게 쓰였다.
해석 경찰 당국은 자신의 이웃을 공격했기 때문에 그 여성을 체포하도록 했다.

04 × 사역동사 let은 목적어와 목적보어의 수동의 의미 관계를 갖는 경우에는 반드시 목적보어 자리에 과거분사(p.p.)가 아닌 be p.p.를 써야 한다. 따라서 distracted 대신 be distracted로 써야 올바르다.
해석 네가 내는 소음 때문에 내 집중력을 잃게 하지 말아라.

05 Please let me <u>know</u> the result as soon as possible. O | X

06 I think the better question to ask is whether you are going to do something about it or just <u>let life pass you by</u>. O | X

07 I was really happy to see his kind and caring face, but there wasn't anything he could do to <u>make the flu to go away</u>. O | X

08 He had his political enemies <u>imprisoned</u>. O | X

적중 포인트 027 5형식 지각동사의 목적격 보어

01 As I went out for work, I saw a family <u>moved</u> in upstairs O | X

02 When my father <u>heard me sneezing and coughing</u>, he opened my bedroom door to ask me whether I needed anything. O | X

03 It was so quiet in the room that I could hear the leaves <u>being blown off</u> the trees outside. O | X

04 I got scared when I saw the truck <u>closing up</u> on me. O | X

적중 포인트 028 분사를 목적격 보어로 취하는 5형식 동사

01 You might think that just eating a lot of vegetables will keep you <u>perfectly healthy</u>. O | X

05 O 사역동사 let은 목적어와 목적격 보어의 관계가 능동일 경우에는 목적격 보어 자리에 원형부정사를 써야 한다. 따라서 밑줄 친 부분인 know는 올바르게 쓰였다.
해석 가능한 한 빨리 제가 결과를 알도록 해 주세요.

06 O 등위접속사(or) 기준으로 to do와 let은 병렬구조로 올바르게 쓰였고, let은 사역동사로 목적어와 목적격 보어가 능동의 의미 관계를 갖는 경우에는 원형부정사로 써야 한다. 문맥상 life가 스쳐지나가는 것으로 능동의 의미이므로 원형부정사(paas by)로 쓴다. 따라서 밑줄 친 부분은 올바르게 쓰였다.
해석 나는 물어 봐야 할 더 나은 질문은 그것에 관한 어떤 것을 할 것인지 아니면 인생이 그냥 흘러가게 할 것인지라고 생각한다.

07 X make는 사역동사로 to부정사가 아닌 원형부정사 또는 과거분사를 목적격 보어로 취한다. 위 문장은 목적어와 목적격 보어의 관계가 능동이므로 목적격 보어를 원형부정사로 써야 한다. 따라서 to go away 대신 go away로 써야 올바르다.
해석 나는 그의 친절하고 배려심 있는 얼굴을 보게 되어 정말 기뻤지만, 독감을 낫게 하기 위해 그가 할 수 있는 것은 없었다.

08 O 사역동사 have는 목적어와 목적격 보어의 관계가 수동일 경우에는 목적격 보어 자리에 과거분사(p.p.)를 써야 한다. 목적어(his political enemies)가 투옥되는 것이므로 목적격 보어에 과거분사 imprisoned는 올바르게 쓰였다.
해석 그는 자신의 정적들을 투옥시켰다.

적중 포인트 027 5형식 지각동사의 목적격 보어

01 X 지각동사 see는 목적어와 목적격 보어의 관계가 능동일 경우에는 목적격 보어 자리에는 to부정사가 아닌 원형부정사, 현재분사를 써야 한다. 주어진 해석에 의하면 목적어인 '한 가족이 이사한다'는 능동의 의미 관계이기 때문에 수동을 의미하는 moved 대신 moving으로 써야 올바르다.
해석 내가 출근할 때 한 가족이 위층에 이사 오는 것을 보았다.

02 O heard는 지각동사로 to부정사가 아닌 원형부정사, 현재분사 또는 과거분사를 목적격 보어로 취한다. 위 문장은 목적어와 목적격 보어의 관계가 능동이므로 목적격 보어를 원형부정사 또는 현재분사로 써야 한다. 따라서 목적격 보어 자리의 sneezeing and coughing은 현재분사 형태로 올바르게 쓰였다.
해석 아버지가 내가 재채기와 기침하는 소리를 들었을 때, 내 방 문을 열어서 내가 무언가 필요한 것이 있는지 없는지를 물어봤다.

03 O 'so ~ that' 구조로 that 뒤에 완전 구조를 취해야 한다. 지각동사(hear)는 목적어와 목적격 보어의 관계가 수동이면 목적격 보어 자리에는 과거분사를 써야 한다. 따라서 being blown off는 올바르게 쓰였다.
해석 방 안이 너무 조용해서 나는 밖에서 나뭇잎이 떨어지는 소리도 들을 수 있었다.

04 O 지각동사 see의 목적격 보어 자리에는 to부정사가 아닌 원형부정사, 현재분사를 쓴다. 따라서 밑줄 친 부분인 closing은 올바르게 쓰였다.
해석 나는 트럭이 가까이 다가오는 것을 보고 겁에 질렸다.

적중 포인트 028 분사를 목적격 보어로 취하는 5형식 동사

01 O keep은 목적격 보어로 분사나 형용사를 취할 수 있다. 따라서 목적격 보어 자리에 형용사 healthy는 올바르게 쓰였다. 형용사 healthy를 수식해주는 부사 perfectly 또한 올바르게 쓰였다.
해석 당신은 아마도 많은 채소를 먹는 것만으로도 완벽하게 건강을 유지할 수 있다고 생각할지도 모른다.

적중 포인트 029 명사나 형용사를 목적격 보어로 취하는 5형식 동사

01 Indeed, I see this <u>as</u> the central theme of any progress towards an international community in which war is avoided not by chance but by design. O | X

02 Valuable vacant land rarely sits idle and is often taken over — either formally, or informally — and made <u>productive</u>. O | X

03 Word processors <u>were considered</u> to be the ultimate tool for a typist in the past. O | X

적중 포인트 030 '말하다' 동사의 구분

01 This guide book tells you <u>where should you</u> visit in Hong Kong. O | X

02 The new teacher <u>I told you about</u> is originally from Peru. O | X

03 Can you <u>talk her out of</u> her foolish plan? O | X

적중 포인트 031 혼동하기 쉬운 자동사와 타동사

01 He said he would <u>rise</u> my salary because I worked hard. O | X

02 Several problems <u>have raised</u> due to the new members. O | X

적중 포인트 029 명사나 형용사를 목적격 보어로 취하는 5형식 동사

01 O see는 5형식 동사로 목적격 보어 자리에 as 명사/형용사를 쓸 수 있다. 따라서 밑줄 친 부분은 올바르게 쓰였다.
해석 사실, 나는 이것을 전쟁을 우연이 아닌 계획적으로 피하는 국제 사회로의 발전을 위한 중심 주제라고 본다.

02 O make는 5형식 동사로 목적격 보어 자리에 명사/형용사를 쓸 수 있다. 수동태로 전환되면 'be made+형용사'의 형태가 된다. 따라서 목적격 보어인 productive는 올바르게 쓰였다.
해석 가치 있는 빈 땅은 거의 방치되지 않으며, 종종 공식적이든 비공식적이든 점유되어 생산적으로 활용되고 있다.

03 O consider은 '여기다, 간주하다'의 뜻을 가진 5형식 타동사로, 목적격 보어 자리에 (as/to be) 명사/형용사를 쓸 수 있다. 따라서 밑줄 친 부분은 consider의 수동태 구조로 올바르게 쓰였다.
해석 과거에는 워드 프로세서가 타자 작업자에게 최고의 도구로 여겨졌다.

적중 포인트 030 '말하다' 동사의 구분

01 X 간접의문문의 어순은 '의문사+(주어)+동사'이므로 밑줄 친 부분인 4형식 동사인 tell의 직접목적어 자리에 쓰인 간접의문문의 어순을 where should you 대신 where you should로 써야 올바르다.
해석 이 안내서는 홍콩에서 어디를 방문해야 하는지 알려준다.

02 O 'A에게 B에 관해 말하다'의 뜻을 가진 구문으로는 'tell A about B'의 표현이 있다. about의 목적어 역할을 하는 목적격 관계대명사 whom이 생략된 상태로 올바르게 쓰였다.
해석 제가 당신께 말씀드렸던 새로운 선생님은 원래 페루 출신입니다.

03 O 'A가 B를 단념하게 하다'의 뜻을 가진 구문으로는 'talk A out of B'의 표현이 있다. 따라서 밑줄 친 부분은 올바르게 쓰였다.
해석 그녀가 어리석은 계획을 단념하도록 설득해 줄래요?

적중 포인트 031 혼동하기 쉬운 자동사와 타동사

01 X rise는 1형식 자동사로 '일어나다, 떠오르다, 상승하다'의 뜻으로 쓰이고, 명사 목적어를 취할 수 없다. raise는 타동사로 '~을 올리다, ~을 일으키다'의 뜻으로 쓰이고, 목적어(명사)를 취할 수 있다. 따라서 목적어(my salary)가 있으므로 rise 대신 raise로 써야 올바르다.
해석 그는 내가 일을 열심히 했기 때문에 월급을 올려 주겠다고 말했다.

02 X raise는 타동사로 목적어를 취하지 않는 경우에는 수동태 구조로 써야 한다. 따라서 raise 뒤에 목적어가 없으므로 have raised 대신 have been raised로 써야 올바르다. 또는 '생기다'의 뜻인 자동사인 arise는 목적어 없이 능동태로 쓸 수 있다. 따라서 have raised 대신 have arisen으로 써야 올바르다.
해석 몇 가지 문제가 새로운 회원들 때문에 생겼다.

적중 포인트 032 의미와 구조에 주의해야 할 타동사

01 You may conclude that knowledge of the sound systems, word patterns, and sentence structures is sufficient to help a student become competent in a language. O X

02 I didn't want him to come. O X

03 The seeds of almost all plants are survived by harsh weather. O X

04 A myth is a narrative that embodies — and in some cases helps to explain — the religious, philosophical, moral, and political values of a culture. O X

05 The right food can help you being concentrated, keep you motivated, sharpen your memory, speed your reaction time, reduce stress, and perhaps even prevent your brain from aging. O X

출제 순위 02 분사

기출 예문 OX 문제

적중 포인트 054 분사 판별법[현재분사 VS 과거분사]

01 It seems to me that any international organization designed to keep the peace must have the power not merely to talk but also to act. O X

02 But industry is changing too: 3D printers make parts for machines, robots assemble them, and entire factories are intelligently connected with one another. O X

03 "There are only 18 million people in Australia spread out over an entire country," she said, "compared to more than six million people in the state of Massachusetts alone." O X

적중 포인트 032 의미와 구조에 주의해야 할 타동사

01 O help의 목적보어로 원형 부정사와 to부정사가 올 수 있다. 따라서 밑줄 친 부분은 올바르게 쓰였다.
해석 당신은 소리 체계, 단어 패턴, 그리고 문장 구조에 대한 지식이 학생이 언어에 능숙해지는 데 충분하다고 결론내릴 수도 있다.

02 O want를 5형식 구조로 쓸 때는 목적격 보어에 to부정사를 써야 한다. 따라서 밑줄 친 부분은 올바르게 쓰였다.
해석 나는 그가 오는 것을 원하지 않았다.

03 X survive는 자동사와 타동사로 둘다 쓸 수 있는데 '~에 살아남다, ~보다 오래 살다'의 뜻으로 쓰일 때는 타동사이다. 따라서 맥락상 '혹독한 날씨에도 살아남는다'라고 해야 적절하므로 are survived by 대신 survive로 써야 올바르다.
해석 거의 모든 식물의 씨앗은 혹독한 날씨에도 살아남는다.

04 O 문장의 주어(a narrative)는 단수 형태이므로 단수 동사 helps는 올바르게 쓰였고, help는 to부정사를 목적어로 취할 수 있으므로 to explain 또한 올바르게 쓰였다.
해석 신화는 어떤 문화의 종교적, 철학적, 도덕적 그리고 정치적 가치를 — 경우에 따라 설명을 돕기 위해 — 담은 이야기다.

05 X help는 5형식으로 쓰일 경우 목적격 보어 자리에 원형부정사 또는 to부정사를 써야 한다. 따라서 being concentrated 대신 concentrate 또는 to concentrate로 써야 올바르다.
해석 적절한 음식은 집중력을 높이고, 동기 부여를 유지하고, 기억력을 강화하고, 반응 시간을 빠르게 하고, 스트레스를 줄이며, 아마도 심지어 당신의 뇌가 노화되는 것도 막아줄 수도 있다.

출제 순위 02 분사

기출 예문 O X 정답 및 해설

적중 포인트 054 분사 판별법[현재분사 VS 과거분사]

01 O that절 내의 주어 'any international organization'을 수식하는 과거분사구 'designed to keep the peace'는 '평화를 유지하기 위해 설계된'의 뜻으로 쓰였다. 따라서 조직이 설계된 것이므로 수동의 과거분사로 designed는 올바르게 쓰였다.
해석 나에게는 평화를 유지하기 위해 설계된 모든 국제 조직은 단지 말할뿐만 아니라 행동할 수 있는 권한을 가지고 있는 것처럼 보인다.

02 O 주어(entire factories)가 서로 연결되는 행위를 받는 입장이므로 수동의 과거분사로 써야 한다. 따라서 밑줄 친 부분은 올바르게 쓰였다.
해석 하지만 산업도 변하고 있다. 3D 프린터는 기계 부품을 만들고, 로봇이 이를 조립하며, 전체 공장이 서로 지능적으로 연결되고 있다.

03 O spread는 과거분사의 형태로 앞 부분의 'only 18 million people'를 수식하고 있으므로 밑줄 친 부분은 올바르게 쓰였다.
해석 "매사추세츠 주 한 곳에만 600만 명 이상의 사람들과 비교해 보았을 때 호주에는 전체 국가에 퍼져 있는 1800만 명의 사람들만이 있다"라고 그녀는 말했다.

04 Despite the belief that the quality of older houses is superior to those of modern houses, the foundations of most pre-20th-century houses are dramatically shallow <u>compared</u> to today's, and have only stood the test of time due to the flexibility of their timber framework or the lime mortar between bricks and stones. O X

05 <u>Once confirmed</u>, the order will be sent for delivery to your address. O X

06 One reason for upsets in sports — in which the team <u>predicted</u> to win and supposedly superior to their opponents surprisingly loses the contest — is that the superior team may not have perceived their opponents as threatening to their continued success. O X

07 The enhanced design, <u>called</u> a Voltaic pile, was made by stacking some discs made from these metals between discs made of cardboard soaked in sea water. O X

08 The novel was so <u>excited</u> that I lost track of time and missed the bus. O X

09 Fire <u>following an earthquake</u> is of special interest to the insurance industry. O X

10 Currently, deforestation is a global problem, <u>affecting</u> wilderness regions such as the temperate rain forests of the Pacific. O X

11 There's a lot of attention <u>paying to this question</u> of whether it's better to have an optimistic or pessimistic lens. O X

12 I believe that she meets all the requirements <u>mentioned</u> in your job description and indeed exceeds them in many ways. O X

13 A few words <u>caught</u> in passing set me thinking. O X

04 O 해당 문장에는 주어, 동사, 주격 보어가 있는 완전 구조이므로 밑줄 친 부분은 분사 자리임을 알 수 있다. 타동사가 목적어를 취하고 있지 않으므로 과거분사를 써야 한다. 따라서 밑줄 친 부분은 올바르게 쓰였다.
해석 오래된 집들의 품질이 현대 집들보다 우수하다는 믿음에도 불구하고, 20세기 이전의 대부분의 집들의 토대는 현대의 토대에 비해 현저하게 얕으며 그것들의 목재 뼈대의 유연성이나 벽돌과 돌 사이의 모르타르 덕분에 세월의 시험을 견뎌왔을 뿐이다.

05 O 접속사 다음에는 분사구문이 사용되므로 분사 판별법에 따라서 올바른 분사의 형태를 확인한다. 분사구문의 주어인 주문(the order)이 확인된다는 수동의 의미이고 타동사 confirm 뒤에 목적어가 없으므로 과거분사를 쓴다. 따라서 밑줄 친 부분은 올바르게 쓰였다.
해석 일단 확인되면, 주문이 당신의 주소로 배송될 예정입니다.

06 O 문맥상 동사는 loses가 되어야 하므로 predicted는 the team을 수식하는 분사에 해당한다. 수식받는 명사(the team)가 '행동을 하는' 능동의 의미를 나타낼 경우는 현재분사가 쓰이고, '행동을 당한다' 수동의 의미를 나타낼 경우는 과거분사로 쓰인다. 따라서 수식받는 명사(the team)가 '이길 것으로 예상되는 것'이므로 과거분사 predicted는 올바르게 쓰였다.
해석 스포츠에서 이길 것으로 예상되고 추정상 상대방보다 우세한 팀이 뜻밖에 경기에서 지는 역전이 생기는 한 가지 이유는 우세한 팀이 상대방을 그들의 계속된 성공에 위협이 되는 것이라고 인식하지 않았을 수도 있기 때문이다.

07 O 분사의 수식을 받는 명사가 행동을 당하는 수동의 의미인 경우에는 과거분사로 써야 한다. 따라서 주어(The enhanced design)가 'a Voltaic pile'이라고 불리는 것이므로 과거분사 called는 올바르게 쓰였다.
해석 개선된 디자인인 "볼타 전지(a Voltaic pile)"는 이러한 금속으로 만든 디스크를 바닷물에 적셔진 골판지 디스크 사이에 쌓음으로써 만들어졌다.

08 X 사물을 수식할 때 감정분사는 현재분사형으로 쓰므로 밑줄 친 부분인 'the novel'을 수식해 주는 감정분사는 excited 대신 exciting으로 써야 올바르다.
해석 그 소설은 너무 재밌어서 시간 가는줄 몰랐고 버스를 놓쳤다.

09 O 명사 뒤의 현재분사와 과거분사는 명사를 수식하는 형용사적 용법으로서 모두 올 수 있지만 타동사 뒤에 목적어가 있으면 현재분사형으로, 목적어가 없으면 과거분사형으로 쓴다. 따라서 뒤에 목적어(an earthquake)가 있으므로 현재분사로 올바르게 쓰였다.
해석 지진 다음에 발생하는 화재는 보험 산업에 특별한 관심을 불러일으킨다.

10 O 문장에 이미 주어 동사가 있고 '동사+-ing'가 나온다면 분사 문제이다. affect는 타동사로 뒤에 목적어가 나오면 능동형인 현재분사를 쓴다. 따라서 affecting은 올바르게 쓰였다.
해석 현재 산림 벌채는 태평양의 온대 우림과 같은 야생 지역에 영향을 미치는 전세계적인 문제이다.

11 X 문장에 이미 주어 동사가 있고 '동사+ing'가 나온다면 분사 문제이다. pay는 타동사로 뒤에 목적어가 없으므로 과거분사로 써야 한다. 따라서 paying 대신 paid로 써야 올바르다.
해석 낙관적인 시각과 비관적인 시각둘 중 어떤 것을 가지는 게 더 나은지에 대한 이 질문에 많은 관심이 있다.

12 O 문장에 이미 주어 동사가 있고 '동사+ed'가 나온다면 분사 문제이다. mention은 타동사로 뒤에 목적어가 없고, '요구사항이 언급되는 것'으로 수동의 의미인 과거분사 mentioned는 올바르게 쓰였다.
해석 저는 그녀가 귀하의 채용 공고에 언급된 모든 요구 사항을 충족시키며 실제로 여러 측면에서 그것들을 뛰어넘는다고 생각합니다.

13 O 문장에서 이미 동사 set이 있는데 동사의 p.p.형인 caught가 나와 있으므로 분사 문제이다. 과거분사 caught가 앞에 있는 명사(words)를 꾸며주는데 뒤에 목적어가 없고, words가 붙잡혀진 것이므로 과거분사 caught는 올바르게 쓰였다.
해석 지나가면서 들린 몇 마디가 나를 생각하게 만들었다.

14 The budget is about 25 % higher than originally expecting. O X

15 The failure is reminiscent of the problems surrounded the causes of the fatal space shuttle disasters. O X

16 For example, there are women's magazines cover fashion, cosmetics, and recipes as well as youth magazines about celebrities. O X

17 We can measure the amount of chemicals introduced into the air, whereas it is extremely difficult to monitor cumulative exposure to noise. O X

18 He enclosed a money order paid back the two dollars with interest. O X

19 But chocolate has a special chemical calling phenylethylamine. O X

20 I looked forward to this visit more than one would think, ① considered I was flying seven hundred miles to sit alongside a ② dying man. O X / O X

14 ✕ 비교 표현(비교급 than) 기준으로 비교대상 일치 여부를 확인하는 문제이다. 처음 기대했던 예산과 지금 25% 더 높은 예산을 서로 비교하는 것으로 than 뒤에 주어(The budget)가 생략된 상태로 쓰였다. 주어(The budget)가 기대되는 것으로 수동의 의미이므로 과거분사로 써야 한다. 따라서 expecting 대신 expected로 써야 올바르다.

해석 예산은 처음 기대했던 것보다 약 25 퍼센트 더 높다.

15 ✕ 문장에 이미 동사가 있고 '동사+ed'가 나오면 분사를 물어 보는 문제이다. 분사는 뒤에 목적어가 있는 경우에는 능동형인 -ing로 쓰고, 목적어가 없는 경우에는 수동형인 ed로 쓴다. 따라서 뒤에 목적어(the causes)가 있으므로 surrounded 대신 surrounding으로 써야 올바르다.

해석 이 실패는 치명적인 우주 셔틀 사고의 원인을 둘러싼 문제들과 연상되는 것이다.

16 ✕ 'there be 동사+주어'의 구조로 'there are women's magagzines'는 올바르게 쓰였으나, 뒤에 동사(cover)가 접속사 없이 바로 나왔으므로 동사를 앞에 나온 명사를 꾸며줄 수 있는 분사 형태로 바꿔야 한다. 뒤에 목적어가 있으므로 cover 대신 covering으로 써야 올바르다.

해석 예를 들어, 유명 인사에 관한 젊은이들 잡지뿐만 아니라 패션, 화장품, 레시피를 다루는 여성 잡지들도 있다.

17 ○ 문장에 이미 동사가 있고 '동사+ed'가 나온다면 분사 문제이다. introduce 뒤에 목적어가 없고 앞에 수식받는 명사(chemicals) 입장에서 행위를 받는 입장이므로 수동의 의미인 과거분사 introduced는 올바르게 쓰였다.

해석 우리는 공기에 투입된 화학 물질의 양을 측정할 수 있는 반면에 소음에 대한 누적된 노출을 감시하는 것은 극도로 어렵다.

18 ✕ 문장에 이미 동사가 있고 '동사+ed'가 나온다면 분사 문제이다. 타동사 뒤에 목적어(the two dollars)가 있으므로 현재분사로 써야 한다. 따라서 paid back 대신 paying back으로 써야 올바르다.

해석 그는 2달러에 이자까지 지불해서 우편을 보냈다.

19 ✕ 문장에 이미 동사가 있고 '동사+ing'가 나온다면 분사 문제이다. call은 5형식 동사로 뒤에 목적어가 없고 목적보어만 있으므로 수동 관계임을 알 수 있다. 따라서 현재분사 calling 대신 과거분사 called로 써야 올바르다.

해석 그러나 초콜릿에는 페닐에틸아민이라고 불리는 특별한 화학 물질이 포함되어 있다.

20 ✕ ① consider 뒤에 명사절 목적어가 있으므로 현재분사로 써야 한다. 따라서 considered 대신 considering으로 써야 올바르다.

○ ② dying은 '죽어가는'의 뜻으로 진행의 의미로 쓰였고, 현재분사 형태로 명사를 꾸며 주고 있으므로 올바르게 쓰였다.

해석 죽어가고 있는 남자 옆에 앉아서 7백 마일을 비행기 타고 간 것을 고려한다면, 나는 사람들이 생각하는 것보다 더 많이 이 방문을 기대했다.

적중 포인트 055 감정 분사와 분사형 형용사

01 One reason for upsets in sports — in which the team predicted to win and supposedly superior to their opponents surprisingly loses the contest — is that the superior team may not have perceived their opponents as threatening to their continued success. O | X

02 We were made touching with his speech. O | X

03 The Christmas party was really excited and I totally lost track of time. O | X

04 What happened to my lovely grandson last summer was amazing. O | X

05 I have not read today's newspaper yet. Is there anything interested in it? O | X

06 Other magazines are directed toward, for example, computer users, sports fans, those interested in the arts, and many other small groups. O | X

07 His latest film is far more boring than his previous ones. O | X

08 So I climbed down the ladder, feeling very embarrassed. O | X

09 He found it exciting to work here. O | X

적중 포인트 055 감정 분사와 분사형 형용사

01 ○ 감정동사의 현재분사형은 감정을 유발하는 의미를 전달할 경우에 쓰이고, 과거분사형은 감정을 느끼는 의미를 전달할 경우에 쓰인다. 따라서 수식받는 명사(their opponents)가 '위협적'이라는 감정을 유발하는 의미이므로 현재분사 threatening은 올바르게 쓰였다.

해석 스포츠에서 이길 것으로 예상되고 추정상 상대방보다 우세한 팀이 뜻밖에 경기에서 지는 역전이 생기는 한 가지 이유는 우세한 팀이 상대방을 그들의 계속된 성공에 위협이 되는 것이라고 인식하지 않았을 수도 있기 때문이다.

02 X 감정동사의 현재분사형은 감정을 유발하는 의미를 전달할 경우에 쓰이고, 과거분사형은 감정을 느끼는 의미를 전달할 경우에 쓰인다. 따라서 주어(We)가 '감동을 받는' 감정을 느끼는 의미이므로 현재분사 touching 대신 과거분사 touched로 써야 올바르다.

해석 우리는 그의 연설에 감동하게 되었다.

03 X 감정동사가 감정을 유발한다는 의미를 전달하고 사물을 수식하는 경우에는 현재분사형으로 쓴다. 따라서 크리스마스 파티가 흥미를 유발하는 것의 의미이므로 과거분사 excited 대신 현재분사 exciting으로 써야 올바르다.

해석 크리스마스 파티는 정말 재미있어서, 나는 전혀 시간 가는줄 몰랐다.

04 ○ 감정동사는 감정을 유발한다는 의미를 전달하고 사물을 수식하는 경우 현재분사형으로 쓴다. '손자에게 일어난 일이 놀라게 하는 것'으로 능동의 의미이므로 현재분사 amazing은 올바르게 쓰였다.

해석 지난여름 나의 사랑스러운 손자에게 일어난 일은 놀라웠다.

05 X 사물을 수식할 때 감정분사는 현재분사형으로 쓴다. 따라서 anything을 수식해 주는 감정분사는 interested 대신 interesting으로 써야 올바르다.

해석 나는 아직 오늘 신문을 못 읽었어. 뭐 재미있는 것 있니?

06 ○ interested in the arts가 those를 수식하여 '예술에 관심을 갖는 사람들'의 뜻으로 쓰인다. 감정동사가 감정을 느낀다는 의미를 전달하고 사람을 수식할 경우 과거분사 interested로 쓴다. 따라서 밑줄 친 부분은 올바르게 쓰였다.

해석 또 다른 잡지는 예를 들면 컴퓨터 사용자, 스포츠 팬, 예술에 관심이 있는 사람들과 같은 작은 그룹들을 대상으로 만들기도 한다.

07 ○ 감정동사가 감정을 유발하는 의미를 전달하고 사물을 수식하는 경우 현재분사형으로 쓴다. film이 지루함을 유발하는 것으로 능동의 의미로 현재분사 boring은 올바르게 쓰였다.

해석 그의 최근 영화는 이전 작품들보다 훨씬 더 지루하다.

08 ○ 감정동사가 감정을 느낀다는 의미를 전달하고 주로 사람을 수식하는 경우 과거분사형으로 쓴다. 내가 당황스러운 감정을 느끼는 것으로 수동의 의미인 과거분사 embarrassed는 올바르게 쓰였다.

해석 그래서 사다리를 타고 내려왔고, 매우 당황스러웠다.

09 ○ 5형식 동사 find는 'find+가목적어 it+목적격 보어+진목적어 to부정사'의 구조로 쓸 수 있다. 감정을 유발시킨다는 의미이고, 주로 사물을 수식할 경우에는 현재분사 exciting로 써야 한다. 따라서 밑줄 친 부분은 올바르게 쓰였다.

해석 그는 이곳에서 일하는 것이 흥미롭다는 것을 알았다.

적중 포인트 056 여러 가지 분사구문

01 They watched the sunset while drinking hot tea. O X

02 My hat was blown off by the wind while walking down a narrow street. O X

03 Being a kind person, she is loved by everyone. O X

04 Utilizing with other techniques, animals can raise human living standards very considerably, both as supplementary foodstuffs (protein in meat and milk) and as machines to carry burdens, lift water, and grind grain. O X

05 Being cold outside, I boiled some water to have tea. O X

06 While worked at a hospital, she saw her first air show. O X

적중 포인트 057 분사의 동사적 성질

01 Having drunk three cups of coffee, she can't fall asleep. O X

02 Elizabeth Taylor had an eye for beautiful jewels and over the years amassed some amazing pieces, once declaring "a girl can always have more diamonds." O X

03 Having been abroad for ten years, he can speak English very fluently. O X

적중 포인트 056 여러 가지 분사구문

01 O 시간 접속사 while이 이끄는 분사구문인데, 분사구문의 의미상 주어인 They가 '차를 마시는 것'이므로 능동의 현재분사 drinking은 올바르게 쓰였다.
해석 그들은 뜨거운 차를 마시는 동안에 일몰을 보았다.

02 X 분사구문의 주어가 따로 표시되지 않을 경우 분사구문의 주어는 문장의 주어와 일치한다. 밑줄 친 부분은 문장의 분사 walking의 주어가 따로 표시되어있지 않으므로 분사의 주어는 문장의 주어인 my hat이 되는데 해석상 '모자가 걷는'이라는 어색한 문장이 된다. 따라서 while walking 대신 while I was walking으로 써야 올바르다.
해석 나는 좁은 길을 걷고 있을 때 바람에 내 모자가 날려갔다.

03 O Being a kind person은 분사 구문이다. 문장의 주어는 she로 그녀가 친절하다는 능동의 의미로 능동형 분사 Being은 올바르게 쓰였다.
해석 친절한 사람이어서, 그녀는 모든 이에게 사랑받는다.

04 X 문장에 이미 동사 raise가 있고 '동사+-ing'가 나오면 분사 문제이다. utilizing은 타동사로 뒤에 목적어가 없으므로 과거분사로 써야 한다. 따라서 Utilizing 대신 Utilized로 써야 올바르다.
해석 다른 기술들과 함께 활용함으로써, 동물들은 인간의 생활 수준을 매우 크게 향상시킬 수 있다. 그것은 보조 식품으로서 (육류와 우유에서 얻는 단백질과 같은) 그리고 짐을 나르거나 물을 들거나 곡물을 갈아내는 기계로서의 역할을 한다.

X 분사구문의 주어는 '날씨'이고, 주절의 주어는 'I' 이기 때문에 분사구문의 주어와 주절의 주어가 다를 때는 분사구문 앞에 따로 써야 한다. 따라서 날씨를 의미하는 it을 삽입해야 하므로 Being cold outside 대신 It being cold outside로 써야 올바르다.
해석 바깥 날씨가 추웠기 때문에 나는 차를 마시려 물을 끓였다.

06 X 접속사 while이 쓰인 분사구문으로 문장의 주어 she가 병원에서 일하는 것은 능동의 의미이므로 현재분사로 써야 한다. 따라서 과거분사 worked 대신 현재분사 working으로 써야 올바르다.
해석 병원에서 일하면서, 그녀는 처음으로 비행기 공중 곡예를 보았다.

적중 포인트 057 분사의 동사적 성질

01 O having p.p.는 완료형 분사로서 주절보다 더 먼저 발생함을 나타낼 때 쓰고 능동형이므로 타동사인 경우에 뒤에 목적어가 있을 때 사용 가능하다. 따라서 밑줄 친 부분은 올바르게 쓰였다.
해석 커피 세 잔을 마셨기 때문에, 그녀는 잠을 이룰 수 없다.

02 O '동사+-ing'가 문법 문제에 나오면 동명사 또는 분사 문제인지 먼저 확인한다. 문장에는 이미 동사가 있고 일반적으로 동명사는 콤마를 수반하지 않으므로 declaring은 분사 자리이고 declare 뒤에 목적어가 있으므로 능동형 분사 declaring이 올바르게 쓰였다.
해석 Elizabeth Taylor는 아름다운 보석들에 대한 안목을 가졌으며, 몇 년 동안 놀라운 보석들을 모으다가 한번은 "여자는 항상 더 많은 다이아몬드를 가질 수 있다"고 선언하기도 했다.

03 O 분사구문이 발생한 시제는 시간부사 'for 기간'이 있는 것으로 보아 완료시제이고, 문장의 동사 시제는 can speak으로 현재시제이기 때문에 분사구문의 시제와 동사의 시제가 차이가 나므로 완료형 having been으로 올바르게 쓰였다.
해석 그는 10년 동안 외국에 있었기 때문에 영어를 매우 유창하게 말할 수 있다.

적중 포인트 058 분사를 활용한 표현 및 구문

01 All things considered, she is the best-qualified person for the position. O X

02 Sitting with the legs crossing for a long period can raise blood pressure. O X

03 Designed as a serpent to coil around the wrist, with its head and tail covered with diamonds and having two hypnotic emerald eyes, a discreet mechanism opens its fierce jaws to reveal a tiny quartz watch. O X

04 The country is a small one with the three quarters of the land surrounding by the sea. O X

출제 순위 03 부정사

기출 예문 OX 문제

적중 포인트 059 원형부정사의 용법과 관용 표현

01 The spoiled boy made it believe he didn't hear his father calling. O X

적중 포인트 060 to부정사의 명사적 역할

01 While advances in transplant technology have made it possible to extend the life of individuals with end-stage organ disease, it is argued that the biomedical view of organ transplantation as a bounded event, which ends once a heart or kidney is successfully replaced, conceals the complex and dynamic process that more accurately represents the experience of receiving an organ. O X

02 I cannot afford wasting even one cent. O X

적중 포인트 058 분사를 활용한 표현 및 구문

01 O '모든 것을 고려해볼 때'라는 의미를 가진 구문으로 'All things considered'의 분사 관용 구문표현이 있다. 따라서 밑줄 친 부분은 올바르게 쓰였다.
해석 모든 점이 고려된다면, 그녀가 그 직위에 가장 적임인 사람이다.

02 X 전치사 with는 목적어와 목적보어를 수반하여 동시 동작을 나타내어 '~한 채로, ~하면서'라는 의미로 쓰인다. '다리를 꼰 채로'라는 뜻을 표현할 때는 with the legs crossed로 쓴다. 따라서 crossing 대신 crossed로 써야 올바르다.
해석 다리를 꼰 채로 오랫동안 앉아 있는 것은 혈압을 상승시킬 수 있다.

03 O with 분사구문으로 자동사면 -ing, 타동사 뒤에 목적어가 있으면 -ing, 타동사 뒤에 목적어가 없으면 p.p.로 쓴다. 타동사 cover 뒤에 목적가 없으므로 covered는 올바르게 쓰였다.
해석 이 시계는 손목 주위로 감기는 뱀 모양으로 디자인되었으며, 머리와 꼬리가 다이아몬드로 덮여 있고 두 개의 매혹적인 에메랄드 눈이 있었고, 정교한 메커니즘으로 사나운 턱을 열어 작은 쿼츠 시계를 드러낸다.

04 X 'with 분사구문'의 목적보어 형태를 물어보는 문제이다. with 뒤에 목적어 the three quarters of the land와 목적보어 surround가 수동의 의미 관계이므로 현재분사 surrounding 대신 과거분사 surrounded로 써야 올바르다.
해석 그 나라는 국토의 3/4이 바다로 둘러싸여 있는 소국이다.

출제 순위 03 부정사

기출 예문 OX 정답 및 해설

적중 포인트 059 원형부정사의 용법과 관용 표현

01 X '~인 체하다'라는 표현은 make believe로 써야 한다. 따라서 made it believe 대신 made believe로 써야 올바르다.
해석 버릇없는 그 소년은 아버지가 부르는 것을 못 들은 체했다.

적중 포인트 060 to부정사의 명사적 역할

01 O '5형식 동사(make)+가목적어 it+목적보어(형용사/명사)+(for 의미상 주어)+to부정사'의 구조로 to부정사를 받아주기 위한 가목적어 it이 있는지 반드시 확인해야 한다. 따라서 밑줄 친 부분은 올바르게 쓰였다.
해석 이식 기술의 발전으로 장기 질환 말기인 환자들의 수명을 연장하는 것을 가능하게 했지만, 장기이식을 심장이나 신장이 성공적으로 교체되면 끝나는 제한적인 사건으로 보는 생물 의학적 관점이 장기를 이식받는 경험을 더 정확하게 나타내주는 복잡하고 역동적인 과정을 숨긴다는 주장이 제기되고 있다.

02 X afford는 to부정사를 목적어로 취하는 특정 3형식 타동사이다. 따라서 wasting 대신 to waste로 써야 올바르다.
해석 나는 단 한 푼의 돈도 낭비할 수 없다.

03 I'm aiming <u>to start</u> my own business in five years. O X

04 Through tales of gods and supernatural beings, myths try <u>to make</u> sense of occurrences in the natural world. O X

05 Two factors have <u>made scientists difficult</u> to determine the number of species on Earth. O X

06 Top software companies are <u>finding increasingly challenging</u> to stay ahead. O X

07 The poor woman couldn't afford <u>to get</u> a smartphone. O X

08 She wants her husband <u>to buy</u> two dozen of eggs on his way home. O X

09 I think it impossible <u>to hand</u> in the paper by tomorrow. O X

적중 포인트 061 to부정사의 형용사적 역할

01 Utilized with other techniques, animals can raise human living standards very considerably, both as supplementary foodstuffs (protein in meat and milk) and as machines <u>to carry</u> burdens, lift water, and grind grain. O X

02 I have never had reason <u>to doubt</u> her complete integrity. O X

03 There is a lot of work <u>to be done</u> for the system upgrade. O X

04 The best way <u>to find out</u> if you can trust somebody is to trust that person. O X

05 I am on a tight budget so that I have only fifteen dollars <u>to spend</u>. O X

03 O aim은 타동사로 목적어에 to부정사를 취할 수 있다. 따라서 to start는 올바르게 쓰였다.
해석 나는 5년 후에 내 사업을 시작할 작정이다.

04 O '~하려고 노력하다'의 뜻으로 쓰일 때 try는 to부정사를 목적어로 취하는 특정 3형식 타동사이다. 따라서 밑줄 친 부분인 to make는 올바르게 쓰였다.
해석 신들과 초자연적인 존재에 관한 이야기를 통해 신화는 자연 세계에서의 사건들을 이해하려고 노력한다.

05 X make는 5형식 동사로 to부정사가 목적어 역할을 할 경우 '가목적어(it) 진목적어(to부정사)' 구문으로 쓸 수 있다. 다음 구문으로 '5형식 동사+가목적어(it)+형용사/명사+(for목적어)+진목적어(to부정사)'의 형식이 있다. 따라서 made scientists difficult 대신 made it difficult for scientists로 써야 올바르다.
해석 두 가지 요인으로 인해 과학자들이 지구상의 종의 수를 결정하는 것을 어렵게 만들었다.

06 X 'find+형용사(목적보어)+to부정사(진목적어)'의 구조로는 쓸 수 없으므로 형용사 앞에 가목적어 it을 넣어 '가목적어 – 진목적어' 구문으로 써야 한다. 따라서 finding increasingly challenging 대신 it을 넣은 finding it increasingly challenging로 써야 올바르다.
해석 최고의 소프트웨어 회사들은 앞서 나가기가 점점 더 어려워지고 있다.

07 O '~할 여유가 있다(없다)'의 뜻을 가진 구문으로는 'can(not) afford to부정사'의 표현이 있다. 따라서 밑줄 친 부분은 올바르게 쓰였다.
해석 가난한 여성은 스마트폰을 살 여유가 없었다.

08 O want는 to부정사를 목적보어로 취하는 대표 5형식 타동사로 밑줄 친 부분은 올바르게 쓰였다.
해석 그녀는 남편이 집에 오는 길에 달걀 2다스를 사오기를 원한다.

09 O think가 5형식 동사로 쓰일 때 'think+it+형용사/명사+(for 목적어) to부정사'의 구조로 think 동사 뒤에는 it이라는 가목적어를 쓰고 진목적어 자리에는 to부정사를 쓸 수 있다. 따라서 밑줄 친 부분은 올바르게 쓰였다.
해석 내일까지 논문을 제출하는 것은 불가능하다고 생각한다.

적중 포인트 061 to부정사의 형용사적 역할

01 O '명사+to부정사'의 구조로 to carry는 앞에 나온 명사 machines를 수식하는 형용사적 용법으로 올바르게 쓰였다.
해석 다른 기술들과 함께 활용함으로써, 동물들은 인간의 생활 수준을 매우 크게 향상시킬 수 있다. 그것은 보조 식품으로서 (육류와 우유에서 얻는 단백질과 같은) 그리고 짐을 나르거나 물을 들거나 곡물을 갈아내는 기계로서의 역할을 한다.

02 O 추상 명사를 to부정사가 수식할 때 to부정사는 동격의 의미를 지닌다. 따라서 reason to doubt는 '의심할 이유'의 뜻으로 올바르게 쓰였다.
해석 저는 그녀의 완전한 정직성을 의심할 이유를 결코 가져 본 적이 없었습니다.

03 O to부정사가 work를 수식하고 있는 형태로 to부정사의 형용사적 용법으로 쓰이고 있다. 주어 work가 '해야 될 일'의 뜻으로 수동태 형태인 'to be done'은 올바르게 쓰였다.
해석 시스템 업그레이드를 위해 해야 될 많은 일이 있다.

04 O 추상 명사를 to부정사가 수식할 때 to부정사는 동격의 의미를 지닌다. 따라서 to find out은 올바르게 쓰였다.
해석 당신이 누군가를 믿을 수 있는지 알아보는 최선책은 그 사람을 믿는 것이다.

05 O to부정사의 수식을 받는 명사가 to부정사의 의미상의 목적어일 때 to부정사 뒤의 목적어는 생략한다. 따라서 밑줄 친 부분은 올바르게 쓰였다.
해석 예산이 빡빡해서 나는 15달러밖에 쓸 수가 없다.

적중 포인트 062 to부정사의 부사적 역할

01 Many leave their homes as they would on any given day never to return. O X

02 His novels are hard to read. O X

적중 포인트 063 to부정사의 동사적 성질

01 Overpopulation may have played a key role: too much exploitation of the rain-forest ecosystem, on which the Maya depended for food, as well as water shortages, seems to have contributed to the collapse. O X

02 You must plan not to spend too much on the project. O X

03 I should buy a book for my son to read. O X

04 Parents are responsible for providing the right environment for their children to grow and learn in. O X

05 It's thoughtful of him to remember the names of every member in our firm. O X

적중 포인트 064 to부정사의 관용 구문

01 It is by no means easy for us to learn English in a short time. O X

02 She had no alternative but to resign. O X

03 She had no choice but to give up her goal because of the accident. O X

적중 포인트 062 to부정사의 부사적 역할

01 O '결국 ~하지 않게 되다'의 뜻을 가진 구문으로 'never to부정사'가 있다. 따라서 to return은 올바르게 쓰였다.
해석 많은 사람들은 그들이 어떤 날이든 다시는 돌아오지 않을 것처럼 집을 떠난다.

02 O hard는 난이형용사로서 주어가 it이 아닌 것이 나오면 to부정사의 목적어가 주어 자리로 상승하게 되고 난이형용사 다음에 나오는 to부정사 뒤에 목적어가 없어야 한다. 이때 to부정사는 난이형용사를 수식하는 부사적 역할을 한다. 따라서 밑줄 친 부분은 올바르게 쓰였다.
해석 그의 소설들은 읽기가 어렵다.

적중 포인트 063 to부정사의 동사적 성질

01 O 'contribute to'는 '기여하다'의 의미로, 능동태로 목적어를 취하는 동사이다. 현재 시점 기준에 과거에 사실에 대한 진술을 하고 있으므로 완료부정사로 표현해야 한다. 따라서 밑줄 친 부분은 올바르게 쓰였다.
해석 인구 과잉이 핵심적인 역할을 했을 수도 있다: 물 부족뿐만 아니라 마야족이 식량을 의존했던 열대 우림 생태계의 과도한 착취가 붕괴에 기여한 것으로 보인다.

02 O to부정사의 부정은 to부정사 앞에 not을 쓴다. 따라서 밑줄 친 부분은 올바르게 쓰였다.
해석 당신은 프로젝트에 너무 많은 돈을 쓰지 않도록 계획해야 한다.

03 O to부정사는 명사를 수식할 수 있고 to부정사의 의미상 주어는 'for+명사'의 형태로 쓴다. 따라서 밑줄 친 부분인 for my son to read는 올바르게 쓰였다.
해석 나는 내 아들이 읽을 책을 한 권 사야 한다.

04 O 명사인 the right environment를 to부정사의 형용사 용법으로 수식하고 있고, to부정사 앞에 'for+목적격'은 의미상의 주어로 쓰이고 있다. 따라서 밑줄 친 부분은 올바르게 쓰였다.
해석 부모는 그들의 자녀가 성장하고 학습하는 데 알맞은 환경을 제공할 책임이 있다.

05 O 인성 형용사 thoughtful는 to부정사 앞에 의미상의 주어를 따로 표시할 때 'of 목적격'으로 표시하고, 'It be+인성 형용사+of 목적격+to부정사'의 구조로 쓴다. 따라서 밑줄 친 부분은 올바르게 쓰였다.
해석 우리 회사 모든 구성원의 이름을 기억하다니 그는 생각이 깊군요.

적중 포인트 064 to부정사의 관용 구문

01 O easy와 같은 난이형용사는 'It(가주어)+be동사+난이형용사+(for 목적어)+to부정사(진주어)'의 구조로 쓴다. 따라서 밑줄 친 부분은 올바르게 쓰였다.
해석 우리가 영어를 단시간에 배우는 것은 결코 쉬운 일이 아니다.

02 O '~하지 않을 수 없다, ~할 수밖에 없다'의 뜻을 가진 구문으로는 'have no alternative[choice/option] but to부정사'의 동명사 관용 표현이 있다. 따라서 밑줄 친 부분은 올바르게 쓰였다.
해석 그녀는 사임하는 것 외에는 대안이 없었다.

03 O '~하지 않을 수 없다, ~할 수밖에 없다'의 뜻으로 쓰일 경우 'have no choice[option/alternative] but to부정사'로 표현할 수 있다. 따라서 밑줄 친 부분은 올바르게 쓰였다.
해석 그녀는 그 사고 때문에 그녀의 목표를 포기할 수밖에 없었다.

04 It is easy to assemble and take apart the toy car. O | X

05 It would be difficult to imagine life without the beauty and richness of forests. O | X

06 He was so distracted by a text message to know that he was going over the speed limit. O | X

07 The rings of Saturn are so distant to be seen from Earth without a telescope. O | X

08 I made it a rule to call him two or three times a month. O | X

09 It will take at least a month, maybe longer to complete the project. O | X

10 It took me 40 years to write my first book. O | X

11 It's easier to make a phone call than to write a letter. O | X

12 She does not like going outdoor, not to mention mountain climbing. O | X

13 He is the last person to deceive you. O | X

14 Frescoes are so familiar a feature of Italian churches that they are easy to take it for granted. O | X

15 It is much more difficult than you'd expect to break a habit. O | X

16 Blessed is the man who is too busy to worry in the day and too tired of lying awake at night. O | X

17 It is by no means easy to learn English. O | X

04 O 난이형용사(easy) 구문은 'It be동사+난이 형용사+(for 목적어)+to부정사'의 구조로 쓰인다. 따라서 밑줄 친 부분은 올바르게 쓰였다.
해석 그 장난감 자동차를 조립하고 분리하는 것은 쉽다.

05 O 난이형용사(difficult) 구문은 'It be+난이 형용사+to부정사'의 구조로 쓴다. 따라서 to imagine은 올바르게 쓰였다.
해석 숲의 아름다움과 풍부함이 없는 삶을 상상하는 것은 어려울 것이다.

06 X '너무 ~해서 ~할 수 없다'의 뜻을 가진 구문으로는 'too 형용사/부사 to부정사=so 형용사/부사 that 주어 cannot 동사원형'의 표현이 있다. 따라서 to부정사와 호응되기 위해서는 so distracted 대신 too distracted로 써야 올바르다.
해석 그는 문자 메시지에 너무 정신이 팔려서 제한속도보다 빠르게 달리고 있다는 것을 몰랐다.

07 X '너무 ~해서 ~할 수 없다'의 뜻을 가진 구문으로는 'too 형용사/부사 to부정사=so 형용사/부사 that 주어 cannot 동사원형'의 표현이 있다. so와 to부정사는 호응하지 못하므로 so distant 대신 too distant로 써야 올바르다.
해석 토성의 고리는 지구에서 망원경 없이는 볼 수 없을 만큼 아주 멀리 떨어져 있다.

08 O '~하는 것을 규칙으로 삼다'의 뜻을 가진 구문으로는 'make it a rule to부정사=make a point of -ing=be in the habit of -ing'의 동명사 관용 표현이 있다. 따라서 밑줄 친 부분은 올바르게 쓰였다.
해석 나는 매달 두세 번 그에게 전화하기로 규칙을 세웠다.

09 O '~하는 데 ~시간이 걸리다'의 뜻으로 쓰일 때는 'It take+시간+(for 사람)+to부정사'의 구문 표현이 있다. 따라서 밑줄 친 부분은 올바르게 쓰였다.
해석 그 프로젝트를 완성하는 데 최소 한 달, 어쩌면 더 긴 시간이 걸릴 것이다.

10 O '~하는 데 시간이 걸리다'의 뜻을 가진 구문으로는 'It takes+(사람)+시간+to부정사=It takes+시간+(for 사람)+to부정사'의 표현이 있다. 따라서 밑줄 친 부분은 올바르게 쓰였다.
해석 나의 첫 책을 쓰는 데 40년이 걸렸다.

11 O easy와 같은 난이형용사는 'It(가주어)+be동사+난이형용사+(for 목적어)+to부정사(진주어)'의 구조로 써야 하고, 비교급 than 뒤에 to부정사가 나오면 다른 비교 대상도 to부정사로 나와야 하므로 밑줄 친 부분인 to write는 올바르게 쓰였다.
해석 전화하는 것이 편지 쓰는 것보다 더 쉽다.

12 O '~은 말할 것도 없이'의 뜻을 가진 구문으로 'not to mention=not to speak of=to say nothing of=let alone'의 표현이 있다. 따라서 밑줄 친 부분은 올바르게 쓰였다.
해석 그녀는 등산은 말할 것도 없고, 야외에 나가는 것을 좋아하지 않는다.

13 O '~할 사람이 아니다'의 뜻을 가진 구문으로는 'the last man(person) to부정사=know better than to부정사=be above -ing=be far from -ing'의 표현이 있다. 따라서 밑줄 친 부분은 올바르게 쓰였다.
해석 그는 결코 당신을 속일 사람이 아니다.

14 X easy는 난이형용사로서 주어가 it이 아닌 것이 나오면 to부정사의 목적어가 주어 자리로 상승하게 되고 난이형용사 다음에 나오는 to부정사 뒤에 목적어가 없어야 한다. 따라서 take it for granted 대신 it을 삭제한 take for granted로 써야 올바르다.
해석 프레스코는 이태리 교회의 익숙한 요소이기 때문에 이것을 당연하게 생각하기 쉽다.

15 O difficult와 같은 난이형용사는 'It(가주어)+be동사+난이형용사+(for 목적어)+to부정사(진주어)'의 구조로 쓴다. 따라서 밑줄 친 부분은 올바르게 쓰였다.
해석 습관을 깨기란 예상보다 훨씬 어렵다.

16 X '너무 ~해서 ~할 수 없다'의 뜻을 가진 구문으로는 'too 형용사/부사 to부정사=so 형/부 that 주어 can't 동사원형'의 표현이 있다. 따라서 of lying 대신 to lie로 써야 올바르다.
해석 낮에는 너무 바빠 걱정할 틈도 없고, 밤에는 너무 피곤해서 깨어있을 수 없는 사람은 복 받은 사람이다.

17 O easy와 같은 난이 형용사는 'It(가주어)+be동사+난이형용사+(for 목적어)+to부정사(진주어)'의 구조로 밑줄 친 부분은 올바르게 쓰였다.
해석 영어를 배우는 것은 결코 쉬운 일은 아니다.

출제 순위 04 주어와 동사 수 일치

기출 예문 O X 문제

적중 포인트 039 현재시제 동사와 be동사의 수 일치

01 You may conclude that knowledge of the sound systems, word patterns, and sentence structures <u>are</u> sufficient to help a student become competent in a language. O X

02 One of the many virtues of the book you are reading <u>is</u> that it provides an entry point into Maps of Meaning, which is a highly complex work because the author was working out his approach to psychology as he wrote it. O X

03 While advances in transplant technology have made it possible to extend the life of individuals with end-stage organ disease, it is argued that the biomedical view of organ transplantation as a bounded event, which ends once a heart or kidney is successfully replaced, <u>conceal</u> the complex and dynamic process that more accurately represents the experience of receiving an organ. O X

04 Italian Alessandro Volta found that a combination of silver, copper, and zinc <u>were</u> ideal for producing an electrical current. O X

05 Fire following an earthquake <u>is</u> of special interest to the insurance industry. O X

06 A myth is a narrative that embodies — and in some cases <u>helps to explain</u> — the religious, philosophical, moral,and political values of a culture. O X

07 Through tales of gods and supernatural beings, myths <u>try to make</u> sense of occurrences in the natural world. O X

08 Each year, more than 270,000 pedestrians <u>lose</u> their lives on the world's roads. O X

09 Tom, one of my best friends, <u>were born</u> in April 4th, 1985. O X

출제 순위 04 주어와 동사 수 일치

기출 예문 O X 정답 및 해설

적중 포인트 039 현재시제 동사와 be동사의 수 일치

01 ✕ 동사의 주어가 단수 명사 knowledge이므로 단수 동사로 수 일치해야 한다. 따라서 are 대신 is로 써야 올바르다.
해석 당신은 소리 체계, 단어 패턴, 그리고 문장 구조에 대한 지식이 학생이 언어에 능숙해지는 데 충분하다고 결론 내릴 수도 있다.

02 O 문장의 주어 one이 단수 형태이므로 동사도 단수 동사로 수 일치해야 한다. 따라서 밑줄 친 부분은 올바르게 쓰였다.
해석 당신이 읽고 있는 책의 많은 미덕 중 하나는, 그 책이 Maps of Meaning이라는 매우 복잡한 작업에 대한 진입점을 제공한다는 것인데, 이 책은 저자가 그 책을 쓰면서 심리학에 대한 접근 방식을 발전시키고 있었기 때문에 매우 복잡한 작품이다.

03 ✕ 주어와 동사 사이에 있는 수식어는 주어와 동사 수 일치에 영향을 미치지 않는다. 따라서 주어는 단수 주어인 the biomedical view이므로 conceal 대신 단수 동사 conceals로 써야 올바르다.
해석 이식 기술의 발전으로 장기 질환 말기인 환자들의 수명을 연장하는 것을 가능하게 했지만, 장기이식을 심장이나 신장이 성공적으로 교체되면 끝나는 제한적인 사건으로 보는 생물 의학적 관점이 장기를 이식받는 경험을 더 정확하게 나타내주는 복잡하고 역동적인 과정을 숨긴다는 주장이 제기되고 있다.

04 ✕ 문장의 주어 a combination가 단수 형태이므로 복수 동사 were 대신 단수 동사 was로 써야 올바르다.
해석 이탈리아의 알레산드로 볼타(Alessandro Volta)는 은, 구리 및 아연의 조합이 전기 전류를 생성하기에 이상적이라는 것을 발견했다.

05 O 주어와 동사 사이에 수식어로 인해 주어와 동사가 멀리 떨어져 있으면 주어 동사 수 일치 확인도 필요하다. 주어는 Fire로 단수형이므로 단수동사 is가 올바르게 쓰였다.
해석 지진 다음에 발생하는 화재는 보험 산업에 특별한 관심을 불러일으킨다.

06 O 주어 a narrative는 단수 형태이므로 단수 동사 helps는 올바르게 쓰였고, help는 to부정사를 목적어로 취할 수 있으므로 to explain 또한 올바르게 쓰였다.
해석 신화는 어떤 문화의 종교적, 철학적, 도덕적 그리고 정치적 가치를 — 경우에 따라 설명을 돕기 위해 — 담은 이야기다.

07 O 문장의 주어 myths는 복수 형태이므로 복수 동사 try는 올바르게 쓰였고, 'try to부정사'는 '~하려고 노력하다'의 뜻으로 쓰이므로 to make 또한 올바르게 쓰였다.
해석 신들과 초자연적인 존재에 관한 이야기를 통해 신화는 자연 세계에서의 사건들을 이해하려고 노력한다.

08 O 현재 동사는 주어와 수 일치를 해야 한다. 문장의 주어(more than 270,000 pedestrians)가 복수이므로 복수 동사 lose는 올바르게 쓰였다.
해석 매년, 전 세계 도로에서 270,000명 이상의 보행자가 목숨을 잃는다.

09 ✕ 문장의 주어 Tom이 단수 형태이므로 복수 동사 were 대신 단수 동사 was로 써야 올바르다.
해석 나의 가장 친한 친구 중 한 명인 Tom은 1985년 4월 4일에 태어났다.

10 Chile is a Latin American country that throughout most of the twentieth century was marked by a relatively advanced liberal democracy on the one hand and only moderate economic growth, which forced it to become a food importer, on the other. O X

11 Moreover, the use of pattern books meet the criteria for literacy scaffolds by modeling reading, by challenging students' current level of linguistic competence, and by assisting comprehension through the repetition of a simple sentence pattern. O X

12 Noise pollution is different from other forms of pollution in a number of ways. O X

13 Most people have a strong dislike to excessive violence on TV. O X

14 When accidents occur, most serious injuries and deaths are caused by people being thrown from their seats. O X

적중 포인트 040 상관접속사와 수 일치

01 You as well as he are responsible for the failure. O X

적중 포인트 041 부분을 나타내는 명사와 수 일치

01 All of the information was false. O X

02 A tenth of the automobiles in this district alone were stolen last year. O X

03 Three-quarters of what we absorb in the way of information about nature comes into our brains viaoureyes. O X

10 O 주격 관계대명사 that의 선행사인 a Latin American country가 단수 형태이므로 단수 동사 was는 올바르게 쓰였다.
해석 칠레는 20세기 대부분 동안 비교적 진보된 자유 민주주의가 특징이었고 다른 한편으로는 식량을 수입해야 하는 중간 정도의 경제 성장을 이룬 남미 국가다.

11 X 문장의 주어는 the use로 단수 형태이므로 단수 동사를 써야 한다. 따라서 복수 동사 meet 대신 단수 동사 meets로 써야 올바르다.
해석 게다가, 패턴 책의 사용은 읽기 모형을 만들고, 학생들의 현재 언어 능력의 수준을 도전하고, 단순한 문장 패턴의 반복을 통해 이해를 도와주면서, 읽고 쓰는 것의 비계 기준을 충족시킨다.

12 O 문장의 주어 Noise pollution가 단수 형태이므로 단수 동사 is는 올바르게 쓰였다.
해석 소음 공해는 다른 종류의 공해들과는 여러 가지 면에서 다르다.

13 O 문장의 주어 people는 복수 형태이므로 복수 동사 have는 올바르게 쓰였다.
해석 대부분의 사람들은 TV에서의 지나친 폭력을 매우 싫어한다.

14 O 문장의 주어 accidens가 복수 형태이므로 복수 동사 occur는 올바르게 쓰였다.
해석 사고가 발생할 때, 대부분의 부상과 사망은 안전벨트를 하지 않은 사람들에 의해 발생한다.

적중 포인트 040 상관접속사와 수 일치

01 O 'Both A and B'를 제외한 상관접속사는 B에 수 일치하므로 상관접속사 'B as well as A'도 B에 수 일치한다. 따라서 밑줄 친 부분은 올바르게 쓰였다.
해석 그 남자뿐만 아니라 너도 그 실패에 책임이 있다.

적중 포인트 041 부분을 나타내는 명사와 수 일치

01 O 'all of 명사'는 명사에 수 일치한다. information은 불가산 명사로 항상 단수 취급하고 단수 동사로 일치시킨다. 따라서 단수 동사 was는 올바르게 쓰였다.
해석 모든 정보는 거짓이었다.

02 O 부분을 나타내는 명사가 나오면 of 뒤에 명사를 확인해서 동사와 수 일치한다. 따라서 분수 of 뒤에 명사(the automobiles)가 복수 형태이므로 복수 동사를 써야 하고, 'last year'은 과거 시간 부사로 단순 과거시제 동사와 쓰인다. 따라서 복수 동사 were는 올바르게 쓰였다.
해석 작년에 이 지역의 자동차 중 10분의 1이 도난당했다.

03 O Three-quarters 표현은 분수로 전치사 of를 취하면 뒤에 나오는 명사를 확인해서 동사와 수 일치한다. 따라서 전치사 of 뒤에 나오는 what절은 단수 취급하므로 동사도 단수 형태인 comes가 올바르게 쓰였다.
해석 우리가 자연에 대해 정보로 받아들이는 것의 4분의 3은 눈을 통해 우리 뇌로 들어온다.

적중 포인트 043 혼동하기 쉬운 주어와 동사 수 일치

01 We are glad that the number of applicants is increasing. O X

02 The number of car accidents is on the rise. O X

03 To make matters worse, there is a report that another typhoon will arrive soon. O X

04 The number of fires that occur in the city are growing every year. O X

05 A number of students are studying very hard to get a job after their graduation. O X

06 For example, there are women's magazines covering fashion, cosmetics, and recipes as well as youth magazines about celebrities. O X

07 Many a careless walker was killed in the street. O X

08 The number of doctors study hard in order that they can keep abreast of all the latest developments in medicine. O X

09 This team usually work late on Fridays. O X

적중 포인트 043 혼동하기 쉬운 주어와 동사 수 일치

01 O 'the number of' 뒤에 복수 명사+단수 동사를 쓰고, '명사의 수'의 뜻으로 쓰인다. 따라서 밑줄 친 부분은 올바르게 쓰였다.
해석 지원자 수가 증가하고 있어서 우리는 기쁘다.

02 O 'the number of' 뒤에 복수 명사+단수 동사를 쓰고, '명사의 수'의 뜻으로 쓰인다. 따라서 밑줄 친 부분은 올바르게 쓰였다.
해석 자동차 사고의 수가 증가하고 있다.

03 O 'there+동사+명사 주어'의 어순과 수 일치 확인을 해야 한다. 주어(a report)가 단수 형태이므로 단수 동사 is는 올바르게 쓰였다.
해석 설상가상으로, 또 다른 태풍이 곧 올 것이라는 보도가 있다.

04 X 'the number of 복수 명사' 뒤에는 단수 동사를 써야 한다. 따라서 복수 동사 are 대신 단수 동사 is로 써야 올바르다.
해석 도시에서 발생하는 화재의 수가 매년 증가하고 있다.

05 O 'A number of+복수 명사+복수 동사'로 쓴다. 따라서 밑줄 친 부분은 올바르게 쓰였다.
해석 많은 학생들이 졸업 후 취직을 위해 열심히 공부한다.

06 O 'There be 동사/1형식 자동사'는 뒤에 나온 명사와 수 일치한다. 뒤에 명사가 복수 형태이므로 복수 동사 are는 올바르게 쓰였다.
해석 예를 들어, 유명 인사에 관한 젊은이들 잡지뿐만 아니라 패션, 화장품, 레시피를 다루는 여성 잡지들도 있다.

07 O 'many a 단수 명사'는 단수 동사와 수 일치가 올바르게 쓰였고, kill은 타동사로 뒤에 목적어가 없으므로 수동태(be p.p.) 또한 올바르게 쓰였다.
해석 부주의한 보행자들 중 많은 사람들이 길에서 사망했다.

08 X '많은 명사'의 뜻을 가진 구문으로는 'A number of+복수 명사+복수 동사'의 표현이 있다. 따라서 The number of 대신 A number of로 써야 올바르다.
해석 많은 의사들이 의학에서의 모든 최신의 발전에 뒤떨어지지 않기 위해서 열심히 공부한다.

09 O team, committee, audience, family와 같은 집합명사는 해석상 집합명사에 관련된 사람들을 지칭하면 복수 동사를 써야 한다. 따라서 문맥상 일을 하는 것은 팀의 구성원들, 즉 사람들이기 때문에 복수동사 work는 올바르게 쓰였다.
해석 이 팀은 일반적으로 금요일에 늦게까지 일한다.

적중 포인트 044 주어 자리에서 반드시 단수 또는 복수 취급하는 특정 표현

01 Raisins were once an expensive food, and only the wealth ate them. O X

02 What appeared to be a shark was lurking behind the coral reef. O X

03 What happened to my lovely grandson last summer was amazing. O X

04 Burning fossil fuels is one of the leading cause of climate change. O X

05 The homeless usually have great difficulty getting a job, so they are losing their hope. O X

06 As the old saying go, you are what you eat. O X

07 That a husband understands a wife does not mean they are necessarily compatible. O X

08 One of the exciting games I saw were the World Cup finalin 2010. O X

09 Three-quarters of what we absorb in the way of information about nature comes into our brains viaoureyes. O X

적중 포인트 044 주어 자리에서 반드시 단수 또는 복수 취급하는 특정 표현

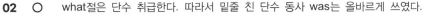

01 ✕ the wealth는 '富(부)'라는 뜻이고, 뒤에 ate라는 동사가 있는 것으로 보아 ate의 주어로 사람이 필요하므로 the wealth 대신 '부유한 사람들'을 뜻하는 the wealthy로 써야 올바르다.
해석 과거에는 건포도는 비싼 음식으로, 부유한 사람들만이 그것을 먹었다.

02 ○ what절은 단수 취급한다. 따라서 밑줄 친 단수 동사 was는 올바르게 쓰였다.
해석 상어로 보이는 것이 산호 뒤에 숨어 있었다.

03 ○ what절은 단수 취급한다. 따라서 밑줄 친 단수 동사 was는 올바르게 쓰였다.
해석 지난여름 나의 사랑스러운 손자에게 일어난 일은 놀라웠다.

04 ○ 동명사구 주어는 단수 취급한다. 따라서 밑줄 친 단수 동사 is는 올바르게 쓰였다.
해석 화석 연료를 태우는 것은 기후 변화의 주요 원인들 중 하나이다.

05 ○ 'the 형용사'가 '~인(한) 사람들'이라는 의미로 해석될 때 복수 취급하고 복수 동사와 수 일치한다. 따라서 복수 동사 have는 올바르게 쓰였다.
해석 노숙자들은 보통 일자리를 구하는 데 큰 어려움을 겪으므로 그들은 희망을 잃어가고 있다.

06 ✕ as는 접속사이며 the old saying은 단수 형태 주어이므로 동사도 단수 동사로 써야 한다. 따라서 go 대신 goes로 써야 올바르다.
해석 속담에 따르면, 당신이 무엇을 먹느냐에 따라 당신의 모습이 달라진다.

07 ○ that 앞에 명사가 없고 'that+주어+동사'인 완전 구조는 주어, 목적어, 보어 자리에서 명사 역할을 하고, 주어 자리에 that절이 오면 단수 취급한다. 따라서 단수 동사 does는 올바르게 쓰였다.
해석 남편이 아내를 이해한다는 것은 반드시 그들이 사이좋게 지낸다는 것을 의미하는 것은 아니다.

08 ✕ 'One of 복수 명사'는 단수 동사를 쓴다. 따라서 복수 동사 were 대신 단수 동사 was로 써야 올바르다.
해석 내가 본 흥미로운 경기들 중 하나는 2010년 월드컵 결승전이었다.

09 ○ Three-quarters 표현은 분수로 전치사 of를 취하면 뒤에 나오는 명사를 확인해서 동사와 수 일치한다. 따라서 전치사 of 뒤에 나오는 what절은 단수 취급하므로 동사도 단수 형태인 comes가 올바르게 쓰였다.
해석 우리가 자연에 대해 정보로 받아들이는 것의 4분의 3은 눈을 통해 우리 뇌로 들어온다.

출제 순위 05 접속사

기출 예문 OX 문제

적중 포인트 078 등위접속사와 병치 구조

01 It seems to me that any international organization designed to keep the peace must have the power not merely to talk <u>but also to act</u>. O X

02 My home offers me a feeling of security, <u>warm</u>, and love. O X

03 She attempted a new method, and needless to say <u>had different results</u>. O X

04 It was not her refusal <u>but her rudeness</u> that perplexed him. O X

05 It is not the strongest of the species, nor the most intelligent, <u>but</u> the one most responsive to change that survives to the end. O X

06 That place is fantastic whether you like swimming or <u>to walk</u>. O X

07 He is a man of both experience <u>and knowledge</u>. O X

08 Anger is a normal <u>and healthy</u> emotion. O X

09 German shepherd dogs are smart, alert, and <u>loyalty</u>. O X

10 He arrived with Owen, who was weak and <u>exhaust</u>. O X

11 Which do you prefer — eating chocolate or <u>being</u> in love? O X

접속사

기출 예문 O X 정답 및 해설

적중 포인트 078 등위접속사와 병치 구조

01 O 상관접속사 'not merely[only] A but (also) B'의 병렬 구조에서 A와 B는 동일한 형태로 써야 한다. 따라서 밑줄 친 부분인 to부정사는 올바르게 쓰였다.
해석 나에게는 평화를 유지하기 위해 설계된 모든 국제 조직은 단지 말할 뿐만 아니라 행동할 수 있는 권한을 가지고 있는 것처럼 보인다.

02 X 전치사 of의 목적어 3개가 명사 'A, B, and C'의 병렬이 된 구조로 형용사 warm 대신 명사 warmth로 써야 올바르다.
해석 나의 집은 나에게 안정감, 따뜻함, 그리고 사랑의 느낌을 준다.

03 O 등위접속사(and)를 기준으로 attempted와 had는 과거동사로 병치 구조는 올바르게 쓰였다.
해석 그녀는 새로운 방법을 시도했고, 말할 필요도 없이 다른 결과를 얻었다.

04 O 상관접속사 'not A but B' 구조에서 A와 B는 명사형으로 병치 구조로 올바르게 쓰였다.
해석 그를 당황하게 한 것은 그녀의 거절이 아니라 그녀의 무례함이었다.

05 O 'A가 아니고 B다'의 뜻을 가진 구문으로는 'not A but B'의 표현이 있다. 따라서 밑줄 친 부분은 올바르게 쓰였다.
해석 끝까지 생존하는 생물은 가장 강한 생물도, 가장 지적인 생물도 아니고, 변화에 가장 잘 반응하는 생물이다.

06 X like의 목적어로 '~하기를 좋아한다'를 의미할 때는 동명사를 취한다. 'whether A or B'의 구조로 등위접속사(or)를 기준으로 병치 구조를 이뤄야 하므로 to walk 대신 walking으로 써야 올바르다.
해석 그 장소는 당신이 수영을 좋아하든 걷기를 좋아하든 멋진 곳이다.

07 O 'both A and B'는 'A와 B 둘 다' 라는 의미의 상관접속사로 A와 B는 병렬 구조를 이룬다. 따라서 전치사의 목적어로 명사 experience와 knowledge가 병치 구조로 올바르게 쓰였다.
해석 그는 경험과 지식을 둘 다 겸비한 사람이다.

08 O 등위접속사(and) 기준으로 병렬 구조를 이룬다. 밑줄 친 부분인 and를 기준으로 형용사 normal과 healthy가 병치 구조로 올바르게 쓰였다.
해석 분노는 정상적이고 건강한 감정이다.

09 X 밑줄 친 부분인 등위접속사(and)를 기준으로 '형용사, 형용사, and 형용사'의 병렬 구조가 되어야 한다. 따라서 명사 loyalty 대신 형용사 loyal로 써야 올바르다.
해석 German shepherd 개들은 똑똑하고, 경계심이 강하며, 충성스럽다.

10 X be 동사의 주격 보어로 형용사가 와야 한다. 따라서 등위접속사(and) 기준으로 형용사 weak와 병치 구조를 맞춰서 동사 exhaust 대신 형용사 exhausted로 써야 올바르다.
해석 그는 약해지고 지친 Owen과 함께 도착했다.

11 O 등위접속사(or)를 기준으로 동명사 eating과 being은 병치 구조로 올바르게 쓰였다.
해석 당신은 어떤 것을 선호하는가 — 초콜릿을 먹는 것 아니면 사랑에 빠지는 것?

적중 포인트 079 명사절 접속사의 구분과 특징

01 One reason for upsets in sports — in which the team predicted to win and supposedly superior to their opponents surprisingly loses the contest — is what the superior team may not have perceived their opponents as threatening to their continued success. O X

02 She easily believes what others say. O X

03 Reading is to the mind what exercise is to the body. O X

04 He has to write an essay on if or not the death penalty should be abolished. O X

05 Contrary to which many believe, UA is found in every city, where it is sometimes hidden, sometimes obvious. O X

06 What appeared to be a shark was lurking behind the coral reef. O X

07 Academic knowledge isn't always that leads you to make right decisions. O X

08 When my father heard me sneezing and coughing, he opened my bedroom door to ask me that I needed anything. O X

09 But he will come or not is not certain. O X

10 But my worst moment came when I decided to climb up to the high diving tower to see how the view was like. O X

적중 포인트 079 명사절 접속사의 구분과 특징

01 X 선행사를 포함한 관계대명사 what 뒤에는 불완전 구조가 와야 하는데 밑줄 친 부분은 완전한 구조(주어+동사+목적어)로 쓰였기 때문에 what 대신 접속사 that을 써야 올바르다.
해석 스포츠에서 이길 것으로 예상되고 추정상 상대방보다 우세한 팀이 뜻밖에 경기에서 지는 역전이 생기는 한 가지 이유는 우세한 팀이 상대방을 그들의 계속된 성공에 위협이 되는 것이라고 인식하지 않았을 수도 있기 때문이다.

02 O 명사절 접속사 what은 불완전 구조를 취하고, 문장 안에서 주어, 목적어, 보어 역할을 한다. 따라서 밑줄 친 부분인 believe의 목적어로 what은 올바르게 쓰였다.
해석 그녀는 남들이 말하는 것을 쉽게 믿는다.

03 O 'A is to B what(as) C is to D'는 'A와 B의 관계는 C와 D의 관계와 같다'의 뜻으로 쓰인다. 따라서 밑줄 친 부분은 올바르게 쓰였다.
해석 독서와 정신의 관계는 운동과 신체의 관계와 같다.

04 X 밑줄 친 부분인 전치사 뒤에 나온 명사절 접속사 자리에는 if와 같은 의미를 지닌 명사절 접속사 whether을 써야 한다. 따라서 if or not 대신 whether or not으로 써야 올바르다.
해석 그는 사형이 폐지되어야 하는지 아닌지에 대한 에세이를 써야 한다.

05 X 밑줄 친 부분은 목적어가 없는 불완전 구조를 취하면서 '~것'이라는 의미로 쓰이는 명사절 접속사 what이 와야 한다. 따라서 which 대신 what으로 써야 올바르다.
해석 많은 사람들이 믿는 것과는 반대로, UA는 모든 도시에서 발견되며, 때로는 숨어있고 때로는 분명하게 나타난다.

06 O 명사절 접속사 what은 앞에 명사가 없고 뒤에는 불완전 구조를 취한다. 따라서 밑줄 친 부분은 올바르게 쓰였다.
해석 상어로 보이는 것이 산호 뒤에 숨어 있었다.

07 X 명사절 접속사 that은 앞에 명사가 없으면 뒤에 완전 구조를 취한다. 그러나 that 뒤에 주어가 빠진 불완전한 구조이므로 that 대신 명사절 접속사 what으로 써야 올바르다.
해석 학문적 지식이 항상 올바른 결정을 하도록 이끌어 주는 것은 아니다.

08 X ask는 4형식 동사로 쓰일 경우 '~을 묻다'라는 의미로 쓰일 때 궁금한 내용을 나타내는 의문의 의미를 갖는 절을 직접목적어로 취한다. 따라서 '내가 무언가 필요한 것이 있는지 없는지를 물어봤다'라는 의미를 나타내기 위해 that 대신 whether 또는 if로 써야 올바르다.
해석 아버지가 내가 재채기와 기침하는 소리를 들었을 때, 내 방 문을 열어서 내가 무언가 필요한 것이 있는지 없는지를 물어봤다.

09 X but은 명사절 접속사 역할을 할 수 없다. 따라서 but 대신 or not과 쓰일 수 있는 명사절 접속사 whether로 써야 올바르다.
해석 그러나 그가 올지 안 올지는 확실하지 않다.

10 X how는 의문부사로 완전 구조를 취한다. how 뒤에 전치사 like의 목적어가 없는 불완전 구조이므로 how 대신 의문대명사 what으로 써야 올바르다.
해석 하지만 나의 가장 최악의 순간은 전경이 어떤지 보기 위해 높은 다이빙 타워로 올라가기로 결정한 때였다.

적중 포인트 080 부사절 접속사의 구분과 특징

01 Despite the belief that the quality of older houses is superior to that of modern houses, the foundations of most pre-20th-century houses are dramatically shallow compared to today's, and have only stood the test of time due to the flexibility of their timber framework or the lime mortar between bricks and stones. O X

02 One of the many virtues of the book you are reading is that it provides an entry point into Maps of Meaning, which is a highly complex work because of the author was working out his approach to psychology as he wrote it. O X

03 There was such talk about Volta's work that he was requested to conduct a demonstration before the Emperor Napoleon himself. O X

04 I must leave right now because I am starting work at noon today. O X

05 A strong wind blew my umbrella inside out as I was walking home from school. O X

06 As the old saying go, you are what you eat. O X

07 I misplace my keys so often that my secretary carries spare ones for me. O X

08 Despite searching for every job opening possible, he could not find a suitable job. O X

09 The situation in Iraq looked so serious that it seemed as if the Third World War might break out at any time. O X

10 We can measure the amount of chemicals introduced into the air, whereas is extremely difficult to monitor cumulative exposure to noise. O X

11 It was eventually pacified by the Russians only in 1859, though sporadic uprisings continued until the collapse of Tsarist Russia in 1917. O X

12 Even though he didn't go to college, he is a very knowledgeable man. O X

13 I couldn't finish the exam because I ran out of time. O X

적중 포인트 080 부사절 접속사의 구분과 특징

01 O 접속사 뒤에는 동사를 포함한 절을 이끌고 전치사 뒤에는 명사가 와야 한다. 따라서 뒤에 명사 목적어 the belief가 있다. 따라서 밑줄 친 부분은 올바르게 쓰였다.
해석 오래된 집들의 품질이 현대 집들보다 우수하다는 믿음에도 불구하고, 20세기 이전의 대부분의 집들의 토대는 현대의 토대에 비해 현저하게 얕으며 그것들의 목재 뼈대의 유연성이나 벽돌과 돌 사이의 모르타르 덕분에 세월의 시험을 견뎌왔을 뿐이다.

02 X 전치사 because of 뒤에는 명사가 와야 하는데, 동사를 포함한 절을 이끌고 있다. 따라서 전치사 because of 대신 접속사 because로 써야 올바르다.
해석 당신이 읽고 있는 책의 많은 미덕 중 하나는, 그 책이 Maps of Meaning이라는 매우 복잡한 작업에 대한 진입점을 제공한다는 것인데, 이 책은 저자가 그 책을 쓰면서 심리학에 대한 접근 방식을 발전시키고 있었기 때문에 매우 복잡한 작품이다.

03 O 'such 명사 that절'은 '너무 ~해서 …하다'라는 의미로 이때 that은 부사절 접속사이다. 따라서 밑줄 친 부분은 올바르게 쓰였다.
해석 볼타의 연구에 대한 이야기가 많았기 때문에 그는 황제 나폴레옹 앞에서 시연을 하도록 요청받았다.

04 O because는 접속사로 동사를 포함한 절을 이끈다. 따라서 밑줄 친 부분은 올바르게 쓰였다.
해석 나는 오늘 정오에 일을 시작해야하기 때문에 지금 바로 떠나야 한다.

05 O as는 부사절 접속사로 '~할 때'의 뜻으로 쓰인다. walk는 1형식 자동사로 뒤에 부사 home도 올바르게 쓰였다.
해석 학교에서 집으로 걸어오고 있을 때 강풍에 내 우산이 뒤집혔다.

06 X as는 접속사이며 the old saying은 단수형태 주어이므로 동사도 단수동사로 써야 하므로 go 대신 goes로 써야 올바르다.
해석 속담에 따르면, 당신은 무엇을 먹느냐에 따라 당신의 모습이 달라진다.

07 O '너무 ~해서 ~하다'의 뜻을 가진 구문으로는 'so+형용사/부사+that+주어 동사'의 표현으로 이때 that은 부사절 접속사이다. 따라서 밑줄 친 부분은 올바르게 쓰였다.
해석 내가 자주 열쇠를 엉뚱한 곳에 두어서 내 비서가 나를 위해 여분의 열쇠를 갖고 다닌다.

08 O despite는 전치사로 뒤에 명사 또는 동명사를 목적어로 취할 수 있다. 따라서 밑줄 친 부분은 올바르게 쓰였다.
해석 가능한 모든 일자리를 알아보았음에도 불구하고, 그는 적당한 일자리를 찾지 못했다.

09 O 'so 형용사/부사 that 주어+동사 완전' 구조로 쓰일 때 that은 부사절 접속사이다. 따라서 밑줄 친 부분은 올바르게 쓰였다.
해석 이라크의 상황이 매우 심각해 보여서 마치 제3차 세계 대전이 언제든지 발발할 것처럼 보였다.

10 X whereas는 부사절 접속사로 완전 구조를 취한다. 완전 구조는 '주어+동사'가 필요하므로 whereas is 대신 whereas it is로 써야 올바르다.
해석 우리는 공기에 투입된 화학 물질의 양을 측정할 수 있는 반면에 소음에 대한 누적된 노출을 감시하는 것은 극도로 어렵다.

11 O though는 양보 부사절 접속사로 뒤에 '주어+동사' 완전 구조를 취한다. 따라서 밑줄 친 부분은 올바르게 쓰였다.
해석 그곳은 결국 1859년에야 러시아인들에 의해 평정되었으나, 간헐적인 반란은 1917년 차르 체제가 붕괴될 때까지 계속되었다.

12 O Even though는 양보 부사절 접속사로 뒤에 '주어+동사'의 완전 구조를 취한다. 따라서 밑줄 친 부분은 올바르게 쓰였다.
해석 그는 대학에 다니지 않았지만 아는 것이 아주 많은 사람이다.

13 O 접속사(because)는 동사를 포함한 절을 이끈다. 따라서 because 뒤에 '주어+동사'로 올바르게 쓰였다.
해석 시간이 부족해서 시험을 끝낼 수 없었다.

14 Once I was up there, I realized that my friends were looking at me because they thought I was going to dive. O | X

15 New York's Christmas is featured in many movies while this time of year, which means that this holiday is the most romantic and special in the Big Apple. O | X

16 I'm going to train hard until the marathon and then I'll relax. O | X

적중 포인트 081 주의해야 할 부사절 접속사

01 The investigation had to be handled with the utmost care lest suspicion be aroused. O | X

02 There can be no true liberty unless there is economic liberty. O | X

출제 순위 06 관계사

기출 예문 O X 문제

적중 포인트 082 관계대명사의 선행사와 문장 구조

01 One of the many virtues of the book you are reading is that it provides an entry point into Maps of Meaning, which is a highly complex work because the author was working out his approach to psychology as he wrote it. O | X

02 In 2011, her finest jewels were sold by Christie's at an evening auction that brought in $115.9 million. O | X

03 I like people who look me in the eye when I have a conversation. O | X

14 ○ Once는 접속사와 부사 모두 가능하다. 접속사로 쓰일 경우 '만약 (일단) ~하면, ~하자마자'의 뜻으로, 동사를 포함한 절을 이끈다. 따라서 밑줄 친 부분은 올바르게 쓰였다.
해석 내가 그곳에 올라가자마자, 내 친구들이 내가 다이빙을 할 것이라고 생각해서 나를 바라보고 있음을 깨달았다.

15 × while은 접속사로 동사를 포함한 절을 이끈다. 그러나 뒤에 명사 this time of year이 있으므로 앞에 전치사를 써야 한다. 따라서 접속사 while 대신 전치사 during으로 써야 올바르다.
해석 해마다 이 시기 동안 뉴욕의 크리스마스는 많은 영화들에 등장하는데, 이는 이 휴일이 뉴욕시(the Big Apple)에서 가장 로맨틱하고 특별한 것을 의미한다.

16 ○ until은 접속사와 전치사 모두 가능하다. 뒤에 명사 the marathon이 나온 것으로 보아 전치사로 쓰였음을 알 수 있다. 따라서 밑줄 친 부분은 올바르게 쓰였다.
해석 나는 마라톤하기 전까지 열심히 훈련하고 그 후에 휴식할 것이다.

적중 포인트 081 주의해야 할 부사절 접속사

01 ○ lest는 뒤에 '주어+(should) 동사원형'을 쓴다. lest는 이미 부정의 의미가 있으므로 중복으로 not을 쓰지 않는다. 그리고 문장의 주어 자리에 쓰인 investigation과 suspicion이 행동하는 것이 아닌 동작을 당하는 대상이고, handle과 arouse는 타동사인데 뒤에 목적어가 없으므로 수동의 의미를 전달하는 수동태 구조인 be handled와 be aroused 또한 올바르게 쓰였다.
해석 조사는 의심을 불러일으키지 않도록 극도로 주의를 기울여야 했다.

02 ○ 조건 부사절 접속사(unless)에서 주어+동사 완전 구조로 써야 하고 뒤에 부정어 표현은 나올 수 없다. 따라서 밑줄 친 부분은 올바르게 쓰였다.
해석 경제적 자유가 없다면 진정한 자유가 있을 수 없다.

출제 순위 06 관계사

기출 예문 ○× 정답 및 해설

적중 포인트 082 관계대명사의 선행사와 문장 구조

01 ○ 관계대명사 which는 주어나 목적어가 없는 불완전 구조를 이끈다. 따라서 밑줄 친 부분은 올바르게 쓰였다.
해석 당신이 읽고 있는 책의 많은 미덕 중 하나는, 그 책이 Maps of Meaning이라는 매우 복잡한 작업에 대한 진입점을 제공한다는 것인데, 이 책은 저자가 그 책을 쓰면서 심리학에 대한 접근 방식을 발전시키고 있었기 때문에 매우 복잡한 작품이다.

02 ○ 관계대명사는 선행사가 올바르게 쓰였는지 그리고 뒤의 문장 구조가 불완전한지 확인해야 한다. that이 앞에 나온 명사를 수식하고 있고 뒤에 주어가 없는 불완전 구조로 쓰였기 때문에 관계대명사 that은 올바르게 쓰였다.
해석 2011년에 그녀의 최고급 보석들이 1억 1590만 달러를 벌어들인 저녁 경매에서 Christie's에 의해 팔렸다.

03 ○ 관계대명사 who 앞에 사람 선행사이고 뒤에는 주어가 없는 불완전 구조를 취하고 있으므로 밑줄 친 부분은 올바르게 쓰였다.
해석 나는 대화할 때 내 눈을 보는 사람들을 좋아한다.

04 Contrary to popular usage, myth does not mean "falsehood." In the broadest sense, myths are stories — usually whole groups of stories — that can be true or partly true as well as false; regardless of their degree of accuracy, however, myths frequently express the deepest beliefs of a culture. O X

05 I would, therefore, recommend Mrs. Ferrer for the post what you advertise. O X

06 We drove on to the hotel, from whose balcony we could look down at the town. O X

07 In addition, pattern books frequently contain pictures what may facilitate story comprehension. O X

08 Chile is a Latin American country ① where throughout most of the twentieth century was marked by a relatively advanced liberal democracy on the one hand and only moderate economic growth, ② which forced it to become a food importer, on the other. O X / O X

09 New York's Christmas is featured in many movies during this time of year, which means that this holiday is the most romantic and special in the Big Apple. O X

적중 포인트 083 「전치사 + 관계대명사」 완전 구조

01 Beyond the cars and traffic jams, she said it took a while to get used to having so many people in one place, all of whom were moving so fast. O X

02 The bed which he slept last night was quite comfortable. O X

03 One reason for upsets in sports — in which the team predicted to win and supposedly superior to their opponents surprisingly loses the contest — is that the superior team may not have perceived their opponents as threatening to their continued success. O X

04 To find a good starting point, one must return to the year 1800 during which the first modern electric battery was developed. O X

04 O 관계대명사 that이 나오면 앞에 선행사를 확인하고 뒤는 불완전 구조인지 확인한다. that 뒤에 주어가 빠진 불완전 구조를 취하고 있으므로 밑줄 친 부분은 올바르게 쓰였다.
해석 일반적인 관례와는 반대로, 신화는 "거짓"을 의미하지 않는다. 가장 넓은 의미에서, 신화는 보통 진실이거나 부분적으로 진실이거나 거짓이 될 수 있는 이야기들 — 보통 여러 이야기들의 집합체 — 이다. 그러나 그들의 정확성 정도에 관계없이 신화는 종종 어떤 문화의 가장 깊은 신념을 표현한다.

05 X what은 명사절 접속사로 선행사를 이미 포함하고 있으므로 앞에 선행사를 수식하지 못한다. 선행사 post를 수식해 줄 수 있는 것은 관계대명사이다. 따라서 선행사가 사물이므로 what 대신 which 또는 that으로 써야 올바르다.
해석 따라서 저는 당신이 광고한 직책에 Ferrer부인을 추천드립니다.

06 O 관계대명사 whose는 뒤에 완전 구조를 취한다. whose는 뒤에 나오는 명사 balcony를 수식해주고 있고 여기서 balcony는 전치사 from의 목적어 역할을 하므로 'from whose balcony'는 '전치사+명사구'의 형태로 쓰였고, 뒤는 완전 구조로 올바르게 쓰였다.
해석 우리는 호텔로 차를 타고 갔고, 그 호텔의 발코니에서 마을을 내려다볼 수 있었다.

07 X 앞에 선행사 pictures가 있는 것으로 보아 선행사를 수식할 수 있는 관계대명사를 써야 한다. 따라서 명사절 접속사 what 대신 관계대명사 that으로 써야 올바르다.
해석 게다가, 패턴 책은 스토리 이해를 용이하게 해주는 그림들을 종종 포함한다.

08 X ① 선행사 a Latin American country 뒤에 주어 없이 동사 was maked로 불완전 구조를 취하고 있다. 따라서 관계부사 where 대신 주격 관계대명사 which 또는 that으로 써야 올바르다.
O ② 사물 선행사가 있고 뒤에 불완전 구조를 취할 수 있는 것은 관계대명사이다. 따라서 관계대명사 which는 올바르게 쓰였다.
해석 칠레는 20세기 대부분 동안 비교적 진보된 자유 민주주의가 특징이었고 다른 한편으로는 식량을 수입해야 하는 중간 정도의 경제 성장을 이룬 남미 국가다.

09 O 앞에 나온 구, 절, 문장을 대신할 때는 관계대명사 which를 쓴다. 계속적 용법으로 '선행사+콤마(,)+관계대명사'의 형태로 올바르게 쓰였다.
해석 해마다 이 시기 동안 뉴욕의 크리스마스는 많은 영화들에 등장하는데, 이는 이 휴일이 뉴욕시(the Big Apple)에서 가장 로맨틱하고 특별한 것을 의미한다.

적중 포인트 083 「전치사+관계대명사」 완전 구조

01 O 관계사의 계속적 용법으로 쓰인 all of whom은 and all of them와 같은 의미로 '접속사+대명사'의 의미인 목적격 관계대명사 whom은 올바르게 쓰였다.
해석 자동차와 교통체증을 넘어서, 한 장소에 이렇게 많은 사람들이 모두 빠르게 움직이는 것에 적응하는 데 시간이 걸렸다고 그녀는 말했다.

02 X 관계대명사 뒤의 문장 구조는 불완전 구조이어야 한다. 관계대명사 뒤에 1형식 자동사 slept가 쓰여 완전한 구조이므로 관계대명사 which 대신 '전치사+관계대명사'인 in which 또는 관계부사 where로 써야 한다.
해석 어젯밤에 그가 잔 침대는 꽤 편안했다.

03 O '전치사+관계대명사' 뒤에는 완전한 구조와 함께 쓰인다. 밑줄 친 부분은 완전한 구조(주어+동사+목적어)로 쓰였기 때문에 in(전치사)+which(관계대명사)는 올바르게 쓰였다.
해석 스포츠에서 이길 것으로 예상되고 추정상 상대방보다 우세한 팀이 뜻밖에 경기에서 지는 역전이 생기는 한 가지 이유는 우세한 팀이 상대방을 그들의 계속된 성공에 위협이 되는 것이라고 인식하지 않았을 수도 있기 때문이다.

04 O during which는 '전치사+관계대명사'로 뒤에 주어와 동사 완전 구조를 취한다. which 뒤의 문장이 완전 구조이므로 밑줄 친 부분은 올바르게 쓰였다.
해석 좋은 출발점을 찾기 위해서는, 최초의 현대식 전기 건전지가 개발된 1800년으로 돌아가야 한다.

05 The sport <u>in that</u> I am most interested is soccer. O X

06 It was the main entrance <u>for that</u> she was looking. O X

07 This is one of the important ways in which <u>give</u> help in a mutual aid group is a form of self-help. O X

적중 포인트 084 관계대명사 주의 사항

01 I'm sad that the people <u>who</u> daughter I look after are moving away. O X

02 She is someone <u>who is</u> always ready to lend a helping hand. O X

03 Insects are often attracted by scents <u>that aren't</u> obvious to us. O X

04 Some people think that the central dichotomy in life is whether you're positive or negative about the issues <u>that interest or concern you</u>. O X

05 The laptop allows people <u>who is</u> away from their offices to continue to work. O X

06 The oceans contain many forms of life that <u>has</u> not yet been discovered. O X

07 I was really happy to see his kind and caring face, but there wasn't <u>anything he could do it</u> to make the flu go away. O X

08 The head of the department, <u>who receives</u> twice the salary, has to take responsibility. O X

05 ✕ 전치사 in은 관계대명사 앞에 올 수 있지만 관계대명사 that 앞에는 올 수 없다. 따라서 관계대명사 that 대신 which로 써야 올바르다.
해석 내가 가장 관심 있는 스포츠는 축구이다.

06 ✕ 전치사 for 뒤에는 관계대명사 that을 쓸 수 없다. 따라서 선행사가 사물이므로 전치사 뒤에 관계대명사 that 대신 which로 써야 올바르다.
해석 그녀가 찾고 있던 것은 중앙 출입구였다.

07 ✕ in which(전치사 +관계대명사) 뒤는 완전 구조를 취해야 하므로 주어 자리의 동사는 명사 역할을 할 수 있는 동명사 또는 to부정사로 써야 한다. 따라서 give 대신 giving 또는 to give로 써야 올바르다.
해석 이것은 상호 원조 그룹에서 도움을 주는 것이 일종의 자신을 돕는 형태가 되는 중요한 방법 중 하나이다.

적중 포인트 084 관계대명사 주의 사항

01 ✕ 관계대명사의 격의 일치에 대한 문제이다. 명사 daughter를 취하면서, 목적어가 없는 불완전 구조를 이끌 수 있는 것은 주격 관계대명사가 아닌 소유격 관계대명사이다. 따라서 who 대신 whose로 써야 올바르다.
해석 내가 돌보는 딸이 있는 사람들이 이사 가게 되어 슬프다.

02 ○ 문장의 주격 보어를 주격 관계대명사절(who is always ready to lend a helping hand)이 수식하는 구조로, 문장의 동사와 주격 관계대명사절의 동사가 각각 단수 명사를 수식하므로 단수 동사 is는 올바르게 쓰였다.
해석 그녀는 언제나 도움을 줄 준비가 되어 있는 사람이다.

03 ○ 전치사 by의 목적어 scents를 주격 관계대명사절이 수식하는 문장의 구조로, 수식받는 명사가 복수 명사이므로 주격 관계대명사절의 동사는 복수 동사 are로 올바르게 쓰였다.
해석 곤충들은 종종 우리에게 분명하지 않은 냄새에 이끌린다.

04 ○ 관계대명사 that 뒤에 현재동사가 나오면 선행사와 수 일치를 확인해야 한다. 선행사 issues는 복수이므로 interest와 concern은 복수동사로 올바르게 쓰였다.
해석 어떤 사람들은 인생에서 가장 중요한 이분법은 자신이 관심이 있거나 걱정하는 문제에 대해 긍정적인지 부정적인지에 따라 나뉜다고 생각한다.

05 ✕ '사람명사+who+동사' 구조가 나오면 주어와 동사 수 일치를 확인해야 한다. 선행사가 people로 복수 형태이므로 단수 동사 is 대신 복수 동사 are로 써야 올바르다.
해석 노트북은 사무실 밖에 있는 사람들이 작업을 계속할 수 있게 해준다.

06 ✕ 문맥상 주격 관계대명사 that에 대한 선행사는 life가 아닌 many forms로 복수 형태이다. 따라서 단수 동사 has 대신 복수 동사 have로 써야 올바르다.
해석 바다는 아직 발견되지 않은 많은 종류의 생물을 함유하고 있다.

07 ✕ 명사 anything 뒤에 목적격 관계대명사 that이 생략된 형태로 쓰였다. 목적격 관계대명사 that절은 불완전 구조를 취해야 하므로 동사 뒤에 목적어가 없어야 한다. 따라서 he could do it 대신 it을 삭제한 he could do로 써야 올바르다.
해석 나는 그의 친절하고 배려심 있는 얼굴을 보게 되어 정말 기뻤지만, 독감을 낫게 하기 위해 그가 할 수 있는 것은 없었다.

08 ○ 관계대명사 who는 앞에 나온 The head(부서장)를 선행사로 받고 뒤에 주어가 없는 불완전 구조를 취하고 있으므로 올바르게 쓰였고, who 뒤에 동사도 동작을 하는 주체(The head)가 단수 형태이므로 단수 동사 receives 또한 올바르게 쓰였다.
해석 월급을 두 배 받는 그 부서장이 책임을 져야 한다.

09 There are also weekly news magazines, which reports on a number of topics, but most of the magazines are specialized to attract various consumers. O X

10 The item he stole was a two dollar toy. O X

11 This is the same chemical the body makes when a person is in love. O X

적중 포인트 086 관계부사의 선행사와 완전 구조

01 Indeed, I see this as the central theme of any progress towards an international community which war is avoided not by chance but by design. O X

02 The house which they have lived for 10 years was badly damaged by the storm. O X

03 A mutual aid group is a place where an individual brings a problem and asks for assistance. O X

적중 포인트 087 관계사, 의문사, 복합관계사의 구분

01 A gift card will be given to whomever completes the questionnaire. O X

02 However weary you may be, you must do the project. O X

03 However you may try hard, you cannot carry it out. O X

09 X 관계대명사 which가 수식하는 선행사 magazines가 복수 형태이므로 관계대명사의 동사도 복수 형태로 써야 한다. 따라서 단수 동사 reports 대신 복수 동사 report로 써야 올바르다.
해석 다양한 주제에 관해 보도하는 주간 뉴스 잡지도 있지만, 대부분의 잡지는 다양한 소비자들을 유치하기 위해 특화되어 있다.

10 O he 앞에 목적격 관계대명사가 생략된 구조로 'he stole'이 앞의 명사 the item을 꾸며주고 있다. 따라서 밑줄 친 부분은 올바르게 쓰였다.
해석 그가 훔친 물건은 2달러짜리 장난감이었다.

11 O the body 앞에 목적격 관계대명사 which가 생략된 구조로 'the body makes'가 앞의 명사 the same chemical를 꾸며주고 있다. 따라서 밑줄 친 부분은 올바르게 쓰였다.
해석 이것은 사람이 사랑에 빠져있을 때 체내에서 생성되는 화학 물질과 동일하다.

적중 포인트 086 관계부사의 선행사와 완전 구조

01 X which는 관계대명사로, 완전한 절 'war is avoided'를 이끌 수 없다. 완전한 절을 이끌 수 있는 것은 '관계부사' 또는 '전치사+관계대명사'이다. 따라서 which 대신 where 또는 in which로 써야 올바르다.
해석 사실, 나는 이것을 전쟁을 우연이 아닌 계획적으로 피하는 국제 사회로의 발전을 위한 중심 주제라고 본다.

02 X 관계대명사 which 뒤에 완전 구조를 취하므로 관계대명사 which 대신 in which 또는 where로 써야 올바르다.
해석 그들이 10년간 살았던 집이 폭풍에 심하게 손상되었다.

03 O where는 선행사 a place를 수식하는 관계부사로 뒤는 완전 구조를 취하고 있으므로 올바르게 쓰였다.
해석 상호 원조 그룹은 한 개인이 문제를 가져오고 도움을 요청하는 곳이다.

적중 포인트 087 관계사, 의문사, 복합관계사의 구분

01 X 복합관계대명사는 뒤에 불완전 구조를 취한다. whomever 뒤에 주어가 없는 불완전한 구조가 나왔으므로 목적격 whomever 대신 주격 whoever로 써야 올바르다.
해석 설문지를 완성하는 누구에게나 선물카드가 주어질 예정이다.

02 O 복합관계부사인 however가 형용사와 부사를 수식할 때 'however+형용사/부사+주어+동사'의 구조로 쓴다. 따라서 밑줄 친 부분은 올바르게 쓰였다.
해석 아무리 피곤하더라도, 당신은 그 프로젝트를 수행해야 한다.

03 X however는 형용사/부사와 쓰일 때는 'however+형용사/부사+주어+동사'의 구조를 쓴다. 따라서 However you may try hard 대신 However hard you may try로 써야 올바르다.
해석 어떻게 노력하든, 당신은 그것을 이행할 수 없다.

출제 순위 07 단어의 이해

기출 예문 O X 문제

적중 포인트 006 가산 명사의 종류와 특징

01 The police are very unwilling to interfere in family problems. O X

적중 포인트 007 불가산 명사의 종류와 특징

01 Foreign journalists hope to cover as much news as possible during their short stay in the capital. O X

02 Since they are so obviously of great benefit, we might expect to find that over the centuries humans would increase the number and quality of the animals they kept. O X

03 All of the information was false. O X

04 According to a recent report, the number of sugar that Americans consume does not vary significantly from year to year. O X

05 My sister was upset last night because she had to do too many homeworks. O X

적중 포인트 009 관사의 종류와 생략

01 He grabbed me by the arm and asked for help. O X

출제 순위 07 단어의 이해

기출 예문 O X 정답 및 해설

적중 포인트 006 가산 명사의 종류와 특징

01 O police는 보통 정관사 the와 함께 쓰이고 복수 취급해야 한다. 따라서 밑줄 친 부분인 are는 올바르게 쓰였다.
해석 경찰은 집안 문제에 대해서는 개입하기를 무척 꺼린다.

적중 포인트 007 불가산 명사의 종류와 특징

01 O news는 불가산 명사로 much 또는 little의 수식을 받을 수 있다. 따라서 밑줄 친 부분은 올바르게 쓰였다.
해석 외국 기자들은 수도에서의 짧은 체류 중에 최대한 많은 뉴스를 다루기를 희망한다.

02 O 'of +추상명사'는 형용사로 쓸 수 있다. 'of great benefit'는 be동사의 주격 보어 역할로 올바르게 쓰였다.
해석 이들이 아주 분명히 큰 혜택을 제공하기 때문에, 우리는 여러 세기 동안 인간들이 기르는 동물의 수와 질을 증가시킬 것으로 기대할 수 있다.

03 O 'all of 명사'는 명사에 수 일치한다. information은 불가산 명사로 항상 단수 취급하고 단수 동사로 일치시킨다. 따라서 단수 동사 was는 올바르게 쓰였다.
해석 모든 정보는 거짓이었다.

04 X sugar는 불가산 명사이므로 the number of 대신 the amount of로 써야 올바르다.
해석 최근 보고서에 따르면, 미국인들이 섭취하는 설탕의 양은 해마다 크게 변하지 않는다.

05 X 불가산 명사 homework는 much 또는 little의 수식을 받고 부정관사 a(n)와 복수를 의미하는 -s를 쓰지 않는다. 따라서 many homeworks 대신 much homework로 써야 올바르다.
해석 내 여동생은 해야 할 숙제가 너무 많아서 어젯밤에 화가 났다.

적중 포인트 009 관사의 종류와 생략

01 O '붙잡다(grab)동사+사람명사+by the 신체 일부'의 특정 구문으로 정관사 the는 올바르게 쓰였다.
해석 그는 나의 팔을 붙잡고 도움을 요청했다.

적중 포인트 010 격에 따른 인칭대명사

01 Despite the belief that the quality of older houses is superior to those of modern houses, the foundations of most pre-20th-century houses are dramatically shallow compared to today's, and have only stood the test of time due to the flexibility of <u>their</u> timber framework or the lime mortar between bricks and stones. O X

02 My cat is three times <u>as old as his</u>. O X

03 Your son's hair is the same color <u>as you</u>. O X

적중 포인트 011 재귀대명사의 2가지 용법

01 Human beings quickly adapt <u>themselves</u> to the environment. O X

02 As the group members offer help to the individual with the problem, they are also helping <u>themselves</u>. O X

적중 포인트 012 지시대명사 this와 that

01 The traffic of a big city is busier than <u>those</u> of a small city. O X

적중 포인트 013 부정대명사의 활용

01 Chile is a Latin American country which throughout most of the twentieth century was marked by a relatively advanced liberal democracy on the one hand and only moderate economic growth, which forced it to become a food importer, <u>on the other</u>. O X

적중 포인트 010 격에 따른 인칭대명사

01 ○ 인칭대명사는 앞에 나온 명사와 성과 수 일치를 확인해야 한다. 밑줄 친 부분은 복수 명사 most pre-20th century houses를 받고 있다. 따라서 밑줄 친 부분은 올바르게 쓰였다.
해석 오래된 집들의 품질이 현대 집들보다 우수하다는 믿음에도 불구하고, 20세기 이전의 대부분의 집들의 토대는 현대의 토대에 비해 현저하게 얕으며 그것들의 목재 뼈대의 유연성이나 벽돌과 돌 사이의 모르타르 덕분에 세월의 시험을 견뎌왔을 뿐이다.

02 ○ '~보다 몇 배 더 …한'의 의미의 배수 비교 구문은 '배수사+as+형용사/부사의 원급+as'로 쓴다. 특히 배수사 다음에 비교 표현이 나와야 하는 어순에 주의가 필요하다. 그리고 비교되는 대상이 'My cat(내 고양이)'과 '그의 고양이'이므로, his cat을 소유대명사로 쓴 his 또한 올바르게 쓰였다.
해석 내 고양이 나이는 그의 고양이 나이의 세 배이다.

03 × 비교하는 두 대상이 Your son's hair와 your hair가 되어야 하므로 주격 대명사 you 대신 소유대명사 yours로 써야 올바르다.
해석 당신 아들 머리는 당신 머리와 같은 색깔이다.

적중 포인트 011 재귀대명사의 2가지 용법

01 ○ 주어와 동일한 목적어는 인칭대명사가 아니라 재귀대명사로 써야 한다. 따라서 주어가 Human이므로 재귀대명사 themselves는 올바르게 쓰였다.
해석 인간은 환경에 자신을 빨리 적응시킨다.

02 ○ 주어와 동일한 목적어는 인칭대명사가 아니라 재귀대명사로 써야 한다. 따라서 주어가 they이므로 재귀대명사 themselves는 올바르게 쓰였다.
해석 그룹 구성원들이 문제를 가진 개인에게 도움을 제공함으로써 그들 역시 자신들을 돕는 것이다.

적중 포인트 012 지시대명사 this와 that

01 × 멀리 있는 명사를 지칭할 때 앞에 나온 명사가 단수일 때는 that, 복수일 때는 those를 써야 한다. 앞에 나온 명사 the traffic이 단수 형태이므로 밑줄 친 부분인 those를 that으로 써야 한다.
해석 큰 도시의 교통은 작은 도시의 교통보다 더 바쁘다.

적중 포인트 013 부정대명사의 활용

01 ○ 둘 중에서 하나는 one, 나머지 하나는 the other로 쓴다. 따라서 밑줄 친 부분을 올바르게 쓰였다.
해석 칠레는 20세기 대부분 동안 비교적 진보된 자유 민주주의가 특징이었고 다른 한편으로는 식량을 수입해야 하는 중간 정도의 경제 성장을 이룬 남미 국가다.

적중 포인트 014 형용사와 부사의 차이

01 Yet we have all worked with language learners who understand English structurally but still have difficulty communicating. O X

02 "There are only 18 million people in Australia spread out over an entire country," she said, "compared to more than six million people in the state of Massachusetts alone." O X

03 While advances in transplant technology have made it possible to extend the life of individuals with end-stage organ disease, it is argued that the biomedical view of organ transplantation as a bounded event, which ends once a heart or kidney is successfully replaced, conceals the complex and dynamic process that more accurately represents the experience of receiving an organ. O X

04 Even young children like to be complimented for a job done good. O X

05 The country with the most person computers changes from time to time. O X

06 Domesticated animals are the earliest and most effective 'machines' available to humans. O X

07 She would like to be financial independent. O X

08 You might think that just eating a lot of vegetables will keep you perfectly healthy. O X

09 The foods you eat obvious affect your body's performance. O X

10 The predictable patterns allow beginning second language readers to become involved immediate in a literacy event in their second language. O X

11 Each officer must perform their duties efficient. O X

12 The Aztecs believed that chocolate made people intelligent. O X

13 This beautiful photo album is the perfect gift for a newly-married couple. O X

적중 포인트 014 형용사와 부사의 차이

01 ○ all은 부사로 조동사 have 뒤에서 쓸 수 있다. 따라서 밑줄 친 부분은 올바르게 쓰였다.
해석 그러나 우리는 모두 영어를 구조적으로 이해하지만 여전히 의사소통하는 데 어려움을 겪는다.

02 ○ alone은 형용사로 명사, 대명사 바로 뒤에서 그것을 수식하는 형태로 '다만, ~만, ~뿐'의 뜻으로 쓰인다. 따라서 밑줄 친 부분은 올바르게 쓰였다.
해석 "매사추세츠 주 한 곳에만 600만 명 이상의 사람들과 비교해 보았을 때 호주에는 전체 국가에 퍼져 있는 1800만 명의 사람들만이 있다"라고 그녀는 말했다.

03 ○ 형용사와 부사를 구분하는 문제이다. 동사 represents를 수식하는 것은 형용사가 아닌 부사이다. 따라서 밑줄 친 부분인 부사 accurately는 올바르게 쓰였다.
해석 이식 기술의 발전으로 장기 질환 말기인 환자들의 수명을 연장하는 것을 가능하게 했지만, 장기이식을 심장이나 신장이 성공적으로 교체되면 끝나는 제한적인 사건으로 보는 생물 의학적 관점이 장기를 이식받는 경험을 더 정확하게 나타내주는 복잡하고 역동적인 과정을 숨긴다는 주장이 제기되고 있다.

04 ✕ 형용사인 good은 명사를 수식하거나 보어 자리에 쓰인다. done인 분사를 수식할 경우에는 부사를 써야 한다. 따라서 형용사 good 대신 부사 well로 써야 올바르다.
해석 심지어 어린 아이들도 잘한 일에 대해 칭찬받는 것을 좋아한다.

05 ✕ 명사 computers를 수식할 수 있는 것은 명사가 아닌 형용사이다. 따라서 person 대신 personal로 써야 올바르다.
해석 개인용 컴퓨터를 가장 많이 가지고 있는 나라는 종종 바뀐다.

06 ○ '형용사+전명구'는 명사 machines를 후치 수식할 수 있다. 따라서 밑줄 친 부분은 올바르게 쓰였다.
해석 가축화된 동물들은 사람이 접근가능한 가장 오래되고 효과적인 '기계'이다.

07 ✕ financial은 형용사 independent를 수식하고 있는 형태로, 형용사를 수식할 수 있는 것은 형용사가 아닌 부사이다. 따라서 형용사 financial 대신 부사 financially로 써야 올바르다.
해석 그녀는 재정적으로 독립하고 싶어 한다.

08 ○ keep은 목적보어로 분사나 형용사를 취할 수 있다. 따라서 목적보어 자리에 형용사 healthy는 올바르게 쓰였다. 형용사 healthy를 수식해주는 부사 perfectly 또한 올바르게 쓰였다.
해석 당신은 아마도 많은 채소를 먹는 것만으로도 완벽하게 건강을 유지할 수 있다고 생각할지도 모른다.

09 ✕ 동사 affect를 꾸며주는 것은 형용사가 아니라 부사이다. 따라서 형용사 obvious 대신 부사 obviously로 써야 올바르다.
해석 당신이 먹는 음식은 분명히 당신의 신체 수행 능력에 영향을 미친다.

10 ✕ 앞에 과거분사 involved를 수식할 수 있는 것은 형용사가 아닌 부사이다. 따라서 형용사 immediate 대신 부사 immediately로 써야 올바르다.
해석 예측 가능한 패턴들은 제2 언어 독자들이 그들의 제2 언어에서 즉각 글을 읽고 쓰는 것을 시작할 수 있게 허용한다.

11 ✕ 완전한 문장 구조에서 동사 perform을 수식해 주는 부사가 필요하므로 형용사 efficient 대신 부사 efficiently로 써야 올바르다.
해석 각 관리자는 자신의 업무를 효율적으로 수행해야 한다.

12 ○ make는 5형식 동사로 'make+명사+형용사 목적보어'로 쓸 수 있다. 따라서 밑줄 친 부분은 올바르게 쓰였다.
해석 아즈텍인들은 초콜릿이 사람들을 똑똑하게 만든다고 믿었다.

13 ○ 동사, 형용사, 다른 부사 또는 문장 전체를 수식하는 것은 형용사가 아니라 부사이다. 따라서 형용사 married를 수식하는 부사 newly는 올바르게 쓰였다.
해석 이 아름다운 사진 앨범은 신혼 부부들을 위한 완벽한 선물이다.

적중 포인트 015 주의해야 할 형용사

01 The rescue squad was happy to discover an alive man. O X

02 She reached the mountain summit with her 16-years-old friend on Sunday. O X

적중 포인트 016 수량 형용사와 명사의 수 일치

01 One of the many virtues of the book you are reading is that it provides an entry point into Maps of Meaning, which is a highly complex work because the author was working out his approach to psychology as he wrote it. O X

02 You can write on both sides of the paper. O X

03 Of the billions of stars in the galaxy, how much are able to hatch life? O X

적중 포인트 017 어순에 주의해야 할 형용사와 부사

01 It was such a beautiful meteor storm that we watched it all night. O X

02 He felt enough comfortable to tell me about something he wanted to do. O X

03 We were enough fortunate to visit the Grand Canyon, which has much beautiful landscape. O X

적중 포인트 018 혼동하기 쉬운 부사

01 Two girls of an age are not always of a mind. O X

적중 포인트 015 주의해야 할 형용사

01 ✕ alive는 서술적 용법으로만 쓰이는 형용사로 보어 자리만 가능하고 뒤에 명사는 올 수 없다. 따라서 뒤에 man이라는 명사가 나오고 있으므로, alive 대신 명사를 앞에서 수식할 수 있는 형용사 live 또는 living으로 써야 올바르다.
해석 구조대는 살아 있는 남자를 발견해서 기뻐했다.

02 ✕ 단위를 나타내는 명사가 수사와 함께 또 다른 명사를 수식하는 형용사 역할을 할 때는 hyphen(-)을 사용하고 항상 단수형을 써야 한다. 따라서 years 대신 year로 써야 올바르다.
해석 그녀는 일요일에 16세의 친구와 함께 산 정상에 올랐다.

적중 포인트 016 수량 형용사와 명사의 수 일치

01 ○ 수 형용사 many는 복수 명사를 수식해 준다. 따라서 밑줄 친 부분은 올바르게 쓰였다.
해석 당신이 읽고 있는 책의 많은 미덕 중 하나는, 그 책이 Maps of Meaning이라는 매우 복잡한 작업에 대한 진입점을 제공한다는 것인데, 이 책은 저자가 그 책을 쓰면서 심리학에 대한 접근 방식을 발전시키고 있었기 때문에 매우 복잡한 작품이다.

02 ○ both 뒤에는 복수 가산 명사를 쓴다. 따라서 sides는 올바르게 쓰였다.
해석 당신은 종이의 양면에 글을 쓸 수 있다.

03 ✕ much는 셀 수 없는 명사를 수식하고 단수 동사를 써야 한다. 뒤에 복수 동사 are이 쓰인 것으로 보아 much 대신 many로 써야 올바르다.
해석 은하수 안의 수십억 개의 별 중에서 얼마나 많은 별이 생명을 탄생시킬 수 있을까?

적중 포인트 017 어순에 주의해야 할 형용사와 부사

01 ○ '너무 ~해서 ~하다'의 뜻을 가진 구문으로는 'such[so] ~that'의 결과 부사절 접속사 구문 표현이 있다. such는 'such+a+형용사+명사'의 어순으로 밑줄 친 부분은 올바르게 쓰였다.
해석 그것은 너무나 아름다운 유성 폭풍이어서 우리는 밤새 그것을 보았다.

02 ✕ 부사 enough는 형용사나 부사를 후치 수식한다. 따라서 enough comfortable 대신 comfortable enough로 써야 올바르다.
해석 그는 나에게 뭔가 하고 싶은 일에 대해 얘기할 만큼 충분히 편안함을 느꼈다.

03 ✕ 부사 enough는 형용사나 부사를 후치 수식한다. 따라서 enough fortunate 대신 fortunate enough로 써야 올바르다.
해석 우리는 운이 좋게도 그랜드캐년을 방문했는데, 거기에는 경치가 아름다운 곳이 많다.

적중 포인트 018 혼동하기 쉬운 부사

01 ○ 'not always'는 부분부정으로 '항상 ~하는 것은 아니다'의 뜻으로 쓰인다. 따라서 밑줄 친 부분은 올바르게 쓰였다.
해석 같은 나이의 두 소녀라고 해서 반드시 생각이 같은 것은 아니다.

출제 순위 08 동사의 시제

기출 예문 O X 문제

적중 포인트 033 과거 시간을 나타내는 부사와 과거시제

01 They <u>used to</u> love books much more when they were younger. O X

02 I <u>have received</u> the last e-mail from him two years ago. O X

03 My dog <u>disappeared</u> last month and hasn't been seen since. O X

04 His father suddenly <u>passed away</u> last year, and, what was worse, his mother became sick. O X

05 The movie <u>had already started</u> when we arrived. O X

06 He <u>went</u> to the station a few days ago to see off his friend. O X

07 China's imports of Russian oil <u>skyrocketed by</u> 36 percent in 2014. O X

08 When he left his hometown thirty years ago, little <u>does he dream</u> that he could never see it again. O X

09 A tenth of the automobiles in this district alone <u>were</u> stolen last year. O X

10 A man who <u>shoplifted</u> from the Woolworth's store in Shanton in 1952 recently sent the shop an anonymous letter of apology. O X

출제 순위 08 동사의 시제

기출 예문 O X 정답 및 해설

적중 포인트 033 과거 시간을 나타내는 부사와 과거시제

01 O 과거 시간 부사절이 나오면 주절에 과거 관련 시제를 써야 한다. 따라서 밑줄 친 부분은 올바르게 쓰였다.
해석 그들은 젊었을 때 책을 훨씬 더 사랑했었다.

02 X '시간 ago'와 같은 명백한 과거를 나타내는 과거 시간 부사가 나오면 반드시 과거 동사를 확인해야 한다. 따라서 완료시제 have received 대신 과거시제 received로 써야 올바르다.
해석 나는 2년 전에 그에게서 마지막 이메일을 받았다.

03 O disappear는 '사라지다'의 뜻인 1형식 자동사로 항상 능동태로 써야 하고, 뒤에 'last month'인 과거 시간 부사가 나오므로 과거 동사로 써야 한다. 따라서 밑줄 친 부분은 올바르게 쓰였다.
해석 내 개가 지난달에 사라졌고 그 이후로 계속 보이지 않는다.

04 O 과거 시간 부사가 나오면 반드시 과거 동사를 확인한다. last year가 나왔으므로 과거시제 passed away는 올바르게 쓰였다.
해석 그의 아버지가 갑자기 작년에 돌아가셨고, 설상가상으로 그의 어머니도 병에 걸리셨다.

05 O 과거 시점을 나타내는 'when 주어+과거시제 동사'와 완료시제와 잘 쓰이는 already가 함께 쓰일 때 과거완료시제가 잘 쓰인다. 따라서 밑줄 친 부분은 올바르게 쓰였다.
해석 우리가 도착했을 때 영화는 이미 시작했었다.

06 O 명백한 과거를 나타내는 과거 시간 부사가 나오면 반드시 과거동사를 확인한다. 따라서 '시간 ago'가 나왔으므로 went는 올바르게 쓰였다.
해석 그는 며칠 전에 친구를 배웅하기 위해 역으로 갔다.

07 O skyrocket는 증가동사로 '~만큼'의 차이를 나타낼 때는 전치사 by와 함께 쓰이므로 올바르게 쓰였다. 과거 시간 부사(in 과거 연도)가 쓰인 것으로 보아 과거시제 skyrocketed 또한 올바르게 쓰였다.
해석 2014년에 중국의 러시아산 석유 수입은 36% 급증했다.

08 X 'When 주어 과거동사'가 나오면 주절(접속사가 없는 주어 동사 부분)도 과거 관련 시제로 나와야 한다. 따라서 뒤에 현재동사 does 대신 과거동사 did로 써야 올바르다.
해석 30년 전 고향을 떠날 때, 그는 다시는 고향을 못 볼 거라고 꿈에도 생각지 않았다.

09 O 부분을 나타내는 명사가 나오면 of 뒤에 명사를 확인해서 동사와 수 일치한다. 따라서 분수 of 뒤에 명사 the automobiles가 복수 형태이므로 복수 동사를 써야 하고, 'last year'은 과거 시간 부사로 단순 과거시제 동사와 쓰인다. 따라서 복수 동사 were는 올바르게 쓰였다.
해석 작년에 이 지역의 자동차 중 10분의 1이 도난당했다.

10 O 명백한 과거를 나타내는 과거시간 부사(in 년도)가 나오면 과거시제로 쓴다. 따라서 shoplifted는 올바르게 쓰였다.
해석 1952년에 Shanton의 Woolworth's 상점에서 도둑질한 남성이 최근 익명의 사과 편지를 상점에 보냈다.

적중 포인트 034 완료시제와 잘 쓰이는 시간 부사

01 Since the warranty had expired, the repairs were not free of charge. O X

02 I have been doing this work ever since I retired. O X

03 She has worked as my secretary for the last three years and has been an excellent employee. O X

04 The main reason I stopped smoking was that all my friends had already stopped smoking. O X

05 In it, he said, "I have been guilt-ridden all these days." O X

06 I will be finished it if you come home. O X

07 I had waited for an hour before he appeared. O X

08 Many studies have shown the life-saving value of safety belts. O X

적중 포인트 035 미래를 대신하는 현재시제

01 By the time she finishes her degree, she will have acquired valuable knowledge on her field of study. O X

02 Provided that the ferry leaves on time, we should arrive at the harbor by morning. O X

03 I'll think of you when I'll be lying on the beach next week. O X

04 This is my number just in case you would like to call me. O X

적중 포인트 034 완료시제와 잘 쓰이는 시간 부사

01 ○ 문맥상 보증이 만료된 것이 먼저 일어난 일로 과거완료(had p.p.)로 써야 하고, expire는 자동사로 수동태가 될 수 없으므로 능동 형태로 쓴 had expired는 올바르게 쓰였다.
해석 보증이 만료되어서 수리는 무료가 아니었다.

02 ○ 'since 주어 +과거시제 동사'의 완료시제를 나타내는 부사는 완료시제 동사를 확인한다. 문맥상 은퇴 이후 지금까지 계속 일을 했다는 의미이므로 현재완료 진행형 have been doing은 올바르게 쓰였다.
해석 나는 은퇴 후부터 내내 이 일을 해 오고 있다.

03 ○ 완료시제와 잘 쓰이는 시간 부사는 완료시제 동사를 확인한다. 문장의 동사 시제가 현재완료(has p.p.)로 쓰인 것으로 보아 'for 기간' 시간 부사는 올바르게 쓰였다.
해석 그녀는 지난 3년 동안 저의 비서로 일해왔으며, 정말 훌륭한 직원이었습니다.

04 ○ 그가 담배를 끊은 시점은 과거이고 그 전에 그의 친구들이 이미 담배를 끊었다는 내용이므로 과거완료시제 had stopped로 밑줄 친 부분은 올바르게 쓰였다.
해석 내가 담배를 끊은 주된 이유는 내 모든 친구들이 이미 담배를 끊은 상태였기 때문이었다.

05 ○ guilt-ridden은 '죄의식에 고통받는'의 뜻으로 문맥상 과거시점부터 현재까지 행위가 계속되는 것으로 보아 현재완료시제(have p.p.)는 올바르게 쓰였다. 주어가 'I'이므로 동사 have 또한 올바르게 쓰였다.
해석 그 편지에서 그는 "나는 요즘 들어 죄책감에 고통받고 있다."라고 말했다.

06 × 수동태 구조(be p.p.)는 뒤에 목적어가 없어야 한다. 목적어 it이 있는 것으로 보아 수동태 구조로는 올 수 없다. 문맥상 미래완료의 의미이므로 will be finished 대신 will have finished로 써야 올바르다.
해석 네가 집에 오면 나는 그것을 이미 끝냈을 것이다.

07 ○ 그가 나타난 시점은 과거이고 그 전에 내가 기다렸다는 내용이므로 과거시제 appeared와 과거완료시제 had waited로 밑줄 친 부분은 올바르게 쓰였다.
해석 내가 기다린 지 한 시간 만에 그가 나타났다.

08 ○ 과거 어느 시점부터 현재까지 행위와 동작 등의 완료의 의미를 나타내는 현재완료시제(have p.p.)로 쓸 수 있다. 따라서 have shown은 올바르게 쓰였다.
해석 많은 연구들이 안전벨트의 생명을 구하는 가치를 보여줬다.

적중 포인트 035 미래를 대신하는 현재시제

01 ○ 빈칸은 동사의 시제를 물어보는 문제이다, 시간의 부사절에서는 현재시제가 미래를 대신한다. 따라서 밑줄 친 부분인 finishes는 올바르게 쓰였다.
해석 그녀는 학위를 마치고, 그녀는 공부 분야에서 귀중한 지식을 획득할 것이다.

02 ○ 조건 부사절에는 미래의 내용을 현재시제로 써야 한다. 따라서 조건 부사절 접속사 Provided that 뒤에 현재시제(leaves)가 쓰였다. 따라서 밑줄 친 부분은 올바르게 쓰였다.
해석 여객선이 정각에 떠난다면, 우리는 아침에 항구에 도착할 것이다.

03 × 시간, 조건 부사절에서는 현재시제가 미래시제를 대신한다. 따라서 I'll be lying on 대신 I am lying on으로 써야 올바르다.
해석 다음 주에 해변에 누워있을 때, 나는 당신을 생각할 것이다.

04 ○ 조건 부사절 접속사인 in case는 '~할 경우에 (대비하여)'라는 의미로 쓰이고 미래시제를 현재시제 동사로 대신하므로 밑줄 친 부분은 올바르게 쓰였다.
해석 혹시 내게 전화하고 싶은 경우에 이게 내 번호야.

05 Please come to the headquarters as soon as you receive this letter. O X

06 If it rains tomorrow, I'll just stay at home. O X

07 I will go out if the rain stops. O X

적중 포인트 036 진행형 불가 동사

01 I have been knowing Jose until I was seven. O X

적중 포인트 037 시제의 일치와 예외

01 She washes her hair every other day. O X

02 They had to fight against winds that will blow over 40 miles an hour. O X

03 Jamie learned from the book that World War I had broken out in 1914. O X

적중 포인트 038 시제 관련 표현

01 Hardly had I closed my eyes when I began to think of her. O X

02 No sooner I have finishing the meal than I started feeling hungry again. O X

03 Hardly did she enter the house when someone turned on the light. O X

04 It was not until when he failed the math test that he decided to study hard. O X

05 I had not realized she was not in her office until she called me. O X

05 ○ 시간 부사절 접속사(as soon as)에서는 미래시제 대신 현재시제로 써야 한다. 따라서 현재동사 receive는 올바르게 쓰였다.
해석 이 편지를 받는 대로 곧 본사로 와 주십시오.

06 ○ 시간, 조건 부사절에서는 의미상 미래일지라도 현재시제가 미래를 대신한다. 따라서 현재동사 rains는 올바르게 쓰였다.
해석 만일 내일 비가 온다면, 나는 그냥 집에 있겠다.

07 ○ 조건 부사절에서는 의미상 미래일지라도 현재시제가 미래를 대신한다. 따라서 현재시제 stops는 올바르게 쓰였다.
해석 비가 그치면 나는 외출할 것이다.

적중 포인트 036 진행형 불가 동사

01 × know는 인식동사로 진행형(be -ing)으로는 쓸 수 없다. 따라서 have been knowing 대신 have known으로 써야 올바르다.
해석 일곱 살 이후로 나는 Jose와 알고 지냈다.

적중 포인트 037 시제의 일치와 예외

01 ○ 습관을 나타낼 때는 현재시제를 쓴다. 따라서 밑줄 친 부분인 washes는 올바르게 쓰였다.
해석 그녀는 이틀에 한 번 머리를 감는다.

02 × 주절의 동사가 과거 동사 had이므로 that절의 동사 또한 과거시제로 써야 한다. 따라서 will blow 대신 blew로 써야 올바르다.
해석 그들은 한 시간에 40마일이 넘는 바람과 싸워야 했다.

03 × 종속절의 내용이 과거에 발생한 역사적 사실(1, 2차 세계대전 등등)이면 항상 과거 시제를 사용한다. 따라서 had broken out 대신 broke out으로 써야 올바르다.
해석 Jamie는 그 책에서 제1차 세계 대전이 1914년에 발발했다는 것을 배웠다.

적중 포인트 038 시제 관련 표현

01 ○ '~하자마자 ~했다'라는 의미의 시제 관용 구문은 'Hardly (Scarcely)+had 주어 p.p.+when(before)+주어+과거동사'로 쓴다. 따라서 밑줄 친 부분은 올바르게 쓰였다.
해석 나는 눈을 감자마자 그녀를 생각하기 시작했다.

02 × '~하자마자 ~했다'의 뜻을 가진 구문으로는 'No sooner had+주어 p.p.+than 주어+과거시제 동사'의 도치 표현이 있다. 따라서 No sooner I have finishing 대신 No sooner had I finished로 써야 올바르다.
해석 식사를 마치자마자 나는 다시 배고프기 시작했다.

03 × '~하자마자 ~했다'의 뜻을 가진 구문으로는 'Hardly[Scarcely]+had 주어 p.p.+when[before] 주어+과거시제 동사'의 도치 표현이 있다. 따라서 did she enter 대신 had she entered로 써야 올바르다.
해석 그녀가 집에 들어가자마자 누군가가 불을 켰다.

04 ○ '~하고 나서야 (비로소) ~하다'의 뜻을 가진 구문으로 'It be+not until ~+that 주어+동사'가 있다. 따라서 밑줄 친 부분은 올바르게 쓰였다.
해석 수학 시험에 실패했을 때에서야 그는 공부를 열심히 하기로 결심했다.

05 ○ '~하고 나서야 (비로소) ~하다'의 뜻을 가진 구문으로 '주어+not 동사+until 주어+동사'가 있다. 따라서 밑줄 친 부분은 올바르게 쓰였다.
해석 그녀가 나한테 전화했을 때 비로소 그녀가 사무실에 없다는 것을 나는 알았다.

출제 순위 09 수동태

기출 예문 OX 문제

적중 포인트 045 능동태와 수동태의 차이

01 New and changed business models are emerging: cars <u>are being shared</u> via apps, languages learned online, and music streamed. O X

02 All assignments <u>are expected to be turned in</u> on time. O X

03 A horse should <u>be fed</u> according to its individual needs and the nature of its work. O X

04 Toys children wanted all year long <u>has recently discarded</u>. O X

05 I <u>was born</u> in Taiwan, but I have lived in Korea since I started work. O X

06 Urban agriculture (UA) has long been dismissed as a fringe activity that has no place in cities; however, its potential is beginning to <u>be realized</u>. O X

07 My house <u>is painted</u> every five years. O X

08 The world's first digital camera <u>was created</u> by Steve Sasson at Eastman Kodak in 1975. O X

09 Millions of pedestrians are non-fatally <u>injuring</u> — some of whom are left with permanent disabilities. O X

10 The Aswan High Dam <u>has been protected</u> Egypt from the famines of its neighboring countries. O X

11 The investigation had to be handled with the utmost care lest suspicion <u>be aroused</u>. O X

출제 순위 09 수동태

기출 예문 O X 정답 및 해설

적중 포인트 045 능동태와 수동태의 차이

01 O 'are being shared'는 진행형 수동태로, 주어(cars) 입장에서는 행위를 받는 입장이므로 수동태로 써야 한다. 따라서 밑줄 친 부분은 올바르게 쓰였다.
해석 새롭고 변화된 비즈니스 모델이 등장하고 있다: 앱을 통해 자동차가 공유되고, 온라인으로 언어를 배우며, 음악이 스트리밍 되고 있다.

02 O 사물이 주어 자리에 나오는 경우 수동태 'be p.p.' 구조로 잘 쓰인다. 수동태 구조에서 p.p. 자리에 위치하는 동사가 타동사이고 뒤에 목적어가 없는지도 확인한다. 따라서 밑줄 친 부분인 are expected와 전치사를 수반한 turn in(제출하다)도 be turned in으로 수동태로 올바르게 쓰였다.
해석 모든 과제는 제시간에 제출될 것으로 예상된다.

03 O feed는 타동사로도 쓰일 수 있는데 뒤에 목적어가 없으므로 수동태 구조(be p.p.)가 올바르게 쓰였다. 또한 its도 앞에 나온 단수 명사(a horse)를 받고 있으므로 올바르게 쓰였다.
해석 말은 개별적인 욕구와 하는 일의 성질에 따라 먹이가 주어져야 한다.

04 X 목적격 관계대명사절의 수식을 받는 주어(Toys)가 복수이고 '버리는 행위'를 받는 입장이므로 수동태로 표현해야 한다. 따라서 has recently discarded 대신 have recently been discarded로 써야 올바르다.
해석 아이들이 일 년 내내 원했던 장난감들이 최근 버려졌다.

05 O bear는 타동사로 '(아이를) 낳다'라는 뜻으로 쓰이고 뒤에 목적어가 없을 때 'be born'의 형태로 '태어나다'라는 의미로 쓰인다. 따라서 밑줄 친 부분인 was born은 올바르게 쓰였다.
해석 나는 대만에서 태어났지만, 일을 시작한 이후로 한국에 살았다.

06 O realize는 타동사로 뒤에 목적어가 없고 문맥상 '실현되는 것'의 수동의 의미로 수동태(be p.p.) 구조로 쓴다. 따라서 밑줄 친 부분은 올바르게 쓰였다.
해석 도시 농업(UA)은 오랫동안 도시에서 자리가 없는 변두리 활동이라고 일축되어 왔으나, 그 잠재력이 점차 실현되고 있다.

07 O '사물 주어+be p.p.'의 구조로 뒤에 목적어가 없으므로 올바르게 쓰였다.
해석 나의 집은 5년마다 페인트칠 된다.

08 O 'was created'는 수동태 구조로 타동사 create 뒤에 목적어가 없고 주어인 The world's first digital camera가 '창조되었다'라는 수동의 의미를 나타내고 있으므로 밑줄 친 부분은 올바르게 쓰였다.
해석 세계 최초의 디지털 카메라는 1975년에 Eastman Kodak의 Steve Sasson에 의해 만들어졌다.

09 X injure는 타동사인데 뒤에 목적어가 없으므로 수동태 구조(be p.p.)로 써야 한다. 따라서 injurig 대신 injured로 써야 올바르다.
해석 수백만 명의 보행자가 치명적이지 않은 부상을 입었고, 일부는 영구적 장애를 가지기도 한다.

10 X 수여동사를 제외하고 수동태(be p.p.) 뒤에 목적어는 올 수 없다. 동사 protect 뒤에 목적어 Egypt가 있는 것을 보아 능동의 의미로 볼 수 있다. 따라서 has been protected 대신 능동의 현재완료 has protected로 써야 올바르다.
해석 Aswan High Dam은 이집트를 이웃 국가들의 기근으로부터 보호해 왔다.

11 O 문장의 주어 자리에 쓰인 investigation과 suspicion이 행동하는 것이 아닌 동작을 당하는 대상이고, handle과 arouse는 타동사인데 뒤에 목적어가 없으므로 수동의 의미를 전달하는 수동태 구조인 be handled와 be aroused 또한 올바르게 쓰였다.
해석 조사는 의심을 불러일으키지 않도록 극도로 주의를 기울여야 했다.

12 Another way to speed up the process would be made the shift to a new system. O X

13 A week's holiday has been promised to all the office workers. O X

14 His army was outnumbered almost two to one. O X

15 The package, having been wrong addressed, reached him late and damaged. O X

16 Many a careless walker was killed in the street. O X

17 This phenomenon has described so often as to need no further clichés on the subject. O X

18 She objects to asking out by people at work. O X

19 I will be finished it if you come home. O X

20 When accidents occur, most serious injuries and deaths are caused by people being thrown from their seats. O X

21 In Korea, a presidential election held every five years. O X

적중포인트 046 수동태 불가 동사

01 The picture was looked at carefully by the art critic. O X

02 By some estimates, deforestation has been resulted in the loss of as much as eighty percent of the natural forests of the world. O X

03 The whole family is suffered from the flu. O X

12 X make가 3형식 타동사로 쓰이고 목적어를 취할 때 수동태가 아닌 능동태로 써야 한다. 따라서 뒤에 목적어가 있으므로 be made 대신 be to make로 써야 올바르다.
해석 공정을 가속화하는 또 다른 방법은 새로운 시스템으로 전환하는 것이다.

13 O promise는 타동사로 뒤에 목적어가 없으면 수동태(be p.p.) 구조로 쓴다. 따라서 밑줄 친 부분은 올바르게 쓰였다.
해석 모든 직장인들에게 일주일의 휴가가 약속되었다.

14 O outnumber는 완전 타동사로 수동태 형태인 'be outnumbered'로 쓰여 '~보다 열세이다'의 뜻으로 쓰인다. 따라서 밑줄 친 부분은 올바르게 쓰였다.
해석 그의 군대는 거의 2대 1로 수적 열세였다.

15 X 타동사 damage 뒤에 목적어가 없고 주어 package가 손상된 것이므로 능동태 damaged 대신 수동태 was damaged로 써야 올바르다.
해석 잘못된 주소가 붙어있어서 소포가 늦게 도착하고 손상되었다.

16 O 'many a 단수 명사'는 단수 동사와 수 일치가 올바르게 쓰였고, kill은 타동사로 뒤에 목적어가 없으므로 수동태(be p.p.) 또한 올바르게 쓰였다.
해석 많은 부주의한 보행자들이 길에서 사망했다.

17 X describe는 3형식 타동사이고 뒤에 목적어가 없으므로 수동태(be p.p.)로 써야 한다. 따라서 has described 대신 has been described로 써야 올바르다.
해석 이 현상은 그 주제와 관련해서 부연 설명을 더 하지 않아도 될 정도로 자주 묘사되었다.

18 X ask out 뒤에 목적어가 없으므로 수동형 동명사로 써야 한다. 따라서 asking out 대신 being asked out으로 써야 올바르다.
해석 그녀는 직장 동료들에게 데이트 신청을 받는 것을 반대한다.

19 X 수동태 구조(be p.p.)는 뒤에 목적어가 없어야 한다. 목적어 it이 있는 것으로 보아 수동태 구조로는 올 수 없다. 문맥상 미래완료의 의미이므로 will be finished 대신 will have finished로 써야 올바르다.
해석 네가 집에 오면 나는 그것을 이미 끝냈을 것이다.

20 O cause는 타동사로 사람들에 의해 야기되어지는 것의 수동의 의미로 수동태(be p.p.) 구조로 올바르게 쓰였다.
해석 사고가 발생할 때, 대부분의 부상과 사망은 안전벨트를 하지 않은 사람들에 의해 발생한다.

21 X 사물이 주어로 나오는 경우 수동태 구조(be p.p.)로 잘 쓰인다. 따라서 held 대신 is held로 써야 올바르다.
해석 한국에서는 대통령 선거가 5년에 한 번씩 치러진다.

적중 포인트 046 수동태 불가 동사

01 O look은 자동사로 수동태 구조가 불가능하지만 look at은 '자동사+전치사' 구조로, 수동태 구조가 가능하다. 그림(The picture)이 미술 평론가(the art critic)에 의해 '보이는 것'이므로 수동태 was looked at은 올바르게 쓰였다.
해석 그 그림은 미술 평론가에 의해 주의 깊게 관찰되었다.

02 X result in은 수동태 구조(be p.p.)로 쓰지 않는다. 따라서 has been resulted in 대신 has resulted in으로 써야 올바르다.
해석 어떤 추정에 따르면, 산림 벌채로 인해 세계의 자연 산림의 80%까지 손실되었다고 한다.

03 X suffer from은 '자동사+전치사'의 형태로 수동태(be p.p) 형태로는 쓸 수 없다. 따라서 수동 형태 is suffered from 대신 능동 형태 suffered form으로 써야 올바르다.
해석 가족 모두가 독감으로 고통받고 있다.

적중 포인트 047 다양한 3형식 동사의 수동태 구조

01 While advances in transplant technology have made it possible to extend the life of individuals with end-stage organ disease, it is argued that the biomedical view of organ transplantation as a bounded event, which ends once a heart or kidney is successfully replaced, conceals the complex and dynamic process that more accurately represents the experience of receiving an organ. O X

02 The arrangements were agreed on at the meeting last year. O X

적중 포인트 048 4형식 수여동사의 수동태 구조

01 Hence, people should be allowed free access to such facilities. O X

적중 포인트 049 5형식 동사의 수동태 구조

01 Valuable vacant land rarely sits idle and is often taken over — either formally, or informally — and made productive. O X

02 Word processors were considered to be the ultimate tool for a typist in the past. O X

03 According to this definition, the Iliad and the Odyssey, the Koran, and the Old and New Testaments can all refer to as myths. O X

04 They were not allowed to return to their homeland until 1957, when Khrushchev restored an autonomous status for Chechnya. O X

적중 포인트 050 전치사에 유의해야 할 수동태

01 She has known primarily as a political cartoonist throughout her career. O X

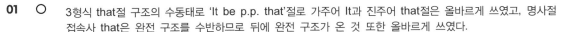

적중 포인트 047 다양한 3형식 동사의 수동태 구조

01 ○ 3형식 that절 구조의 수동태로 'It be p.p. that'절로 가주어 It과 진주어 that절은 올바르게 쓰였고, 명사절 접속사 that은 완전 구조를 수반하므로 뒤에 완전 구조가 온 것 또한 올바르게 쓰였다.
해석 이식 기술의 발전으로 장기 질환 말기인 환자들의 수명을 연장하는 것을 가능하게 했지만, 장기이식을 심장이나 신장이 성공적으로 교체되면 끝나는 제한적인 사건으로 보는 생물 의학적 관점이 장기를 이식받는 경험을 더 정확하게 나타내주는 복잡하고 역동적인 과정을 숨긴다는 주장이 제기되고 있다.

02 ○ 다음 문장은 'agree on+목적어'가 수동태 형태인 'be agreed on+목적어 없음' 구조로 올바르게 쓰였다.
해석 그 협정들은 작년 회의에서 합의된 것이다.

적중 포인트 048 4형식 수여동사의 수동태 구조

01 ○ 4형식 수여동사가 쓰인 수동태 be p.p. 구조 뒤에는 직접목적어가 남아 있다. 따라서 밑줄 친 부분은 올바르게 쓰였다.
해석 따라서 사람들은 무료로 그러한 시설들을 이용할 수 있어야 한다.

적중 포인트 049 5형식 동사의 수동태 구조

01 ○ make는 5형식으로 'make+목적어+명사/형용사'의 형태로 쓸 수 있다. 수동태로 전환된 후에도 목적격 보어는 그대로 남아있다. 따라서 밑줄 친 부분은 올바르게 쓰였다.
해석 가치 있는 빈 땅은 거의 방치되지 않으며, 종종 공식적이든 비공식적이든 점유되어 생산적으로 활용되고 있다.

02 ○ consider은 '여기다, 간주하다'의 뜻을 가진 5형식 타동사로, 'consider+목적어+(as/to be) 명사/형용사' 구조를 취한다. 밑줄 친 부분은 수동태 형태인 'be considered+(to be)+명사' 구조로 올바르게 쓰였다.
해석 과거에는 워드 프로세서가 타자 작업자에게 최고의 도구로 여겨졌다.

03 × 'refer to A as B'는 'A를 B로 언급[지칭]하다'의 뜻으로 쓰인다. the Old and New Testaments는 언급되는 것이고, refer to 뒤에 목적어가 없으므로 수동태 구조(be p.p.)로 써야 한다. 따라서 refer to as 대신 be referred to as로 써야 올바르다.
해석 이 정의에 따르면, 일리아드와 오디세이, 코란, 그리고 구약과 신약 성경은 모두 신화로 볼 수 있다.

04 ○ 5형식 동사의 수동태 구조는 be p.p. 뒤에는 목적격 보어가 올바른 형태로 남아 있는지 확인한다. 'allow+목적어+to부정사'의 능동태 구조가 수동태로는 'be allowed to부정사'로 쓰인다. 따라서 밑줄 친 부분은 올바르게 쓰였다.
해석 그들은 1957년까지 고향으로 돌아가는 것이 허용되지 않았으며, 그때서야 Khrushchev가 체첸에 자치 지위를 회복해 주었다.

적중 포인트 050 전치사에 유의해야 할 수동태

01 × know는 '~으로 알려지다'라는 뜻으로 쓰일 경우에는 'be known as'의 수동태 형태로 써야 한다. 따라서 has known 대신 has been known으로 써야 올바르다.
해석 그녀는 자신의 경력 동안 쭉 주로 정치 만화가로 알려져 왔다.

출제 순위 10 동명사

기출 예문 OX 문제

적중 포인트 051 동명사의 명사 역할

01 In fact, UA is about food self-reliance: it involves creating work and is a reaction to food insecurity, particularly for the poor. O X

02 I regret to tell you that I lost your key. O X

03 The paper charged her with use the company's money for her own purposes. O X

04 Making eye contact with the person you are speaking to is important in western countries. O X

05 My aunt didn't remember meeting her at the party. O X

06 She suggested going out for dinner after the meeting. O X

적중 포인트 052 동명사의 동사적 성질

01 The company prohibited him from promoting to vice-president. O X

02 Last night, she nearly escaped from running over by a car. O X

03 She regrets not having worked harder in her youth. O X

출제 순위 10 동명사

기출 예문 O× 정답 및 해설

적중 포인트 051 동명사의 명사 역할

01 O involve는 동명사를 목적어로 취하는 특정 타동사이다. 따라서 밑줄 친 부분인 creating은 올바르게 쓰였다.
해석 사실, UA는 식량 자립에 관한 것이다. 이것은 일자리 창출을 포함하며, 특히 가난한 이들을 위한 식량 불안정에 대한 대응이다.

02 × '~을 후회하다'의 뜻을 가진 구문으로는 'regret -ing'의 표현이 있다. 따라서 to tell 대신 telling으로 써야 올바르다.
해석 나는 네 열쇠를 잃어버렸다고 네게 말한 것을 후회한다.

03 × 전치사 with 뒤에는 명사 또는 동명사를 써야 하므로 use 대신 using으로 써야 올바르다.
해석 그 신문은 자신의 목적을 위해 회사의 돈을 사용한 행위로 그녀를 비난했다.

04 O 동명사가 주어로 쓰일 때는 단수 취급한다. 따라서 밑줄 친 부분인 is는 올바르게 쓰였다.
해석 네가 말하고 있는 사람과 시선을 마주치는 것은 서양 국가에서 중요하다.

05 O remember은 to부정사와 동명사 모두 목적어를 취할 수 있지만 동명사를 쓸 경우에는 '(이미) ~했던 것을 기억하다'의 뜻으로 쓰이므로 밑줄 친 부분은 올바르게 쓰였다.
해석 나의 이모는 파티에서 그녀를 만난 것을 기억하지 못했다.

06 O suggest는 동명사만을 목적어로 취하는 3형식 타동사이다. 따라서 going은 올바르게 쓰였다.
해석 그녀는 회의 후 저녁에 외식하자고 제안했다.

적중 포인트 052 동명사의 동사적 성질

01 × 'A가 ~하는 것을 막다'의 뜻을 가진 구문으로 금지, 방해동사 중 'prohibit A from -ing'가 있다. 그가 부회장으로 '승진하는 것'을 막는 것이므로 수동형 동명사(being p.p.)형태로 써야 한다. 따라서 능동형 동명사 promoting 대신 being promoted로 써야 올바르다.
해석 그 회사는 그가 부회장으로 승진하는 것을 금했다.

02 × run over는 타동사이므로 뒤에 목적어가 없으면 being p.p. 구조로 써야 한다. 따라서 running over 대신 being run over로 써야 올바르다.
해석 지난 밤, 그녀는 거의 자동차에 치일 뻔했다.

03 O 동명사의 완료형은 본동사의 시제보다 동명사가 발생한 시제가 더 이전에 일어났을 경우를 의미한다. 밑줄 친 부분을 포함한 문장에서 본동사는 현재 시제(regrets)이고, 동명사는 과거(in her youth)에 일어났으므로 완료형 동명사는 올바르게 쓰였다.
해석 그녀는 젊었을 때 더 열심히 일하지 않았던 것을 후회한다.

적중 포인트 053 암기해야 할 동명사 표현

01 Yet we have all worked with language learners who understand English structurally but still have difficulty communicating. O X

02 Beyond the cars and traffic jams, she said it took a while to get used to have so many people in one place, all of whom were moving so fast. O X

03 He studied medicine at university but ended up working for an accounting firm. O X

04 I look forward to receive your reply as soon as possible. O X

05 His plan for the smart city was worth considered. O X

06 It is no use trying to persuade the students. O X

07 Upon arrived, he took full advantage of the new environment. O X

08 I am busy preparing for a trip to Europe. O X

09 I have never been to Buffalo, so I am looking forward to go there. O X

10 It's no use worrying about past events over which you have no control. O X

11 I am used to get up early everyday. O X

12 Sleeping has long been tied to improve memory among humans. O X

13 I look forward to doing business with you as soon as possible. O X

적중 포인트 053 암기해야 할 동명사 표현

01 ○ '~하는 데 어려움을 겪다'의 뜻으로 쓰일 때는 'have difficulty[trouble, a hard time] ~ing'의 동명사 관용 구문 표현으로 쓸 수 있다. 따라서 밑줄 친 부분을 올바르게 쓰였다.
해석 그러나 우리는 모두 영어를 구조적으로 이해하지만 여전히 의사소통하는 데 어려움을 겪는다.

02 ✕ '~에 익숙하다'의 뜻으로 쓰일 때는 'get used to (동)명사'의 전치사 to를 포함한 동명사 표현으로 쓸 수 있다. 따라서 have 대신 having으로 써야 올바르다.
해석 자동차와 교통체증을 넘어서, 한 장소에 이렇게 많은 사람들이 모두 빠르게 움직이는 것에 적응하는 데 시간이 걸렸다고 그녀는 말했다.

03 ○ '결국 ~하게 되다'의 뜻을 가진 구문으로 'end up -ing'의 표현이 있다. 따라서 밑줄 친 부분은 올바르게 쓰였다.
해석 그는 대학에서 의학을 공부했으나 결국 회계 회사에서 일하게 되었다.

04 ✕ '~을 기대하다'의 뜻을 가진 구문으로는 'look forward to 명사/동명사'의 표현이 있다. 여기서 to는 전치사로 to receive 대신 to receiving으로 써야 올바르다.
해석 나는 너의 답장을 가능한 한 빨리 받기를 고대한다.

05 ✕ '~할 가치가 있다'의 뜻을 가진 구문으로는 'be worth -ing=be worthy of -ing'의 동명사 관용 표현이 있다. 따라서 considered 대신 considering으로 써야 올바르다.
해석 그의 스마트 도시 계획은 고려할 만했다.

06 ○ '~해도 소용없다'의 의미로 쓰일 경우 'It is no use -ing'로 표현할 수 있다. 따라서 밑줄 친 부분은 올바르게 쓰였다.
해석 학생들을 설득하려고 해 봐야 소용없다.

07 ✕ '~하자마자 ~했다'의 뜻을 가진 구문으로는 'Upon[On] -ing, 주어+과거시제 동사'의 동명사 관용 표현이 있다. 따라서 Upon arrived 대신 Upon arriving으로 써야 올바르다.
해석 도착하자마자, 그는 새로운 환경을 충분히 이용했다.

08 ○ '~하느라 바쁘다'의 의미로 쓰일 경우 'be busy -ing'로 표현할 수 있다. 따라서 밑줄 친 부분은 올바르게 쓰였다.
해석 나는 유럽 여행을 준비하느라 바쁘다.

09 ✕ '~하기를 기대하다'의 뜻을 가진 구문으로 'look forward to -ing'가 있다. 따라서 to go 대신 to going으로 써야 올바르다.
해석 나는 버팔로에 가본 적이 없어서 그곳에 가기를 고대하고 있다.

10 ○ '~해도 소용없다'의 뜻을 가진 구문으로는 'It's no use[good] -ing'의 동명사 관용 표현이 있다. 따라서 밑줄 친 부분은 올바르게 쓰였다.
해석 네가 통제하지 못하는 과거의 일을 걱정해봐야 소용없다.

11 ✕ '~에 익숙하다'의 뜻을 가진 구문으로는 '사람 주어 be used to 명사/동명사'의 표현이 있다. 전치사 to 뒤에는 동명사를 써야 한다. 따라서 to get up 대신 to getting up으로 써야 올바르다.
해석 나는 매일 일찍 일어나는 것에 익숙하다.

12 ✕ tie가 수동태인 'be tied to~'형태로 쓰였다. to는 to부정사가 아닌 전치사이므로 to 뒤에는 동명사가 와야 한다. 따라서 to improve 대신 to improving으로 써야 올바르다.
해석 잠자는 것은 오랫동안 인간들의 기억력 향상과 연관되어 왔다.

13 ○ '~하기를 기대하다'의 뜻을 가진 구문으로 'look forward to -ing'가 있다. 따라서 밑줄 친 부분은 올바르게 쓰였다.
해석 나는 가능한 한 빨리 당신과 거래할 수 있기를 바란다.

14 The company's marketing strategy appeals to the consumers who <u>are accustomed to paying</u> bills by credit cards. O X

15 I looked forward <u>to this visit</u> more than one would think, considering I was flying seven hundred miles to sit alongside a dying man. O X

출제 순위 11 비교

기출 예문 O X 문제

적중 포인트 090 원급 비교 구문

01 These days we do not save <u>as much money as</u> we used to. O X

02 Globally, pedestrians constitute 22% of all road traffic fatalities, and in some countries this proportion is <u>as high as</u> two thirds of all road traffic deaths. O X

03 It turns out that he was not <u>so stingier as</u> he was thought to be. O X

04 Jane is not <u>as young as</u> she looks. O X

05 Few living things are linked together as intimately <u>than</u> bees and flowers. O X

06 Nothing in business is <u>so important as</u> credit. O X

14 O '~하는 데 익숙하다'의 뜻을 가진 구문으로 'be accustomed to -ing'가 있다. 따라서 밑줄 친 부분은 올바르게 쓰였다.
해석 그 회사의 마케팅 전략은 대금을 신용카드로 지불하는 것에 익숙한 소비자들을 겨냥하고 있다.

15 O 'look forward to'에서 to는 전치사이므로 뒤에 명사/동명사를 쓴다. 뒤에 명사(this visit)가 있는 것으로 보아 밑줄 친 부분은 올바르게 쓰였다.
해석 죽어가고 있는 남자 옆에 앉아서 7백 마일을 비행기 타고 간 것을 고려한다면, 나는 사람들이 생각하는 것보다 더 많이 이 방문을 기대했다.

출제 순위 11 비교

기출 예문 O X 정답 및 해설

적중 포인트 090 원급 비교 구문

01 O 'as ~as' 원급 비교 구문으로 사이에 'much + 불가산 명사'가 쓰였다. 따라서 밑줄 친 부분은 올바르게 쓰였다.
해석 요즘 우리는 예전에 했던 것만큼 많은 돈을 모으지 않는다.

02 O 'as 원급 as 비교 구문'으로 형용사/부사의 원급이 들어가야 한다. be동사의 보어 자리이므로 형용사 high는 올바르게 쓰였다.
해석 전 세계적으로, 보행자는 전체 도로 교통 사망사고의 22%를 차지하며, 일부 국가에서는 이 비율이 도로 교통 사망사고의 3분의 2에 달하기도 한다.

03 X 원급 비교 구문인 'as 원급 as' 구문은 부정문에서는 'so 원급 as'로 쓸 수도 있다. 다만, 'so 원급 as' 구문에서 원급을 비교급으로 쓸 수 없다. 따라서 stingier 대신 stingy로 써야 올바르다.
해석 그는 사람들이 생각했던 것만큼 인색하지 않았다는 것이 드러났다.

04 O 'as 형용사/부사 원급 as'의 원급 비교 구문에서 원급 비교 구문 앞의 문장 구조가 보어가 없는 불완전한 구조면 형용사를 쓴다. 따라서 밑줄 친 부분은 올바르게 쓰였다.
해석 Jane은 보기만큼 젊지 않다.

05 X 원급 비교 구문에서 부사 as를 more로 쓰거나 접속사 as를 than으로 쓸 수 없다. 따라서 than 대신 as로 써야 올바르다.
해석 벌과 꽃만큼 친밀하게 연결된 생물은 드물다.

06 O 원급 비교 구문에서 부정문일 때는 부사 as를 so로 쓸 수 있고, 원급 비교 구문 앞의 문장 구조가 보어가 없는 불완전한 구조면 형용사를 쓴다. 따라서 밑줄 친 부분을 올바르게 쓰였다.
해석 사업에서 신용만큼 중요한 것은 없다.

적중 포인트 091 비교급 비교 구문

01 Nothing is more precious <u>as time</u> in our life. O X

02 The budget is about 25% higher than originally <u>expecting</u>. O X

적중 포인트 092 비교 대상 일치

01 Despite the belief that the quality of older houses is superior to <u>those</u> of modern houses, the foundations of most pre-20th-century houses are dramatically shallow compared to today's, and have only stood the test of time due to the flexibility of their timber framework or the lime mortar between bricks and stones. O X

02 The traffic of a big city is busier than <u>those</u> of a small city. O X

03 His experience at the hospital was worse than <u>hers</u>. O X

04 The traffic jams in Seoul are more serious than <u>those</u> in any other city in the world. O X

적중 포인트 093 원급, 비교급, 최상급 강조 부사

01 Jessica is a <u>much</u> careless person who makes little effort to improve her knowledge. O X

02 They are the largest animals ever to evolve on Earth, <u>larger by far</u> than the dinosaurs. O X

적중 포인트 091 비교급 비교 구문

01 ✕ '부정주어(nothing)+비교급 비교' 구문에서 more를 as로 쓰거나 than을 as로 쓰면 안된다. 따라서 as 대신 than으로 써야 올바르다.
해석 우리 인생에서 시간보다 더 소중한 것은 없다.

02 ✕ 비교 표현(비교급 than) 기준으로 비교 대상 일치 여부를 확인하는 문제이다. 처음 기대했던 예산과 지금 25% 더 높은 예산을 서로 비교하는 것으로 than 뒤에 주어 The budget이 생략된 상태로 쓰였다. 주어 The budget이 기대되는 것으로 수동의 의미이므로 과거분사로 써야 한다. 따라서 expecting 대신 expected로 써야 올바르다.
해석 예산은 처음 기대했던 것보다 약 25% 더 높다.

적중 포인트 092 비교 대상 일치

01 ✕ 비교 표현(라틴어 비교급 superior to)인 뒤에 that이나 those가 나오면 앞에 나온 비교 대상의 수에 따라 단수 명사면 that을 쓰고, 복수 명사면 those를 쓴다. 따라서 단수 명사 the quality를 받고 있으므로 those 대신 that으로 써야 올바르다.
해석 오래된 집들의 품질이 현대 집들보다 우수하다는 믿음에도 불구하고, 20세기 이전의 대부분의 집들의 토대는 현대의 토대에 비해 현저하게 얕으며 그것들의 목재 뼈대의 유연성이나 벽돌과 돌 사이의 모르타르 덕분에 세월의 시험을 견뎌왔을 뿐이다.

02 ✕ 비교급 than 뒤에 that이나 those가 나오면 앞에 비교 대상의 명사가 단수인지 복수인지 확인이 반드시 필요하다. 단수면 that, 복수면 those로 받는다. 따라서 비교 대상인 traffic은 단수이므로 복수인 those 대신 단수인 that으로 써야 올바르다.
해석 큰 도시의 교통은 작은 도시의 교통보다 더 바쁘다.

03 ○ worse는 bad의 비교급으로 '비교급 than'의 비교 표현으로 올바르게 쓰였고, 비교 구문에서 비교 대상이 사물과 사물일 때는 소유대명사 hers를 써야 한다. 따라서 밑줄 친 부분은 올바르게 쓰였다.
해석 그 병원에서의 그의 경험은 그녀의 경험보다 더 나빴다.

04 ○ 비교급 than 뒤에 that과 those가 나온다면 앞에 나온 명사와 수 일치가 중요하다. 주어 traffic jams가 복수 형태이므로 those는 올바르게 쓰였다.
해석 서울의 교통 체증은 세계 어느 도시보다 심각하다.

적중 포인트 093 원급, 비교급, 최상급 강조 부사

01 ✕ much는 형용사나 부사의 비교급을 강조하고, very는 형용사나 부사의 원급을 수식하므로 much 대신 very로 써야 올바르다.
해석 Jessica는 자신의 지식을 향상시키려는 노력을 거의 하지 않는 매우 부주의한 사람이다.

02 ○ 최상급 구문인 the largest와 강조 부사인 by far가 비교급 larger를 수식하고 있다. 따라서 밑줄 친 부분은 올바르게 쓰였다.
해석 그들은 지구상에서 진화한 가장 큰 동물인데, 공룡보다 훨씬 크다.

적중 포인트 094 「The 비교급 ~, the 비교급...」 구문

01 The more they attempted to explain their mistakes, <u>the worst</u> their story sounded. O X

02 The more <u>a hotel is expensiver</u>, the better its service is. O X

03 <u>The colder</u> it gets, the brighter the city becomes with colorful lights and decorations. O X

적중 포인트 095 라틴어 비교 구문과 전치사 to

01 I prefer to stay home rather than <u>to going</u> out on a snowy day. O X

02 A small town seems to <u>be preferable than</u> a big city for raising children. O X

적중 포인트 096 배수 비교 구문에서 배수사의 위치

01 I bought a book on my trip, and it was <u>twice as expensive as</u> it was at home. O X

02 My cat is three times <u>as old as his</u>. O X

적중 포인트 097 원급을 이용한 표현

01 She never so much <u>as mentioned it</u>. O X

적중 포인트 094 「The 비교급 ~, the 비교급...」 구문

01 X '~할수록 더 ~하다'라는 뜻의 비교 구문은 'the 비교급 주어+동사~, the 비교급 주어+동사'의 구조로 쓴다. 따라서 최상급 the worst 대신 비교급 the worse로 써야 올바르다.
해석 그들이 실수를 설명하려고 노력할수록, 그들의 이야기는 더욱 나쁘게 들렸다.

02 X the 비교급 표현은 'the 비교급 주어+동사~, the 비교급 주어+동사'의 구조로 쓴다. expensiver는 올바른 비교급의 형태가 아니므로 a hotel is expensiver 대신 expensive a hotel is로 써야 올바르다.
해석 호텔이 더 비싸면 비쌀수록 그 서비스는 더 좋을 것이다.

03 O '~할수록, 더 ~하다'의 뜻을 가진 구문으로는 'the 비교급 주어+동사~, the 비교급 주어+동사'의 관용 표현이 있다. 따라서 The colder는 올바르게 쓰였다.
해석 날씨가 더 추워질수록 도시는 다채로운 조명과 장식으로 더욱 밝아진다.

적중 포인트 095 라틴어 비교 구문과 전치사 to

01 X '~보다 ~를 더 좋아하다'의 뜻을 가진 구문으로는 'prefer to부정사 ~ rather than to부정사'의 비교 표현이 있다. 따라서 to going 대신 to go로 써야 올바르다.
해석 나는 눈 오는 날 밖에 나가는 것보다 집에 있는 것을 더 좋아한다.

02 X 'be preferable to'의 구조로 써야 하므로 to를 than으로 쓰면 안된다. 따라서 than 대신 to로 써야 올바르다.
해석 아이들을 키우기에는 대도시보다 작은 도시가 더 선호되는 것 같다.

적중 포인트 096 배수 비교 구문에서 배수사의 위치

01 O 배수 비교 구문으로 '배수사+as 형용사/부사 as'의 구조로, 배수사는 항상 원급 비교 앞에 위치해야 하고, 2형식 자동사 was의 주격 보어는 형용사로 써야 한다. 따라서 밑줄 친 부분은 올바르게 쓰였다.
해석 여행 중에 책을 샀는데, 그 책이 집에서 사는 것보다 두 배 비쌌다.

02 O '~보다 몇 배 더 …한'의 의미의 배수 비교 구문은 '배수사+as+형용사/부사의 원급+as'로 쓴다. 특히 배수사 다음에 비교 표현이 나와야 하는 어순에 주의가 필요하다. 그리고 비교되는 대상이 'My cat(내 고양이)'과 '그의 고양이'이므로, his cat을 소유대명사로 쓴 his 또한 올바르게 쓰였다.
해석 내 고양이 나이는 그의 고양이 나이의 세 배이다.

적중 포인트 097 원급을 이용한 표현

01 O 'not so much as 동사'의 원급을 활용한 구문으로 '~조차 없다[않다]'의 뜻으로 쓰인다. 이때 동사의 형태인 mention은 대표 3형식 타동사로 전치사 없이 바로 목적어를 취할 수 있다. 따라서 밑줄 친 부분은 올바르게 쓰였다.
해석 그녀는 그것을 언급조차 하지 않았다.

적중 포인트 098 비교급을 이용한 표현

01 They are not interested in reading poetry, <u>still more</u> in writing. (O | X)

02 I know no more than <u>you don't</u> about her mother. (O | X)

03 She didn't like the term Native American <u>any more than</u> my mother did. (O | X)

적중 포인트 100 원급과 비교급을 이용한 최상급 대용 표현

01 She is more beautiful <u>than any other girl</u> in the class. (O | X)

출제 순위 12 조동사

기출 예문 OX 문제

적중 포인트 065 조동사 뒤의 동사원형과 조동사의 부정형

01 You <u>had better take</u> an umbrella in case it rains. (O | X)

02 You'd better <u>to go</u> now or you'll be late. (O | X)

03 I looked forward to this visit more than one <u>would think</u>, considering I was flying seven hundred miles to sit alongside a dying man. (O | X)

04 This handbag is fake. It can't <u>be</u> expensive. (O | X)

적중 포인트 098 비교급을 이용한 표현

01 ✕ 비교급을 이용한 표현으로 긍정문에는 much[still] more을 써야 하고, 부정문에는 much[still] less를 써야 한다. 따라서 해당 문장은 부정문이므로 not을 포함한 still more 대신 still less로 써야 올바르다.
해석 그들은 시를 읽는 것에 흥미를 느끼지 않으며, 더욱이 쓰는 것에는 더 흥미를 느끼지 않는다.

02 ✕ 'C가 D가 아니듯 A도 B가 아니다'의 뜻을 가진 구문으로는 'A is no more B than C is D'의 양자 부정 표현이 있다. 양자 부정에서 than 뒤에는 부정의 의미지만 부정어 not을 쓰지 않는다. 따라서 you don't 대신 you do로 써야 올바르다.
해석 그녀의 어머니에 대해서는 나도 너만큼 아는 것이 없다.

03 ○ '~만큼 ~않다'의 뜻을 가진 구문으로 'not ~any more than'의 양자부정 표현이 있다. 따라서 밑줄 친 부분은 올바르게 쓰였다.
해석 그녀는 나의 엄마가 그랬던 것만큼이나 아메리카 원주민이라는 용어를 좋아하지 않았다.

적중 포인트 100 원급과 비교급을 이용한 최상급 대용 표현

01 ○ '비교급 than any other 단수 명사'는 최상급 구문의 형태로 단수 명사 girl은 올바르게 쓰였다.
해석 그녀는 학급에서 가장 예쁜 소녀이다.

출제 순위 12 조동사

기출 예문 OX 정답 및 해설

적중 포인트 065 조동사 뒤의 동사원형과 조동사의 부정형

01 ○ had better은 '~하는 편이 낫다'의 의미의 구조동사로 뒤에 to부정사 대신 동사원형이 와야 한다. 따라서 밑줄 친 부분인 take는 올바르게 쓰였다.
해석 너는 비가 올 경우에 대비하여 우산을 갖고 가는 게 낫겠다.

02 ✕ had better 뒤에는 동사원형을 써야 한다. 따라서 to go 대신 go로 써야 올바르다.
해석 너는 지금 가는 편이 좋겠어, 그렇지 않으면 늦을 거야.

03 ○ would는 추측의 의미로 쓰인 화법 조동사로 뒤에는 동사원형이 나온다. 따라서 밑줄 친 부분은 올바르게 쓰였다.
해석 죽어가고 있는 남자 옆에 앉아서 7백 마일을 비행기 타고 간 것을 고려한다면, 나는 사람들이 생각하는 것보다 더 많이 이 방문을 기대했다.

04 ○ '~할 리가 없다'의 뜻을 가진 구문으로 'cannot 동사원형'의 표현은 올바르게 쓰였다.
해석 이 가방은 가짜다. 비쌀 리가 없어.

적중 포인트 066 조동사 should의 3가지 용법과 생략 구조

01 The broker recommended that <u>she buys</u> the stocks immediately. O X

02 The committee commanded that construction of the building <u>cease</u>. O X

03 The minister insisted that a bridge <u>be constructed</u> over the river to solve the traffic problem. O X

04 The police demanded that she <u>not leave</u> the country for the time being. O X

05 Even before Mr. Kay announced his movement to another company, the manager insisted that we <u>begin</u> advertising for a new accountant. O X

적중 포인트 067 주의해야 할 조동사와 조동사 관용 표현

01 I <u>should have gone</u> this morning, but I was feeling a bit ill. O X

02 Children cannot be <u>too careful</u> when crossing the street. O X

03 Thomas should have <u>apologized</u>. O X

04 I ought to <u>have formed</u> a habit of reading in my boyhood. O X

05 Parents cannot be <u>too careful</u> about their words and actions before their children. O X

06 I'd rather relax at home than <u>going</u> to the movies tonight. O X

07 He would much rather make a compromise <u>than fight</u> with his fists. O X

적중 포인트 066 조동사 should의 3가지 용법과 생략 구조

01 X 주장 · 요구 · 명령 · 제안 · 충고(recommend)동사 뒤에 that절의 동사는 '(should) 동사원형'으로 쓴다. 따라서 buys를 buy로 써야 올바르다.
해석 중개인은 그녀에게 즉시 주식을 사라고 권했다.

02 O 명령(command)동사의 that절의 동사는 '(should) 동사원형'으로 쓴다. cease는 자동사와 타동사로 둘 다 쓸 수 있는데 '중단되다'의 뜻으로 쓰일 때는 자동사이다. 따라서 cease는 올바르게 쓰였다.
해석 그 위원회는 그 건물의 건설을 중단하라고 명했다.

03 O 주장동사(insist)의 that절의 동사는 '(should) 동사원형'으로 쓴다. 따라서 should가 생략된 be constructed는 올바르게 쓰였다.
해석 장관은 교통문제를 해결하기 위해 강 위에 다리를 건설해야 한다고 주장했다.

04 O 요구(demand)동사의 that절의 동사는 '(should) 동사원형'으로 쓴다. 부정어 not은 동사원형 앞에 써야 하므로 밑줄 친 부분은 올바르게 쓰였다.
해석 경찰은 그녀가 일시적으로 나라를 떠나지 않도록 요청했다.

05 O 주장(insist)동사의 that절의 동사는 '(should) 동사원형'으로 쓴다. 따라서 밑줄 친 부분은 올바르게 쓰였다.
해석 Mr. Kay가 다른 회사로 이직할 것임을 발표하기도 전에, 매니저는 우리가 새로운 회계사를 뽑기 위한 광고를 해야 한다고 주장했다.

적중 포인트 067 주의해야 할 조동사와 조동사 관용 표현

01 O 'should have p.p.'는 '~했어야 했다'라는 의미로, but 다음에 가지 못한 이유를 보여주고 있으므로 밑줄 친 부분은 올바르게 쓰였다.
해석 나는 오늘 아침에 갔어야 했는데, 몸이 좀 안 좋았다.

02 O '아무리 ~해도 지나치지 않다'의 뜻을 가진 구문으로는 'cannot ~too 형용사/부사'의 조동사 관용 표현이 있다. 따라서 밑줄 친 부분은 올바르게 쓰였다.
해석 아이들은 길을 건널 때 아무리 조심해도 지나치지 않다.

03 O '~했어야 했다'라는 뜻을 가진 구문으로 'should have p.p.' 또는 'ought to have p.p.'의 표현이 있다. 따라서 밑줄 친 부분은 올바르게 쓰였다.
해석 토마스는 더 일찍 사과했어야 했다.

04 O '~했어야 했다'라는 뜻을 가진 구문으로 'should have p.p.' 또는 'ought to have p.p.'의 표현이 있다. 따라서 밑줄 친 부분은 올바르게 쓰였다.
해석 나는 소년 시절에 독서하는 버릇을 길러 놓았어야만 했다.

05 O '아무리 ~해도 지나치지 않다'의 뜻을 가진 구문으로는 'cannot ~too 형용사/부사'의 조동사 관용 표현이 있다. 따라서 밑줄 친 부분은 올바르게 쓰였다.
해석 부모는 아이들 앞에서 그들의 말과 행동에 대해 아무리 신중해도 지나치지 않다.

06 X 'B하는 것보다 A하는 게 낫다'의 뜻을 가진 구문으로는 'would rather A than B'의 표현이 있다. A, B는 주로 동사원형으로 쓴다. 따라서 going 대신 go로 써야 올바르다.
해석 오늘 밤 나는 영화를 보러 가기보다는 집에서 쉬고 싶다.

07 O 'B하는 것보다 A하는 게 낫다'의 뜻을 가진 구문으로는 'would rather A than B'의 표현이 있다. A, B는 주로 동사원형으로 쓴다. 따라서 make와 fight는 동사원형으로 올바르게 쓰였다.
해석 그는 주먹다짐을 하는 것보다 타협하는 것이 낫다고 생각한다.

출제 순위 13 도치 구문과 강조 구문

기출 예문 O X 문제

적중 포인트 068 부정부사와 도치 구문

01 Under no circumstances you should not leave here. O X

02 What surprised us most was the fact that he said that he had hardly never arrived at work late. O X

적중 포인트 069 다양한 도치 구문

01 Cindy loved playing the piano, and so did her son. O X

02 Wooden spoons are excellent toys for children, and so are plastic bottles. O X

03 They didn't believe his story, and neither did I. O X

04 Only after the meeting did he recognize the seriousness of the financial crisis. O X

05 Included in this series is "The Enchanted Horse," among other famous children's stories. O X

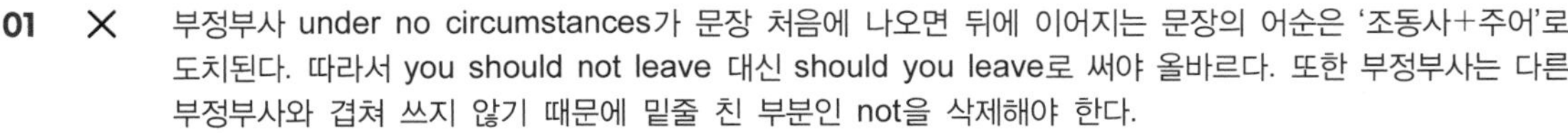

출제 순위 13 도치 구문과 강조 구문

기출 예문 O X 정답 및 해설

적중 포인트 068 부정부사와 도치 구문

01 ✕ 부정부사 under no circumstances가 문장 처음에 나오면 뒤에 이어지는 문장의 어순은 '조동사+주어'로 도치된다. 따라서 you should not leave 대신 should you leave로 써야 올바르다. 또한 부정부사는 다른 부정부사와 겹쳐 쓰지 않기 때문에 밑줄 친 부분인 not을 삭제해야 한다.
해석 어떤 상황에서도 너는 이곳을 떠나면 안 된다.

02 ✕ hardly와 never는 부정부사로 중복해서 쓸 수 없고 단독으로 써야 한다. 문맥상 'never(결코 ~않다)'가 더 자연스러우므로 hardly never arrived 대신 hardly를 삭제한 never arrived로 써야 올바르다.
해석 우리를 가장 놀라게 한 것은 그가 직장에 결코 지각하지 않았다고 말했다는 사실이다.

적중 포인트 069 다양한 도치 구문

01 ○ so를 포함한 도치 구문으로 '주어+동사(긍정)~, and so+조동사+주어'의 표현이 있다. 조동사는 앞에 나온 동사의 종류와 시제에 따라 결정되고 뒤에 나온 주어와 수 일치해야 한다. 따라서 앞 동사 loved와 뒤의 주어 her son에 맞춰 did로 올바르게 쓰였다.
해석 Cindy는 피아노 치는 것을 매우 좋아했고 그녀의 아들도 그랬다.

02 ○ 앞 문장이 긍정문일 경우에는 앞 문장에 대한 긍정 동의는 'and so 조동사+주어'를 사용한다. so는 부사이므로 절과 절을 이어주는 and가 반드시 필요하다. 앞이 be 동사면 so 뒤에도 be 동사를 사용해야 하므로 밑줄 친 부분은 올바르게 쓰였다.
해석 나무 숟가락은 아이들에게 매우 좋은 장난감이고 플라스틱 병 또한 그렇다.

03 ○ neither를 포함한 도치 구문으로 '주어+동사(부정)~, and neither+조동사+주어'의 표현이 있다. 조동사는 앞에 나온 동사의 종류와 시제에 따라 결정되고 뒤에 나온 주어와 수 일치해야 한다. 따라서 앞 동사 believe와 뒤에 주어 I에 맞춰 did로 올바르게 쓰였다.
해석 그들은 그의 이야기를 믿지 않았고, 나도 마찬가지였다.

04 ○ Only 부사(부사구, 부사절)를 포함한 도치구문으로 'only+전치사+명사' 뒤에 '조동사+주어+동사원형'의 형태로 쓸 수 있다. 따라서 did he recognize는 올바르게 쓰였다.
해석 그 회의 후에야 그는 금융 위기의 심각성을 알아차렸다.

05 ○ 주격 보어 Included가 문장 처음에 위치하면 '주격 보어+be동사+주어'의 어순이 된다. 주어는 'The Enchanted Horse'는 작품 이름으로 단수 취급을 한다. 따라서 단수 동사 is는 올바르게 쓰였다.
해석 "마법의 말"은 다른 유명한 동화들 중 이 시리즈에 포함되어 있다.

적중 포인트 070 양보 도치 구문과 장소 방향 도치 구문

01 Rich as if you may be, you can't buy sincere friends.

02 Among her most prized possessions sold during the evening sale were a 1961 bejeweled timepiece by Bulgari.

03 As difficult a task as it was, Linda did her best to complete it.

04 Poor as she is, she is honest and diligent.

출제 순위 14 가정법

기출 예문 OX 문제

적중 포인트 072 가정법 미래 공식

01 What if we should fail?

적중 포인트 073 가정법 과거 공식

01 Sarah would be offended if I didn't go to her party.

적중 포인트 070 양보 도치 구문과 장소 방향 도치 구문

01 ✕ as if는 가정법 구문에서 쓰이는 접속사로 쓰이고 형용사 주격 보어를 문장 처음으로 두는 도치 구조를 만들 때는 사용되지 않는다. 따라서 as 양보 도치구문으로 써야 하므로 as if 대신 as로 써야 올바르다.
해석 당신이 부자일지라도 당신은 진실한 친구들을 살 수는 없다.

02 ✕ Among her most prized possessions라는 장소 부사가 나오고 'be동사+주어'가 도치되어 있으므로 be동사와 주어 수 일치를 확인한다. a 1961 bejeweled timepiece가 단수 주어이므로 복수 동사 were 대신 단수 동사 was로 써야 올바르다.
해석 저녁 경매 중 판매된 그녀의 가장 소중한 소유물 중 하나는 Bulgari가 1961년에 보석으로 만든 시계였다.

03 ○ as 양도 도치 구문은 '비록 ~라도'라는 양보의 의미로 쓰인다. as 양보 부사절에는 'As 형용사 a 명사+as 주어+2형식 동사'의 형태로 쓸 수 있다. 따라서 밑줄 친 부분은 올바르게 쓰였다.
해석 비록 그 일이 어려운 것이었지만, Linda는 그것을 끝내기 위해 최선을 다했다.

04 ○ 'as 양보 부사절'로 부사절에는 '형용사+as 주어+2형식 동사'로 쓰고, 주절에는 '주어+동사'의 어순으로 써야 한다. 따라서 밑줄 친 부분은 올바르게 쓰였다.
해석 비록 가난하지만 그녀는 정직하고 부지런하다.

출제 순위 14 가정법

기출 예문 ⓞⓧ 정답 및 해설

적중 포인트 072 가정법 미래 공식

01 ○ 'what if 주어+should 동사원형'은 가정법 미래 형태로 '만일 ~하면 어떻게 하지'의 뜻으로 쓰인다. 따라서 밑줄 친 부분은 올바르게 쓰였다.
해석 우리 실패하면 어떻게 하지?

적중 포인트 073 가정법 과거 공식

01 ○ 'if +주어+과거 동사'가 나오면 가정법 과거를 의미하고 주절에 '주어+would/should/could/might 동사원형'이 올바르게 쓰였는지 확인해야 한다. 따라서 주절에 동사원형 be는 올바르게 쓰였다. offend는 타동사로 뒤에 목적어가 없고 수동의 의미이므로 수동태(be p.p.)형태 또한 올바르게 쓰였다.
해석 내가 파티에 가지 않으면 Sarah는 화낼 텐데.

적중 포인트 074 가정법 과거완료 공식

01 If he had taken more money out of the bank, he <u>could have bought</u> the shoes. O X

02 About 40 percent of those killed in by gone accidents <u>would be saved</u> if wearing safety belts. O X

적중 포인트 075 혼합 가정법 공식

01 If I <u>had asked</u> for a vacation last month, I would be in Hawaii now. O X

02 If she had taken the medicine last night, she <u>would have been</u> better today. O X

적중 포인트 076 if 생략 후 도치된 가정법

01 <u>Had they followed</u> my order, they would not have been punished. O X

02 Had I realized what you were intending to do, I <u>would have stopped</u> you. O X

적중 포인트 074 가정법 과거완료 공식

01 ○ 'if+주어+had p.p.'가 나오면 가정법 과거 완료를 의미하고 '주어+would/should/could/might have p.p.'가 올바르게 쓰였는지 확인해야 한다. 따라서 밑줄 친 부분은 가정법 과거완료 공식으로 올바르게 쓰였다.
해석 만약 그가 은행에서 더 많은 돈을 찾았더라면, 그는 신발을 살 수 있었을 텐데.

02 ✕ 문맥상 과거 사실에 대한 반대를 가정하는 것으로 가정법 과거완료로 써야 한다. 가정법 과거완료는 'If 주어 had p.p.~, 주어+would/should/could/might have p.p.'로 would be saved 대신 would have been saved로 써야 올바르다.
해석 지난 사고에서 사망한 사람들 중 약 40%가 안전벨트를 착용했었다면, 살았었을 것이다.

적중 포인트 075 혼합 가정법 공식

01 ○ if절에 과거 시간 부사와 주절에 현재 시간 부사가 쓰였다면 혼합 가정법 공식을 확인해야 한다. 혼합 가정법은 'If 주어 had p.p. 과거 시간 부사, 주어+would/should/could/might 동사원형 now'의 공식으로 쓴다. 따라서 밑줄 친 부분은 올바르게 쓰였다.
해석 지난달 내가 휴가를 요청했더라면 지금 하와이에 있을 텐데.

02 ✕ if절에 과거 시간 부사와 주절에 현재 시간 부사가 쓰였다면 혼합가정법 공식을 확인해야 한다. 혼합 가정법은 'if 주어 had p.p. 과거 시간 부사, 주어+would/should/could/might 동사원형 now(today)'의 공식으로 쓴다. 문장의 last night과 today에 근거하여 혼합 가정법의 형태로 써야 하므로, would have been 대신 would be로 써야 올바르다.
해석 만약 그녀가 어젯밤 약을 먹었더라면, 오늘 더 좋아졌을 텐데.

적중 포인트 076 if 생략 후 도치된 가정법

01 ○ 'Had+주어'로 시작한다면 if가 생략된 가정법이므로 가정법 공식을 확인해야 한다. 'Had+주어+p.p.~, 주어+would/should/could/might have p.p.'의 가정법 과거 완료 공식으로 밑줄 친 부분은 올바르게 쓰였다.
해석 그들이 내 지시를 따랐더라면, 그들은 처벌받지 않았을 것이다.

02 ○ 'Had+주어'로 시작한다면 if가 생략된 가정법 과거완료이다. 가정법 과거완료는 'Had+주어+과거분사, 주어+would/should/could/might+have p.p.'의 공식으로 쓴다. 따라서 밑줄 친 부분은 올바르게 쓰였다.
해석 네가 뭘 하려는지 알았더라면, 내가 너를 말렸을 텐데.

적중 포인트 077 기타 가정법

01 Were it not for water, all living creatures on earth would be extinct. O X

02 He speaks English fluently as if he were an American. O X

03 If it had not been for Newton, the law of gravitation would not be discovered. O X

04 I wish we had purchased the apartment last year. O X

출제 순위 15 전치사

기출 예문 O X 문제

적중 포인트 088 전치사와 명사 목적어

01 We have to finish the work until the end of this month. O X

02 Apart from its cost, the plan was a good one. O X

03 The speaker was not good at getting his ideas across to the audience. O X

04 We drove on to the hotel, from whose balcony we could look down at the town. O X

05 Owing to the heavy rain, the river has risen by 120cm. O X

06 I walked out of the front door without looking back. O X

적중 포인트 077 기타 가정법

01 O '명사가 없다면 ~할 것이다'의 뜻을 가진 구문으로는 'Were it not for 명사+주어 would/shoud/could/might 동사원형'의 가정법 과거 표현이 있다. 따라서 밑줄 친 부분은 올바르게 쓰였다.
해석 물이 없었다면 지구상의 모든 생물은 멸종했을 것이다.

02 O as if 가정법으로 주절의 동사와 같은 시제의 반대로 가정할 때는 '주어+동사(현재, 과거)+as if+주어+과거시제 동사'의 구조로 쓸 수 있다. 따라서 과거 동사 were는 올바르게 쓰였다.
해석 그는 마치 자신이 미국 사람인 것처럼 유창하게 영어로 말한다.

03 X '명사가 없었다면, ~했을 것이다'의 뜻을 가진 구문으로는 'if it had not been for 명사+주어+would/should/could/might have p.p.'의 가정법 과거완료 표현이 있다. 따라서 be discovered 대신 have been discovered로 써야 올바르다.
해석 뉴턴이 없었다면 중력법칙은 발견되지 않았을 것이다.

04 O I wish 가정법으로 '~했더라면 좋았을 텐데'의 과거에 이루지 못한 소망을 표현할 때는 'I wish+주어+과거완료'로 쓸 수 있다. 따라서 밑줄 친 부분은 올바르게 쓰였다.
해석 우리가 작년에 그 아파트를 구입했었더라면 얼마나 좋을까.

출제 순위 15 전치사

기출 예문 OX 정답 및 해설

적중 포인트 088 전치사와 명사 목적어

01 X until은 상태의 지속, by는 동작의 완료를 나타내는 동사들과 함께 사용된다. finish는 동작의 완료를 나타내는 동사이므로, until 대신 by로 써야 올바르다.
해석 우리는 그 일을 이번 달 말까지 끝내야 한다.

02 O 전치사 뒤에 명사나 동명사를 목적어로 취할 수 있다. 따라서 밑줄 친 부분인 명사 its cost는 올바르게 쓰였다.
해석 비용은 차치하고 그 계획은 훌륭한 것이었다.

03 O 동사가 전치사의 목적어 역할을 하기 위해서는 동명사로 써야 한다. 따라서 at 뒤에 동명사 getting은 올바르게 쓰였다.
해석 그 연사는 자기 생각을 청중에게 전달하는 데 능숙하지 않았다.

04 O 관계대명사 whose는 뒤에 완전 구조를 취한다. whose는 뒤에 나오는 명사 balcony를 수식해주고 있고 여기서 balcony는 전치사 from의 목적어 역할을 하므로 from whose balcony는 '전치사+명사구'의 형태로 쓰였고, 뒤는 완전 구조로 올바르게 쓰였다.
해석 우리는 호텔로 차를 타고 갔고, 그 호텔의 발코니에서 마을을 내려다볼 수 있었다.

05 O 'owing to'는 이유를 의미하는 전치사로 뒤에 명사나 동명사를 목적어로 취할 수 있다. 따라서 밑줄 친 부분인 명사구 the heavy rain은 올바르게 쓰였다.
해석 폭우로 인해 그 강은 120cm 상승했다.

06 O 전치사 뒤에는 명사 또는 동명사를 쓴다. 따라서 밑줄 친 부분인 looking은 올바르게 쓰였다.
해석 나는 뒤돌아보지 않고 앞문으로 걸어 나갔다.

적중 포인트 089 주의해야 할 전치사

01 My father was in the hospital during six weeks. O X

02 China's imports of Russian oil skyrocketed by 36 percent in 2014. O X

03 I'd lost my front door key, and I had to smash a window by a brick to get in. O X

04 Beside literature, we have to study history and philosophy. O X

출제 순위 16 문장의 이해

기출 예문 O X 문제

적중 포인트 001 문장의 구성요소와 8품사

01 They exchanged New Year's greetings each other on screen. O X

02 Elements of income in a cash forecast will be vary according to the company's circumstances. O X

03 Burning fossil fuels is one of the lead cause of climate change. O X

04 My father would not company us to the place where they were staying, but insisted on me going. O X

05 Each group member can make associations to a similar concern. O X

06 Everything changed afterwards we left home. O X

적중 포인트 089 주의해야 할 전치사

01 X 전치사 during은 뒤에 특정한 기간을 명사로 취할 수 있고, 전치사 for은 뒤에 막연한 기간(숫자+명사)을 명사로 취할 수 있다. 따라서 during 대신 for로 써야 올바르다.
해석 내 아버지는 6주 동안 병원에 있었다.

02 O skyrocket은 증가나 감소를 나타내는 동사 뒤에 전치사 by는 '~만큼'의 차이를 나타낼 때 쓰인다. 따라서 밑줄 친 부분은 올바르게 쓰였다.
해석 2014년에 중국의 러시아산 석유 수입은 36% 급증했다.

03 X '벽돌로 유리창을 깼다'에서 벽돌이라는 도구, 수단을 나타낼 때는 전치사 by 대신 with로 써야 올바르다.
해석 현관 열쇠를 잃어버려서 안으로 들어가기 위해 나는 벽돌로 유리창을 깼다.

04 X 문맥상 '~외에'의 뜻이 자연스러우므로 Beside 대신 Besides로 써야 올바르다.
해석 문학 외에도, 우리는 역사와 철학을 공부해야 한다.

출제 순위 16 문장의 이해

기출 예문 O X 정답 및 해설

적중 포인트 001 문장의 구성요소와 8품사

01 X 해당 문장은 이미 주어, 동사, 목적어로 완전한 구조로 구성되어 있는데 뒤에 대명사(each other)가 나와 있으므로 부사구의 역할을 할 수 있도록 '전명구(전치사+명사)'로 바꿔줘야 한다. 따라서 밑줄 친 부분인 each other 앞에 with을 추가해야 한다.
해석 그들은 영상으로 새해 인사를 교환했다.

02 X 문장에 동사가 2개 존재하기 위해서는 접속사가 필요하다. 밑줄 친 부분은 be동사와 vary라는 동사가 2개 존재하기 때문에 옳지 않다. 문맥상 be동사를 쓰는 것보다 vary가 더 자연스러우므로 be vary 대신 be를 삭제한 vary로 써야 올바르다.
해석 현금 예측에서 소득의 요소는 회사의 상황에 따라 달라질 것이다.

03 X lead는 동사로 명사를 수식할 수 없으므로, lead 대신 leading으로 써야 올바르다. 그리고 'one of 복수 명사'는 단수 취급하므로 cause 대신 causes로 써야 올바르다.
해석 화석 연료를 태우는 것은 기후 변화의 주요 원인들 중 하나이다.

04 X 목적어인 us 앞에는 명사가 아닌 동사가 필요하다. 따라서 명사 company 대신 동사 accompany로 써야 올바르다.
해석 내 아버지는 그들이 머무는 장소까지 우리를 동반하지는 않았지만, 내가 가야 할 것을 주장했다.

05 O concern은 동사로는 '영향을 미치다, 관련되다'의 뜻으로, 명사로는 '걱정, 염려 / 관심사, 일' 뜻으로 쓰인다. 문맥상 '걱정, 염려'의 뜻이 자연스러우므로 concern은 올바르게 쓰였다.
해석 각 그룹 구성원은 비슷한 걱정으로 유대감을 형성할 수 있다.

06 X afterwards는 부사로 '나중에, 이후에'의 뜻으로 쓰인다. 부사는 접속사가 아니므로 주어와 동사를 추가할 수 있는 기능이 없다. 따라서 절과 절을 연결시켜주는 접속사가 필요하다. 따라서 부사 afterwards 대신 접속사 after로 써야 올바르다.
해석 우리가 집을 떠난 후에 모든 것이 변했다.

적중 포인트 002 구와 절, 문장이 길어지는 이유

01 We had nothing left to eat in the refrigerator, we had to eat out last night. O X

적중 포인트 003 어순이 중요한 간접의문문

01 He asked me why I kept coming back day after day. O X

02 This guide book tells you where should you visit in Hong Kong. O X

03 The intensity of a color is related to how much gray the color contains. O X

04 I have no idea where is the nearest bank around here. O X

적중 포인트 004 주절의 주어와 동사가 중요한 부가 의문문

01 It's not surprising that book stores don't carry newspapers any more, doesn't it? O X

02 Bill supposes that Mary is married, isn't he? O X

적중 포인트 002 구와 절, 문장이 길어지는 이유

01 ✕ 절과 절은 연결하려면 접속사가 반드시 필요하다. 따라서 주어 동사와 주어 동사 사이 we had 앞에 접속사 so를 넣어야 올바르다.
해석 냉장고에 먹을 것이 하나도 남아있지 않아서, 어젯밤에 우리는 외식을 해야 했다.

적중 포인트 003 어순이 중요한 간접의문문

01 ○ 간접의문문에 대한 문제로, asked가 목적어 두 개를 취하고 있으며, why 다음의 어순이 '주어+동사'의 어순으로 올바르게 쓰였고, 과거시제도 일치하므로 밑줄 친 부분은 올바르게 쓰였다.
해석 그는 나에게 왜 매일 매일 돌아오는지를 물었다.

02 ✕ 간접의문문의 어순은 '의문사+(주어)+동사'이므로 밑줄 친 부분인 4형식 동사인 tell의 직접목적어 자리에 쓰인 간접의문문의 어순을 where should you 대신 where you should로 써야 올바르다.
해석 이 안내서는 홍콩에서 어디를 방문해야 하는지 알려준다.

03 ○ 의문사절은 명사절 5가지 중 하나로 주어, 목적어, 보어 자리에 올 수 있다. 'how+형용사+명사 목적어+주어+동사'의 어순으로 밑줄 친 부분은 올바르게 쓰였다.
해석 색상의 강도는 해당 색상이 얼마나 많은 회색을 포함하고 있는지와 관련이 있다.

04 ✕ 주어, 목적어, 보어 자리에 where로 시작하면 간접의문문이다. 간접의문문은 '조동사+주어'의 도치 구조가 아닌 평서문의 어순인 '주어+동사'의 구조로 써야 한다. 따라서 where is the nearest back 대신 where the nearest bank is로 써야 올바르다.
해석 주변에 가장 가까운 은행이 어디에 있는지 모르겠다.

적중 포인트 004 주절의 주어와 동사가 중요한 부가 의문문

01 ✕ 부가의문문은 평서문과 반대의 상황으로 만든다. 평서문이 부정문이기 때문에 부가의문문은 긍정으로 만들어야 한다. 또한 평서문의 동사에 맞춰서 부가의문문의 조동사를 써야 하므로 doesn't it 대신 is it으로 써야 올바르다.
해석 책 가게들이 더 이상 신문을 취급하지 않는 것은 놀라운 일이 아니야, 그렇지 않니?

02 ✕ 부가의문문의 형태를 물어보는 문제이다. 부가의문문의 동사는 평서문(주절)의 동사의 종류와 시제를 맞춘다. 주절의 동사가 일반동사(suppose)이므로 isn't 대신 doesn't로 써야 올바르다.
해석 Bill은 Mary가 결혼했다고 생각하지, 그렇지 않니?

진가영 영어

진(眞)족보
마무리 합격노트

진가영 영어연구소 | cafe.naver.com/easyenglish7

Part

03

생활영어

Theme 01 인사, 안부, 대인 관계
Theme 02 회사, 업무, 회의 상황
Theme 03 공항, 예매
Theme 04 여행, 환전, 숙박, 호텔
Theme 05 식당, 주문
Theme 06 선박, 도로 등 교통수단
Theme 07 시청, 분실문 센터 등 관공서
Theme 08 은행, 계좌, 돈
Theme 09 병원, 보건, 질병
Theme 10 날씨, 기후, 기타 등등

생활영어

생활영어 문제 출제 예상 가능한 핵심 테마 문제 및 표현 총정리!

Theme 01 인사, 안부, 대인 관계

Q 출제 예상 문제

밑줄 친 부분에 들어갈 말로 가장 적절한 것을 고르시오.

A: Hey! How did your geography test go?
B: Not bad, thanks. I'm just glad that it's over! How about you? How did your science exam go?
A: Oh, it went really well. ______________________________. I owe you a treat for that.
B: It's my pleasure. So, do you feel like preparing for the math exam scheduled for next week?
A: Sure. Let's study together.
B: It sounds good. See you later.

① There's no sense in beating yourself up over this
② I never thought I would see you here
③ Actually, we were very disappointed
④ I can't thank you enough for helping me with it

해석

A: 이봐! 지리학 시험은 어땠어?
B: 나쁘지 않았어, 고마워. 난 그냥 끝났다는 게 기뻐! 너는 어때? 과학 시험은 어땠어?
A: 오, 그건 정말 잘 됐어. 그것을 도와줘서 너에게 정말 고마워. 그것 때문에 너한테 신세를 졌어.
B: 도움이 되어 나도 기뻐. 그래서 다음 주에 있을 수학 시험을 준비하고 싶어?
A: 물론이지. 같이 공부하자.
B: 좋아. 나중에 봐.

① 이 일에 자책하는 건 의미가 없어
② 너를 여기서 보게 될 줄은 꿈에도 몰랐어
③ 사실, 우리가 매우 실망했어
④ 그것을 도와줘서 너에게 정말 고마워

어휘

- be over 끝나다
- owe you a treat for ~에 대해 신세를 지다
- (It's) my pleasure. (감사의 말에 대하여) 도움이 되어[도와드릴 수 있어서] 저도 기뻐요.
- go well 잘 되다
- feel like ~ing ~하고 싶다

출제 예상 표현 정리

문장편

01 Are you free today? 오늘 시간 괜찮으세요?
02 Can I take a rain check? 다음 기회로 미뤄도 될까요?
03 Consider it done. 맡겨만 줘.
04 Count me out. 나는 빼줘. ↔ Count me in. 나도 끼워 줘.
05 Long time no see! 오랜만이야!
06 How long has it been? 이게 얼마만이야?
07 I don't buy it. 나는 안 믿어.
08 Do you have a minute to talk? 잠깐 얘기할 시간 있어?
09 How have you been? 그동안 잘 지냈어?
10 How's work going these days? 요즘 일은 어때?
11 I hope everything's going well for you. 잘 지내고 있길 바래.
12 I really can't thank you enough for your kindness. 당신의 친절함에 진심으로 감사드립니다.
13 I've got your back. 내가 도와줄게.
14 Let's catch up soon. 조만간 얘기 좀 하자.
15 How about we meet at 3 p.m. instead? 대신 오후 3시에 만나는 거 어때요?
16 Send my regards. 안부 전해줘.
17 Would you mind waiting for a few minutes? 몇 분만 기다려주시겠어요?
18 Pardon me. 뭐라고요(상대방의 말을 알아듣지 못했을 때 다시 말해 달라는 뜻으로 하는 말), 죄송합니다.
19 What's eating you? 무슨 걱정되는 거 있어?
20 How's it going? 요즘 어떠세요[어떻게 지내세요]?
21 keep your chin up! 기운 내!, 용기 내!

어휘편

01 appoint (시간 · 장소 등을) 정하다, 임명[지명]하다 cf appointment 약속, 임명, 지명, 직책
02 attend 참석하다, 다니다, 주의를 기울이다
03 greet 맞다, 환영하다, ~에게 인사하다
04 under the weather 몸이 좀 안 좋은
05 holiday 공휴일, 휴일, 휴가, 방학
06 a piece of cake 식은 죽 먹기, 아주 쉬운 일
07 postpone 연기하다, 미루다
08 weekday (토요일과 일요일이 아닌) 평일
09 weekend 주말(토요일과 일요일)
10 on the tip of your tongue 혀끝에 뱅뱅 도는(말·이름 등이 알기는 분명히 아는데 정확히 기억은 안 나는)
11 tie the kont 결혼을 하다
12 long face 시무룩[침통]한 얼굴

Theme 02 회사, 업무, 회의 상황

Q 출제 예상 문제

밑줄 친 부분에 들어갈 말로 가장 적절한 것을 고르시오.

A: Hello, there are a few things I need to decide about the upcoming project. Is the CEO in the office?
B: ____. He won't be back until next week.
A: Oh, I see. Is there anyone else I can speak with about it?
B: You can speak with the project manager. They should be able to help you.
A: Got it, thanks for the information!

① He is currently on a business trip
② The business completely failed
③ He was laid off last week
④ The office is on the 8th floor

해석

A: 안녕하세요, 다가오는 프로젝트에 대해 결정해야 할 부분이 있는데 혹시 대표님은 자리에 계실까요?
B: 그는 현재 출장 중입니다. 다음 주까지 자리에 없으세요.
A: 아, 그렇군요. 그럼 다른 분과 이야기할 수 있을까요?
B: 프로젝트 담당 매니저와 이야기하실 수 있습니다. 도움이 될 거예요.
A: 알겠습니다, 정보 감사합니다!

✔ 그는 현재 출장 중입니다
② 그 사업은 완전 망했습니다
③ 그는 지난주 해고되었습니다
④ 사무실은 8층에 있습니다

어휘

* upcoming 다가오는
* business trip 출장
* lay off ~를 해고하다
* floor 층, 바닥

출제 예상 표현 정리

문장편

01 Are you with me? 내 말 무슨 의미인지 알겠어?
02 Be my guest. (상대방의 부탁을 들어주며 하는 말로) 그러세요[그래라].
03 Can you give us a brief overview? 간략한 개요를 제공해 주실 수 있나요?
04 Don't mention it. (고맙다는 말에 대한 정중한 인사로) 별 말씀을요.
05 That makes two of us. 나도 마찬가지야, 나도 같은 생각이야.
06 shake a leg (남에게 하는 말로) 빨리빨리 시작해라[움직여라]
07 I wouldn't mind taking a short break. 잠깐 쉬는 것도 괜찮겠어.
08 It's my pleasure. (감사의 말에 대하여) 도와드릴 수 있어서 저도 기뻐요, 제가 좋아서 한 건데요.
09 I owe you a treat for that. 그것 때문에 너한테 신세를 졌어.
10 I'll send out the meeting minutes after this. 회의록을 회의 후에 보내겠습니다.
11 Let's grab dinner after you get off work. 퇴근하고 저녁 먹으러 갑시다.
12 Let's schedule a follow-up meeting. 후속 회의를 잡읍시다.
13 Let's just call it a day. 오늘은 여기까지 합시다.
14 This time, we will hold a video conference. 이번에는 화상회의로 하겠습니다.
15 Why don't you try a different approach? 다른 방법을 한번 시도해보는 게 어때?
16 I'm sorry, her line is busy at the moment. 죄송하지만 통화중이십니다.

어휘편

01 a white lie 선의의 거짓말
02 beat oneself up 자책하다
03 brainstorming 창조적 집단 사고, 브레인스토밍(무엇에 대해 여러 사람들이 동시에 자유롭게 자기 생각을 제시하는 방법)
04 deadline 기한, 마감 시간[일자]
05 deliverable (회사가 고객에게 약속한) 상품[제품]
06 break even (사업 등이) 본전치기를 하다[이익도 손해도 안 보다]
07 entrepreneur 사업가, 기업가
08 follow-up 후속 조치, 후속편
09 cross one's mind (생각이) 문득 떠오르다
10 meeting minutes 회의록
11 two thumbs up 최고, 호평
12 keep one's finger crossed 행운을 빌다
13 play it by ear (사전 계획을 세우기보다) 그때그때 봐서[사정을 봐 가면서] 처리하다
14 stakeholder 이해 당사자, 주주
15 workfellow 회사[직장] 동료
16 day off (근무·일을) 쉬는 날
17 status quo 현재 상황

Theme 03 공항, 예매

Q 출제 예상 문제

밑줄 친 부분에 들어갈 말로 가장 적절한 것을 고르시오.

A: How can I assist you?
B: ______________________________
A: The baggage claim area is just over there. After you pass through customs, you'll see signs directing you.
B: Thank you! Is it a long walk?
A: Not at all, it's just a few minutes away. You'll find everything clearly marked.
B: Great! Thanks for your help.
A: You're welcome! Have a nice trip!

① Where is the departure gate?
② What time is the flight boarding?
③ Do I need to declare anything at customs?
④ Where do I go to pick up my luggage?

해석

A: 무엇을 도와드릴까요?
B: 수화물을 어디서 찾을 수 있나요?
A: 수하물 찾는 곳은 저기 있습니다. 세관을 지나면, 안내하는 표지판이 보일 거예요.
B: 감사합니다! 많이 걸리나요?
A: 전혀요, 몇 분 정도만 걸으면 됩니다. 모든 것이 잘 표시되어 있을 거예요.
B: 좋네요! 도와주셔서 감사합니다.
A: 천만에요! 좋은 여행 되세요!

① 출발 탑승구는 어디에 있나요?
② 비행기 탑승 시간은 언제인가요?
③ 세관 신고는 해야 하나요?
④ 수화물을 어디서 찾을 수 있나요?

어휘

* baggage 수하물, 짐
* customs 세관, 관세
* departure gate 출발 탑승구
* boarding 탑승, 승선, 승차
* declare (세관에 과세 물품을) 신고하다
* luggage 수하물, 짐

출제 예상 표현 정리

문장편

01 Are there any direct flights to Paris? 파리로 가는 직항 비행기가 있나요?
02 Can I ask you for a favor? 부탁 하나 드려도 될까요?
03 Can I upgrade my seat to business class? 비즈니스 클래스 좌석으로 업그레이드 할 수 있나요?
04 Can I take a carry-on bag on the plane? 기내 반입 수하물을 비행기에 들고 탈 수 있나요?
05 Do I need to go through security before my flight? 비행기 타기 전에 보안 검색을 받아야 하나요?
06 Have you booked your flight yet? 비행기 예약은 하셨나요?
07 Can I take a rain check? 다음 기회에 할까요?
08 How much is the excess baggage fee? 수하물 무게 초과 요금은 얼마인가요?
09 Did immigration give you the green light to enter the country? 입국 심사에서 통과 허가받았어?
10 I'm dying to get my luggage and leave the airport. 짐 찾고 공항 빨리 나가고 싶어 죽겠어요.
11 I can't wait to arrive at my destination. 빨리 목적지에 도착하고 싶어.
12 My visa was approved last month. Does it still hold good?
지난달에 비자가 승인되었습니다. 아직 유효한가요?
13 You always cut it close when it comes to catching flights.
너는 비행기 탈 때마다 항상 아슬아슬하게 도착해.
14 Why are you getting at? 무슨 말을 하려는 거죠?

어휘편

01 aisle seat 통로 좌석 ↔ window seat (비행기 등의) 창가 좌석
02 baggage 수하물(= luggage) cf baggage claim (공항의) 수하물 찾는 곳
03 economy class (여객기의) 일반석, 보통석
04 boarding pass (여객기의) 탑승권
05 confirmation number 예약 확인번호
06 cost an arm and a leg 큰 돈이 들다
07 on the dot 정확히 시간 맞춰, 제 시간에, 정각에
08 from scratch 맨 처음부터, 아무런 사전 준비[지식] 없이
09 departure (항공기 · 기차 등의) 출발(편) ↔ arrival 도착
10 domestic flight 국내선 ↔ international flight 국제선
11 duty free shop 면세점
12 flight 항공편, 항공기, 비행 cf flight attendant 비행기 승무원
13 immigration (공항 등에서의) 출입국 심사
14 nonstop flight 직항편
15 passport 여권
16 on business 출장 중
17 round-trip 왕복(여행)의 ↔ one-way 편도(여행)의
18 transfer 환승하다, 갈아타다

Theme 04 여행, 환전, 숙박, 호텔

Q 출제 예상 문제

밑줄 친 부분에 들어갈 말로 가장 적절한 것을 고르시오.

A: I'm new to the area and looking for things to do. Is there any attraction you would recommend?
B: Absolutely! There's a beautiful historic castle about 15 minutes away by bus. It's definitely worth a visit if you enjoy history.
A: That sounds interesting! How much is the entrance fee?
B: It's around $10, and they also offer a guided tour for an extra fee.
A: Great! I'll check it out. ______________________
B: Yes, the zoo is just a short walk from there. It's a fun spot for all ages, and it's great for a family day out.
A: That sounds like fun! I'll make sure to visit both places.
B: You're going to love them! Enjoy your time here!

① Have you ever been to the castle?
② Is there any accommodation available to stay?
③ Anything else nearby?
④ Could you possibly be the guide?

해석

A: 이 지역은 처음인데 할 일이 무엇이 있을지 궁금해요. 추천할 만한 명소가 있을까요?
B: 물론이죠! 아름다운 역사적인 성이 버스로 15분 정도 거리에 있어요. 역사에 관심이 있다면 방문해볼 만한 가치가 있을 거예요.
A: 흥미롭네요! 입장료는 얼마인가요?
B: 약 10달러 정도이고, 추가 요금으로 가이드 투어도 제공해요.
A: 좋네요! 꼭 가볼게요. 근처에 다른 곳도 있나요?
B: 네, 거기서 조금만 걸어가면 동물원이 있어요. 나이대에 상관없이 재미있는 곳이고, 가족들이 여행 가기 좋을 거예요.
A: 재미있겠네요! 두 곳 모두 꼭 가볼게요.
B: 두 곳 모두 정말 좋아할 거예요! 좋은 시간 보내세요!

① 성에 가본 적이 있으신가요?
② 숙박할 수 있는 숙소가 있나요?
③ 근처에 다른 곳도 있나요?
④ 혹시 가이드가 되어 주실 수 있나요?

어휘

- attraction 명소, 볼거리
- recommend 추천하다, 권하다
- entrance fee 입장료, 참가비
- extra fee 추가 요금
- day out (하루 동안의) 여행[방문]
- accommodation 숙박 시설
- nearby 근처의, 인근의

출제 예상 표현 정리

문장편

01 You can't miss it. 쉽게 찾을 거예요.
02 Can I get a wake-up call at 7 AM? 아침 7시에 모닝콜을 받을 수 있을까요?
03 Can you recommend some must-see attractions? 꼭 가봐야 할 명소를 추천해 주실 수 있나요?
04 Could you fill me in on that? 그거에 대해 설명 좀 해줄 수 있어요?
05 Could you give me a lift to the hotel? 호텔까지 태워다 줄 수 있어요?
06 Let's hit the road! 여행을 떠나자! 이제 출발하자!
07 Where we're going is still up in the air. 우리는 어디로 갈지 아직 미정이예요.
08 I see eye to eye with you on your decision. 니 결정에 전적으로 동의해.
09 How do I get to [place]? [장소]에 가는 방법을 알려주세요.
10 It's too good to be true. 너무 좋아서 실감이 안 나네.
11 My phone has really bad reception. 내 휴대폰 수신 상태가 정말 안 좋아.
12 I lost my room key. Can I get a replacement? 룸 키를 잃어버렸어요. 재발급 받을 수 있나요?
13 It's a steal at that price. 그 가격에 이 정도면 엄청 싼 거야.
14 If you lose your card, you'll be in hot water for sure.
카드를 잃어버리면 정말 곤란한 상황에 처할 거야.
15 Is breakfast included in the room rate? 조식이 객실 요금에 포함되어 있나요?
16 What time is check-in and check-out? 체크인과 체크아웃 시간은 언제인가요?
17 What is the exchange fee? 환전 수수료는 얼마인가요?

어휘편

01 accommodation 숙박 시설, 거처, 숙소
02 belonging 소지품
03 currency exchange counter 환전소 cf exchange 환전, 환전하다
04 destination 목적지
05 deposit (지불할 돈의 일부로 처음에 내는) 착수금[보증금]
06 hotel amenity 호텔에서 제공되는 물품(보통 샴푸나 보디로션 등의 생활용품을 가리키는 말)
07 itinerary 여행 일정표
08 rate 요금(= fee, fare)
09 sightseeing 관광
10 souvenir (휴가지 등에서 사는) 기념품[선물]
11 toiletries 세면도구(비누, 칫솔 등)
12 tourist attraction 관광 명소
13 check out (호텔 등에서 비용을 지불하고) 나가다[체크아웃하다]
14 tourist (information) office 관광 안내소

Theme 05 식당, 주문

Q 출제 예상 문제

밑줄 친 부분에 들어갈 말로 가장 적절한 것을 고르시오.

A: Hello! What would you like to order?
B: Hi, I'd like to order three sandwiches.
A: ______________________________
B: I'll take it to go, please.
A: Got it! Would you like to add a drink with that?
B: Yes, I'll have a bottle of water.
A: Great! The total amount is $12.50.
B: Here you go. Keep the change!

① Do you have any allergies we should be aware of?
② Is this your first visit?
③ Do you want me to tell you the recipe?
④ Would you like it here or to go?

해석

A: 안녕하세요! 무엇을 주문하시겠습니까?
B: 안녕하세요, 샌드위치 3개 주문하려고요.
A: <u>여기에서 드실 건가요, 포장하실 건가요?</u>
B: 포장해 주세요.
A: 알겠습니다! 음료도 함께 추가하시겠어요?
B: 네, 물 한 병 주세요.
A: 좋습니다. 총 금액은 12.50달러입니다.
B: 여기요. 잔돈은 가지세요!

① 혹시 주의하셔야 할 알레르기가 있으신가요?
② 처음 방문하시는 걸까요?
③ 레시피를 알려드릴까요?
④ 여기에서 드실 건가요, 포장하실 건가요?

어휘

* order (상품을) 주문하다
* to go (음식을 식당에서 먹지 않고) 포장할, 가지고 갈
* a bottle of water 물 한 병
* amount 총액, 액수
* change 잔돈, 거스름돈
* allergy 알레르기

출제 예상 표현 정리

문장편

01 Can I get this to go? 포장할 수 있나요?
02 Here you go. (상대방에게 무엇을 주면서) 여기 있습니다.
03 Can we split the bill? 계산을 나눠서 할 수 있을까요?
04 Are you being waited on? 주문 하셨나요?
05 It's on me. 내가 살게.
06 You've really come a long way as a chef. 너 진짜 요리사로서 많이 성장했다.
07 Did you place your order? 주문하셨나요?
08 Fancy restaurants are not my cup of tea. 고급 레스토랑은 내 취향이 아니야.
09 Do you have any vegetarian options? 채식주의자용 메뉴가 있나요?
10 Help yourself. (음식 등을) 마음대로[양껏] 드십시오.
11 That is not a rip off. 그건 바가지 씌운 게 아니야.
12 First come, first served! 선착순이야!
13 I'm allergic to nuts, can you remove them from the dish?
견과류 알레르기가 있는데, 그걸 빼 줄 수 있나요?
14 Is it possible to sit in an outdoor seat? 야외 좌석에 앉는 것도 가능할까요?
15 We can grab a bite at the food court. 푸드코트에서 간단히 먹자.
16 What is the signature dish of this place? 이곳의 대표 요리는 무엇인가요?
17 Do you guys want to split the bill or pay separately? 다 같이 나눠서 낼까, 아니면 각자 낼까?
18 I could eat a horse. 너무 배가 고픕니다.

어휘편

01 all-you-can-eat 양껏 먹을 수 있는, 뷔페식의
02 appetite 식욕 cf appetizer 전채, 식욕을 돋우기 위한 것
03 bill (식당의) 계산서
04 cuisine (보통 비싼 식당의) 요리, 요리법
05 ingredient (특히 요리 등의) 재료[성분]
06 leftover (식사 후에) 남은 음식
07 recipe 조리[요리]법
08 refill 리필, 리필하다
09 side plate 옆 접시(빵이나 곁들임 요리 등을 담는 작은 접시)
10 special (상점 · 식당 등이 특히 자랑으로 삼는) 특별 상품, 특별 요리
11 take[receive, get] an order 주문을 받다
12 to go (음식을 식당에서 먹지 않고) 가지고 갈, 포장할
13 to-go container 포장 용기(= to-go box)
14 vegetarian 채식주의자, 고기[생선]를 안 먹는 사람 ↔ meatarian 육식주의자, 고기만 먹는 사람
15 on the house 술집이나 식당에서 술 · 음식이) 무료[서비스]로 제공되는
16 under the influence 과음한 상태에서

Theme 06 선박, 도로 등 교통수단

Q 출제 예상 문제

밑줄 친 부분에 들어갈 말로 가장 적절한 것을 고르시오.

A: Hi, I'm planning a trip to Jeju Island. How long does it take to get to Jeju Island by ship?
B: It usually takes about 4 to 5 hours, depending on the departure point and weather conditions.
A: That sounds like a reasonable time. ________________________________
B: Yes, there is a ship day after day, but it's best to check in advance as the schedule may change.
A: Got it. I'll check the schedule online. Should I book in advance?
B: Yes, it's a good idea to book in advance, especially during peak seasons. It can save you a lot of time.
A: Thanks for the great advice! I'll make sure to book it.

① Do you get severe seasickness?
② Does it operate every day?
③ Is there a way to get there by plane?
④ How big is the ship?

해석

A: 안녕하세요, 제주도 여행을 계획 중인데, 배로 제주도까지 가는 데 얼마나 걸릴까요?
B: 출발지와 날씨에 따라 다르지만 보통 4~5시간 정도 걸립니다.
A: 합리적인 시간인 것 같네요. 매일 운행하나요?
B: 네, 날마다 배가 있지만, 일정이 변동될 수 있으니 미리 확인하는 것이 좋습니다.
A: 알겠습니다, 온라인에서 일정을 확인해 볼게요. 미리 예약하는 게 좋을까요?
B: 네, 특히 성수기에는 미리 예약하는 게 좋습니다. 시간을 많이 절약할 수 있어요.
A: 좋은 조언 감사합니다! 꼭 예약해 놓을게요.

① 뱃멀미가 심하신가요?
② 매일 운행하나요?
③ 비행기로 가는 방법이 있나요?
④ 배의 크기는 얼마나 되나요?

어휘

* ship (큰) 배, 선박, 함선
* departure point 출발지
* reasonable 합리적인, 타당한
* day after day 매일같이, 날마다
* in advance 미리, 사전에
* seasickness 뱃멀미

출제 예상 표현 정리

문장편

01 Can you take me to this address? 이 주소로 가 주실 수 있으세요?
02 Could you help me with directions? 길 안내 좀 도와주시겠어요?
03 Could you tell me the way to the bus station? 버스 정류장 가는 길을 알려주시겠어요?
04 Do I need to transfer to another line? 다른 노선으로 환승해야 하나요?
05 Does this train stop at the next station? 이 기차는 다음 역에 정차하나요?
06 It's been months since I was last behind the steering wheel.
내가 마지막으로 운전대를 잡은 게 몇 달 전이야.
07 I need to change my reservation for the train. 기차 예약을 변경해야 해요.
08 Is this seat taken? 이 자리는 비어 있나요?
09 Is this the right bus for the airport? 이 버스가 공항으로 가는 맞는 버스인가요?
10 One ticket to the destination, please. 목적지까지 가는 티켓 하나 주세요.
11 What time does the last bus leave? 마지막 버스는 몇 시에 떠나요?
12 What time does the train leave? 기차가 몇 시에 출발하나요?
13 Where are you headed? 어디로 가는 길이세요?
14 Which exit should I take? 어느 출구로 나가야 하나요?

어휘편

01 cab 택시(= taxi)
02 carpool 카풀[승용차 함께 타기]을 하다
03 catch the train[bus, plane] 기차[버스, 비행기]를 잡아타다
↔ miss the train[bus, plane] 기차[버스, 비행기]를 놓치다
04 commute 통근, 통근하다, 출퇴근하다
05 crosswalk 횡단보도 cf intersection 교차로
06 detour 둘러 가는 길, 우회로
07 driver's license 운전면허증
08 fine 벌금(= penalty)
09 flat tire 펑크 타이어
10 fuel 연료, 연료를 공급하다, (차량에) 기름을 넣다[주유하다]
11 hit the road 먼 길을 나서다, 여행 길에 오르다
12 pavement 인도, 보도(= sidewalk)
13 pedestrian 보행자, 보행자의
14 rush hour (출퇴근) 혼잡 시간대, 러시아워
15 traffic jam 교통 체증(= traffic congestion)
16 fatality 사망자, 치사율 cf casualty 사상자, 피해자
17 toll (고속도로 등의) 통행료
18 self-driving car 자율주행차(= autonomous vehicle)
19 be bounded for ~행이다

Theme 07 시청, 분실물 센터 등 관공서

출제 예상 문제

밑줄 친 부분에 들어갈 말로 가장 적절한 것을 고르시오.

A: Hi, I lost my backpack earlier today. Is there a lost and found center here?
B: Yes, this is the lost and found center. Can you describe your backpack?
A: Sure, it's a black backpack with a red zipper, and there's a small keychain attached to it.
B: Let me check our records. ______________________
A: I think I left it in the waiting area near Gate 5.
B: Okay, please wait a moment. I will check if there are any items received.
A: Thank you. I hope you found it.
B: You're in luck! We have a backpack matching your description.

① Where did you last see it?
② Where did you pick up this bag?
③ Where is your current location?
④ Where did you buy the bag?

해석

A: 안녕하세요, 오늘 가방을 잃어버렸어요. 여기 분실물 센터가 있나요?
B: 네, 여기가 분실물 센터입니다. 가방을 묘사해 주시겠어요?
A: 네, 빨간 지퍼가 달린 검은색 배낭이고, 작은 키 체인이 달려 있어요.
B: 기록을 확인해볼게요. 마지막으로 어디에서 보셨나요?
A: 아마 게이트 5 근처의 대기 구역에 두고 온 것 같아요.
B: 알겠습니다. 잠시만 기다려 주세요. 받은 물건이 있는지 확인해 보겠습니다.
A: 감사합니다. 꼭 찾을 수 있으면 좋겠어요.
B: 운이 좋으시네요! 묘사하신 것과 일치하는 가방이 있습니다.

✔ 마지막으로 어디에서 보셨나요?
② 이 가방을 어디에서 주우셨나요?
③ 지금 현재 위치는 어디인가요?
④ 가방은 어디에서 사셨나요?

어휘

* lost and found center 분실물 센터
* describe 묘사하다, 말하다
* receive 받다, 받아들이다
* match 일치하다, 아주 비슷하다

출제 예상 표현 정리

문장편

01 All the procedures have been completed. 모든 절차가 완료되었습니다.
02 Can I apply for a passport here? 여기서 여권을 신청할 수 있나요?
03 Can I pay my taxes here? 여기서 세금을 낼 수 있나요?
04 How long does it take to process this request? 이 요청을 처리하는 데 얼마나 걸리나요?
05 I need help with filling out this form. 이 양식을 작성하는 데 도움이 필요해요.
06 I need to register for a new address. 새 주소로 등록하려고 합니다.
07 I need to renew my ID card. 신분증을 갱신해야 해요.
08 I will connect you to the relevant department. 관련 부서로 연결해 드리겠습니다.
09 I would like to apply for a resident registration card. 주민등록증을 신청하고 싶어요.
10 I'm here to inquire about public services. 공공 서비스에 대해 문의하려고 왔어요.
11 Is there an interpreter available? 통역사가 있나요?
12 The service is currently unavailable. 현재 서비스를 이용할 수 없습니다.
13 What documents do I need to bring? 어떤 서류를 가져와야 하나요?
14 What is the operating hour of the office? 이 사무실의 운영 시간이 언제인가요?
15 Where can I get a copy of my birth certificate? 제 출생증명서를 어디서 받을 수 있나요?
16 Where is the nearest city hall[lost and found center]?
가장 가까운 시청[분실물 센터]은 어디에 있나요?

어휘편

01 application 지원[신청](서)
02 business trip 출장
03 certificate 증서, 증명서, 자격증, 면허증, 자격증[면허증]을 교부하다
04 civil[public] servant 공무원 cf civil complaint 민원
05 dispatch 파견, 발송, 파견하다, 발송하다
06 document 서류, 문서, 문서[서류]로 입증하다
07 fill out form 양식을 작성하다
08 handling (상황・사람・동물 등에 대한) 처리
09 prerogative 특권, 특혜
10 public hearing 공청회
11 public office 관공서, 관청
12 renew 갱신[연장]하다 cf renewal 갱신, (기한) 연장
13 red tape (관공서의) 불필요한 요식
14 tax return 세금 신고
15 referendum 국민 투표, 총선거
16 ballpark figure 어림셈, 대략적인 수치

Theme 08 은행, 계좌, 돈

Q 출제 예상 문제

밑줄 친 부분에 들어갈 말로 가장 적절한 것을 고르시오.

A: Hi, I'd like to send some money overseas.
B: Sure, I can help you with that. How much would you like to send?
A: I need to send $500 to my friend in Canada.
B: No problem.
A: ______________________________
B: Fees vary depending on the method of remittance. If you choose regular remittance, it will be 10 dollars, and quick remittance will be 20 dollars.
A: I see. I'll go with the regular option.
B: Great choice. Please fill out this form and we will process the remittance.
A: Thank you!

① May I ask why you are remitting money?
② How much is the fee for sending money?
③ Is this your first time sending the remittance?
④ Where are you going to send the remittance?

해석

A: 안녕하세요, 해외로 돈을 보내고 싶습니다.
B: 물론이죠, 도와드리겠습니다. 얼마나 보내시겠어요?
A: 친구에게 500달러를 캐나다로 보내야 합니다.
B: 문제없습니다.
A: 송금하는 데 수수료가 얼마인가요?
B: 송금 방법에 따라 수수료가 달라집니다. 일반 송금을 선택하면 10달러, 빠른 송금은 20달러가 됩니다.
A: 알겠습니다. 일반 송금으로 하겠습니다.
B: 좋은 선택입니다. 이 양식을 작성해 주시면 송금을 처리해 드리겠습니다.
A: 감사합니다!

① 송금하시는 이유를 물어봐도 될까요?
② 송금하는 데 수수료가 얼마인가요?
③ 송금은 처음 보내시는 건가요?
④ 송금은 어디로 보내실 건가요?

어휘

- overseas 해외로, 외국으로
- fee (전문적인 서비스에 대한) 수수료
- remittance 송금(액)
- regular 일반적인, 평범한, 보통의
- fill out a form 양식을 작성하다

출제 예상 표현 정리

문장편

01 Can I check the balance of my account? 내 계좌의 잔고를 확인할 수 있을까요?
02 Can I withdraw money from my account? 제 계좌에서 돈을 인출할 수 있나요?
03 Can you give me change? 잔돈으로 바꿔 주실 수 있나요?
04 Can you help me with an international wire transfer? 국제 송금에 대해 도와주실 수 있나요?
05 Could you break this bill for me? 이 지폐를 잔돈으로 바꿔주실 수 있나요?
06 Do I need to bring any documents to open an account?
계좌를 개설하려면 어떤 서류를 가져가야 하나요?
07 How long does it take to process a loan application? 대출 신청을 처리하는 데 얼마나 걸리나요?
08 How much is the service fee for this transaction? 이 거래의 수수료는 얼마인가요?
09 I lost my debit card. Can you block it? 직불카드를 잃어버렸어요. 차단해 주실 수 있나요?
10 I need to deposit this check. 이 수표를 입금해야 합니다.
11 Can I cash a check here? 수표를 현금으로 바꿀 수 있을까요?
12 I would like to make a standing order for monthly payments. 매달 자동 이체를 설정하고 싶습니다.
13 I would like to transfer money to another account. 다른 계좌로 송금하고 싶습니다.
14 What are the interest rates for savings accounts? 저축 계좌의 이자율은 얼마인가요?
15 I'll pick up the tab. 제가 계산할게요.

어휘편

01 break (큰돈을 잔돈으로) 바꾸다
02 bankbook 은행[예금] 통장(= passbook)
03 balance 잔고, 잔액
04 bank clerk 은행원, 은행 출납계원(= teller)
05 bank statement (은행 계좌의) 입출금 내역서
06 cash 현금, 현찰 cf check 수표
07 credit card 신용카드 ↔ debit card 직불카드
08 currency 통화
09 exchange rate 환율, 외환 시세
10 interest 이자
11 loan 대출[융자](금), 대출[융자]하다
12 make a deposit 예금[입금]하다
13 commission 수수료, 커미션
14 transaction 거래, 매매
15 transfer 송금하다
16 withdraw (계좌에서 돈을) 인출하다 cf withdrawl (계좌에서의) 인출

Theme 09 병원, 보건, 질병

Q 출제 예상 문제

밑줄 친 부분에 들어갈 말로 가장 적절한 것을 고르시오.

A: Good morning. How can I help you today?
B: Hi, I think I sprained my ankle while jogging. It's been swelling up, and the pain is getting worse.
A: I'm sorry to hear that. Let's have a look. ________________
B: It's mostly on the right side of my ankle. I can't put any weight on it.
A: I see. I think I need to take an X-ray to check if there is anything wrong with my bones. Have you had any injuries to this ankle before?
B: No, this is the first time.
A: Alright. Please wait here for a moment, and I'll arrange the X-ray for you.

① Can you tell me where it hurts the most?
② When did you get hurt?
③ Have you had surgery on that area?
④ Do you have any other symptoms?

해석

A: 안녕하세요. 오늘 어떤 문제로 오셨나요?
B: 안녕하세요. 조깅하다가 발목을 삔 것 같아요. 부어오르고 통증이 점점 심해지고 있어요.
A: 안타깝네요. 한번 볼게요. 어디가 가장 아프신지 말씀해 주실 수 있나요?
B: 주로 발목 오른쪽 부분이요. 체중을 실을 수가 없어요.
A: 알겠습니다. 뼈에 이상이 없는지 확인하려면 엑스레이를 찍어야 할 것 같아요. 이 발목이 다친 적이 있나요?
B: 아니요, 이번이 처음이에요.
A: 알겠습니다. 여기 잠시만 기다려 주세요. 제가 엑스레이를 준비하겠습니다.

✔ 어디가 가장 아프신지 말씀해 주실 수 있나요?
② 언제 다치셨을까요?
③ 해당 부위를 수술한 적이 있나요?
④ 혹시 다른 증상이 있으신가요?

어휘

* ankle 발목
* swell up 부어오르다
* get worse 심해지다
* injure 부상을 입다[입히다]
* surgery 수술(= operation), 진료
* symptom 증상, 징후

출제 예상 표현 정리

문장편

01 Yeah, a lot of people have already kicked the bucket because of this disease.
그래, 이 병으로 이미 많은 사람들이 죽었어.
02 Can I buy this medication without a prescription? 이 약은 처방전 없이 살 수 있나요?
03 Can I get a prescription for this? 이거에 대한 처방전을 받을 수 있나요?
04 No sweat. 걱정하지 마. 별 거 아니야. 힘들지 않아. 문제 없어.
05 Can I schedule a follow-up appointment? 후속 진료 예약을 할 수 있나요?
06 Do I need to fast before the test? 검사 전에 금식해야 하나요?
07 How long will it take to recover? 회복까지 얼마나 걸리나요?
08 How should I take this medication? 이 약은 어떻게 복용해야 하나요?
09 I have a fever and a cough. 열이 나고 기침이 나요.
10 I need a referral to a specialist. 전문의에게 진료를 받기 위한 추천서가 필요해요.
11 Same here. I always catch a cold when I do. 나도. 항상 감기 걸리더라.
12 What are the side effects? 부작용이 어떤 것들이 있나요?
13 What is the diagnosis? 진단이 무엇인가요?
14 What treatment do you recommend? 어떤 치료를 권하시나요?

어휘편

01 antibiotic 항생제, 항생물질
02 check-up (건강) 검진
03 diagnose 진단하다 cf diagnosis 진단
04 Emergency room (ER) (응급실)
05 general hospital 종합병원
06 medical history 병력
07 medical insurance 의료보험
08 medicine (특히 액체로 된) 약, 약물(= drug) cf pill 알약
09 over the counter (특히 약이) 처방전[특별 허가] 없이 (살 수 있는)
10 come down with (병에) 걸리다
11 pediatrics 소아과
12 physician 의사, 내과 의사(= internist) cf surgeon 외과 의사
13 prescription 처방전, 처방된 약
14 second opinion 다른 의사의 의견[진단]
15 tumor 종양
16 painkiller 진통제
17 stomachache 복통
19 malnutrition 영양실조
16 disease 병, 질환(= illness, ailment)

Theme 10 날씨, 기후, 기타 등등

Q 출제 예상 문제

밑줄 친 부분에 들어갈 말로 가장 적절한 것을 고르시오.

A: It feels so humid today. I can't believe how sticky the air is!
B: Yeah, I heard on the news that the humidity is over 80% right now.
A: No wonder it's so uncomfortable. ______________________
B: That's often the case in the summer. It's because of the rainy season. It brings a lot of rain and moisture.
A: That makes sense. I guess I should've checked the weather forecast before going out.
B: It's always a good idea. They said there might be heavy rain later in the afternoon.

① Is it going to rain this week?
② How can I reduce the humidity?
③ Does this kind of weather happen often here?
④ Do you like summer among the four seasons?

해석

A: 오늘 공기가 너무 습하네요. 이렇게 끈적한 날씨라니 믿을 수 없어요!
B: 그러게요. 뉴스에서 지금 습도가 80%가 넘는다고 하더라고요.
A: 어쩐지 너무 불편하더라니. 여기서는 이런 날씨가 자주 있나요?
B: 여름에는 종종 그런 경우가 있어요. 장마철 때문이에요. 비와 습기를 많이 가져오죠.
A: 그렇군요. 외출하기 전에 일기예보를 확인했어야 했네요.
B: 확인하는 게 항상 좋아요. 오후에 폭우가 올 수도 있다고 하더라고요.

① 혹시 이번 주에 비가 오나요?
② 습도를 낮추려면 어떻게 해야 하나요?
③ 여기서는 이런 날씨가 자주 있나요?
④ 혹시 사계절 중 여름을 좋아하시나요?

어휘

* humid 습한
* sticky 끈적한
* humidity 습도, 습기
* rainy season 장마철, 우기
* moisture 습기, 수분
* forecast 예보, 예측, 예보[예측]하다
* heavy rain 폭우, 호우
* four seasons 사계절

출제 예상 표현 정리

문장편

01 Never mind. 걱정하지 마. 신경쓰지 마.
02 Clear the air. (걱정·의심 등에 대해 이야기를 함으로써) 상황을 개선하다.
03 In this kind of weather, I could spend the whole day outside.
이런 날씨에는 하루 종일 밖에서 보낼 수 있어요.
04 Don't be a stranger. 연락 좀 해. 연락하고 지내자. 모르는 사람처럼 굴지 마.
05 It's a perfect day for a picnic. 소풍 가기 딱 좋은 날이에요.
06 Okay, I won't beat around the bush. 알겠어요, 돌려 말하지 않고 말할게요.
07 It's freezing cold outside! 밖이 얼어붙을 것처럼 춥네요!
08 It's so windy that my hat almost flew away! 바람이 너무 강해서 모자가 날아갈 뻔했어요!
09 Hit the nail on the head 정확히 맞는 말을 하다
10 Let's make the most of this beautiful weather. 이 좋은 날씨를 최대한 즐겨봐요.
11 The fog is really thick this morning. 오늘 아침 안개가 정말 짙어요.
12 The roads are slippery because of the rain. 비 때문에 도로가 미끄러워요.
13 The sun is setting earlier these days. 요즘 해가 더 일찍 지네요.
14 You're telling me! 내 말이 바로 그 말이에요[전적으로 동의해요]!
15 The temperature dropped sharply overnight. 밤새 기온이 뚝 떨어졌어요.
16 Maybe I should follow suit and start exercising too. 나도 따라서 운동 시작해야 하나 봐.
17 What's the weather like today? 오늘 날씨가 어때요?
18 I'll squeeze you in. (바쁜 일정 중에) 너를 위한 시간을 내볼게.
19 Don't jump to conclusions. 섣불리 결론 짓지 마. 성급하게 판단하지 마.
20 Yeah, I think we're on the right track now. 응, 이제 제대로 된 방향으로 가고 있는 것 같아.
21 Do you have time? 혹시 시간 있으세요? cf Do you have the time? 지금 몇 시인지 아세요?
22 I'm sure things will pick up for you soon. 나는 너의 상황이 곧 좋아질 거라고 확신해.
23 Mind your business! 네 일이나 신경 써!
24 It couldn't be better. 이보다 더 좋을 순 없어요.
25 What are friends for? 친구 좋다는 게 뭐야?
26 You said it! (상대방이 스스로에 대해 하는 말에 동조하며) 그건 맞는 말이야[그렇긴 해]!
27 Do you have a minute? 잠시 시간 좀 내주시겠어요?
28 It is going to rain cats and dogs. 비가 억수처럼 올 것 같은데요.
29 I'm up for that. 나 그거 찬성이야.
30 Way to go! 잘했어!
31 Break a leg! 행운을 빌어!
32 I'm fed up with you. 너한테 질렸어.
33 I feel blue. 나 우울해요.
34 Give me a break. 좀 봐주세요. 그만 좀 하세요
35 Don't get me wrong. 오해하지 마세요.
36 It was a breeze. 그것은 식은 죽 먹기였어.

어휘편

01 chilly 쌀쌀한, 추운 ↔ muggy 후텁지근한
02 crocodile tears 거짓 눈물
03 downpour 폭우 cf shower 소나기
04 drought 가뭄 ↔ flood 홍수
05 excursion 여행, 소풍
06 fine dust 미세먼지 cf yellow sand 황사
07 foggy 안개가 낀 cf overcast 구름이 뒤덮인, 흐린
08 forecast 예측, 예보, 예측[예보]하다
09 heat wave 폭염, 무더위 ↔ cold wave 한파(= cold snap)
10 humidity 습도
11 precipitation 강수, 강수량
12 make a scene 소란을 피우다 cf make sense 의미가 통하다, 이해가 되다
13 tropical night 열대야
14 be supposed to부정사 ~하기로 되어 있다
15 around the corner 모퉁이를 돌아서, 임박하여, 코앞에 와 있는, 위기를 넘겨
16 stuffy (환기가 안 되어) 답답한
17 ring a bell 들어본 적이 있는 것 같다[(들어보니) 낯이 익다]
18 round the clock 24시간[밤낮 없이] 계속되는
19 all year round 년 내내
20 24/7 하루 24시간 1주 7일 동안, 연중 무휴의
21 make a prank call 장난 전화를 걸다
22 neck and neck (경주 · 시합에서) 막상막하로[대등하게]

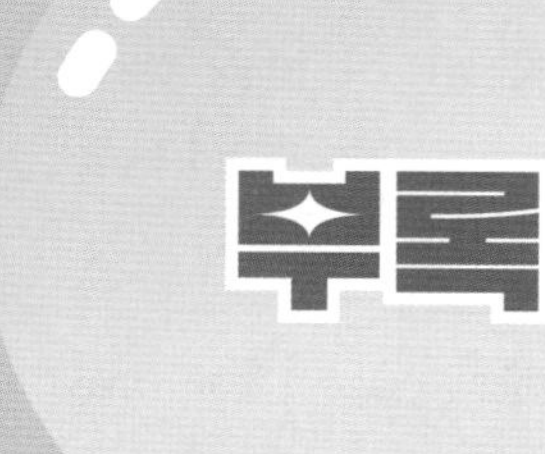

신경향 예시문제

2025 출제기조 전환 예시문제 1차

2025 출제기조 전환 예시문제 2차

진가영 영어

진(眞)족보

마무리 합격노트

2025 출제기조 전환 예시문제 1차

[01 ~ 03] 밑줄 친 부분에 들어갈 말로 가장 적절한 것을 고르시오.

01

Recently, increasingly ____________ weather patterns, often referred to as "abnormal climate," have been observed around the world.

① irregular
② consistent
③ predictable
④ ineffective

02

Most economic theories assume that people act on a ____________ basis; however, this doesn't account for the fact that they often rely on their emotions instead.

① temporary
② rational
③ voluntary
④ commercial

03

By the time she ____________ her degree, she will have acquired valuable knowledge on her field of study.

① will have finished
② is finishing
③ will finish
④ finishes

[04 ~ 05] 밑줄 친 부분 중 어법상 옳지 않은 것을 고르시오.

04

You may conclude that knowledge of the sound systems, word patterns, and sentence structures ① <u>are</u> sufficient to help a student ② <u>become</u> competent in a language. Yet we have ③ <u>all</u> worked with language learners who understand English structurally but still have difficulty ④ <u>communicating</u>.

05

Beyond the cars and traffic jams, she said it took a while to ① <u>get used to have</u> so many people in one place, ② <u>all of whom</u> were moving so fast. "There are only 18 million people in Australia ③ <u>spread out</u> over an entire country," she said, "compared to more than six million people in ④ <u>the state of Massachusetts alone</u>."

[06 ~ 07] 밑줄 친 부분에 들어갈 말로 가장 적절한 것을 고르시오

06

A: Hello. I'd like to book a flight from Seoul to Oakland.

B: Okay. Do you have any specific dates in mind?

A: Yes. I am planning to leave on May 2nd and return on May 14th.

B: Okay, I found one that fits your schedule. What class would you like to book?

A: Economy class is good enough for me.

B: Any preference on your seating?

A: ______________________________

B: Great. Your flight is now booked.

① Yes. I'd like to upgrade to business class.
② No. I'd like to buy a one-way ticket.
③ No. I don't have any luggage.
④ Yes. I want an aisle seat.

07

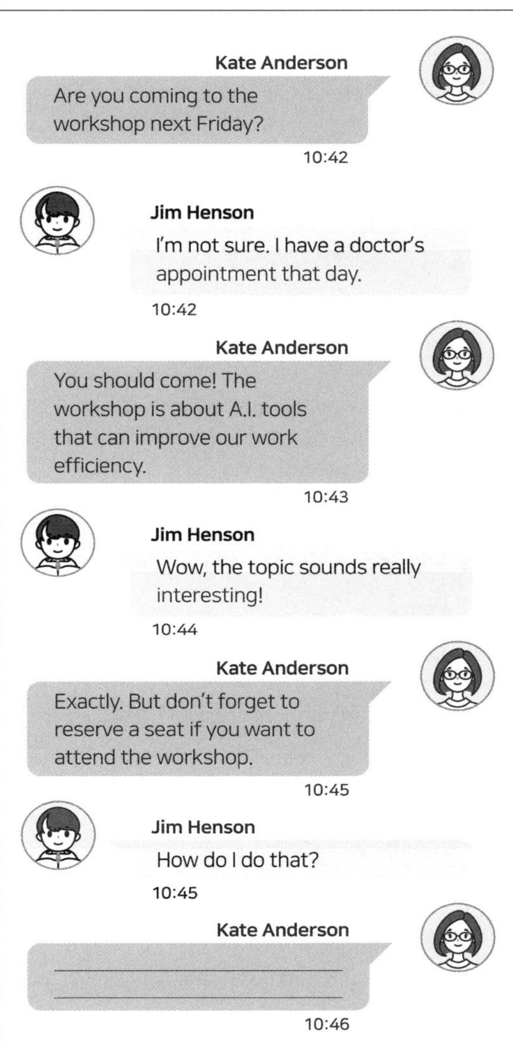

Kate Anderson
Are you coming to the workshop next Friday?
10:42
Jim Henson
I'm not sure. I have a doctor's appointment that day.
10:42
Kate Anderson
You should come! The workshop is about A.I. tools that can improve our work efficiency.
10:43
Jim Henson
Wow, the topic sounds really interesting!
10:44
Kate Anderson
Exactly. But don't forget to reserve a seat if you want to attend the workshop.
10:45
Jim Henson
How do I do that?
10:45
Kate Anderson
10:46

① You need to bring your own laptop.
② I already have a reservation.
③ Follow the instructions on the bulletin board.
④ You should call the doctor's office for an appointment.

[08 ~ 09] 다음 글을 읽고 물음에 답하시오.

Send Preview Save

To: Clifton District Office
From: Rachael Beasly
Date: June 7
Subject: Excessive Noise in the Neighborhood

My PC Browse

Times New 10pt

To whom it may concern,

I hope this email finds you well. I am writing to express my concern and frustration regarding the excessive noise levels in our neighborhood, specifically coming from the new sports field.

As a resident of Clifton district, I have always appreciated the peace of our community. However, the ongoing noise disturbances have significantly impacted my family's well-being and our overall quality of life. The sources of the noise include crowds cheering, players shouting, whistles, and ball impacts.

I kindly request that you look into this matter and take appropriate <u>steps</u> to address the noise disturbances. Thank you for your attention to this matter, and I appreciate your prompt response to help restore the tranquility in our neighborhood.

Sincerely,
Rachael Beasley

08 윗글의 목적으로 가장 적절한 것은?

① 체육대회 소음에 대해 주민들의 양해를 구하려고
② 새로 이사 온 이웃 주민의 소음에 대해 항의하려고
③ 인근 스포츠 시설의 소음에 대한 조치를 요청하려고
④ 밤시간 악기 연주와 같은 소음의 차단을 부탁하려고

09 밑줄 친 "steps"의 의미와 가장 가까운 것은?

① movements
② actions
③ levels
④ stairs

[10 ~ 11] 다음 글을 읽고 물음에 답하시오.

(A)

We're pleased to announce the upcoming City Harbour Festival, an annual event that brings our diverse community together to celebrate our shared heritage, culture, and local talent. Mark your calendars and join us for an exciting weekend!

Details

- **Dates**: Friday, June 16 – Sunday, June 18
- **Times**: 10 : 00 a.m. – 8 : 00 p.m. (Friday & Saturday)
  10 : 00 a.m. – 6 : 00 p.m. (Sunday)
- **Location**: City Harbour Park, Main Street, and surrounding areas

Highlights

- **Live Performances**
  Enjoy a variety of live music, dance, and theatrical performances on multiple stages throughout the festival grounds.
- **Food Trucks**
  Have a feast with a wide selection of food trucks offering diverse and delicious cuisines, as well as free sample tastings.

For the full schedule of events and activities, please visit our website at www.cityharbourfestival.org or contact the Festival Office at (552) 234-5678.

10 (A)에 들어갈 윗글의 제목으로 가장 적절한 것은?

① Make Safety Regulations for Your Community
② Celebrate Our Vibrant Community Events
③ Plan Your Exciting Maritime Experience
④ Recreate Our City's Heritage

11 City Harbour Festival에 관한 윗글의 내용과 일치하지 않는 것은?

① 일 년에 한 번 개최된다.
② 일요일에는 오후 6시까지 열린다.
③ 주요 행사로 무료 요리 강습이 진행된다.
④ 웹사이트나 전화 문의를 통해 행사 일정을 알 수 있다.

12 Enter-K 앱에 관한 다음 글의 내용과 일치하지 않는 것은?

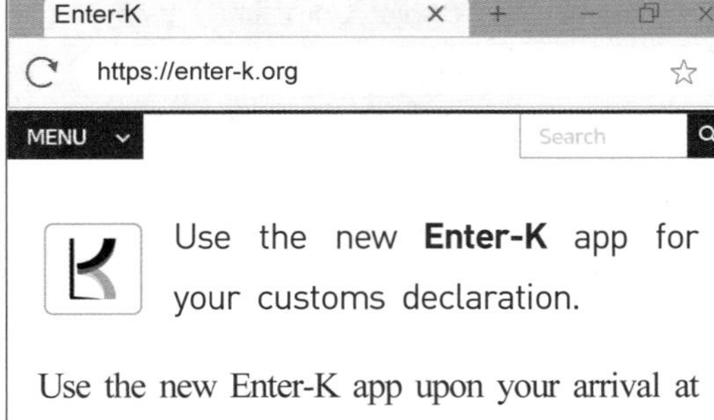

Use the new **Enter-K** app for your customs declaration.

Use the new Enter-K app upon your arrival at the airport. One notable feature offered by Enter-K is the Advance Declaration, which allows travellers the option to submit their customs declaration in advance, enabling them to save time at all our international airports. As part of the ongoing Traveller Modernization initiative, Enter-K will continue to introduce additional border-related features in the future, further improving the overall border experience. Simply download the latest version of the app from the online store before your arrival. There is also a web version of the app for those who are not comfortable using mobile devices.

① It allows travellers to declare customs in advance.
② More features will be added later.
③ Travellers can download it from the online store.
④ It only works on personal mobile devices.

13 Office of the Labor Commissioner에 관한 다음 글의 내용과 일치하는 것은?

Office of the Labor Commissioner(OLC) Responsibilities

The OLC is the principal labor regulatory agency for the state. The OLC is responsible for ensuring that minimum wage, prevailing wage, and overtime are paid to employees, and that employee break and lunch periods are provided. In addition, the OLC has authority over the employment of minors. It is the vision and mission of this office to resolve labor-related problems in an efficient, professional, and effective manner. This includes educating employers and employees regarding their rights and responsibilities under the law. The OLC takes enforcement action when necessary to ensure that workers are treated fairly and compensated for all time worked.

① It ensures that employees pay taxes properly.
② It has authority over employment of adult workers only.
③ It promotes employers' business opportunities.
④ It takes action when employees are unfairly treated.

14 다음 글의 주제로 가장 적절한 것은?

The Ministry of Food and Drug Safety warned that cases of food poisoning have occurred as a result of cross-contamination, where people touch eggs and neglect to wash their hands before preparing food or using utensils. To mitigate such risks, the ministry advised refrigerating eggs and ensuring they are thoroughly cooked until both the yolk and white are firm. Over the past five years, a staggering 7,400 people experienced food poisoning caused by Salmonella bacteria. Salmonella thrives in warm temperatures, with approximately 37 degrees Celsius being the optimal growth condition. Consuming raw or undercooked eggs and failing to separate raw and cooked foods were identified as the most common causes of Salmonella infection. It is crucial to prioritize food safety measures and adhere to proper cooking practices to minimize the risk of Salmonella-related illnesses.

① Benefits of consuming eggs to the immune system
② Different types of treatments for Salmonella infection
③ Life span of Salmonella bacteria in warm temperatures
④ Safe handling of eggs for the prevention of Salmonella infection

15 다음 글의 요지로 가장 적절한 것은?

Despite ongoing efforts to address educational disparities, the persistent achievement gap among students continues to highlight significant inequities in the education system. Recent data reveal that marginalized students, including those from low-income back grounds and vulnerable groups, continue to lag behind their peers in academic performance. The gap poses a challenge to achieving educational equity and social mobility. Experts emphasize the need for targeted interventions, equitable resource allocation, and inclusive policies to bridge this gap and ensure equal opportunities for all students, irrespective of their socioeconomic status or background. The issue of continued educational divide should be addressed at all levels of education system in an effort to find a solution.

① We should deal with persistent educational inequities.
② Educational experts need to focus on new school policies.
③ New teaching methods are necessary to bridge the achievement gap.
④ Family income should not be considered in the discussion of education.

16 다음 글의 흐름상 어색한 문장은?

Every parent or guardian of small children will have experienced the desperate urge to get out of the house and the magical restorative effect of even a short trip to the local park. ① There is probably more going on here than just letting off steam. ② The benefits for kids of getting into nature are huge, ranging from better academic performance to improved mood and focus. ③ Outdoor activities make it difficult for them to spend quality time with their family. ④ Childhood experiences of nature can also boost environmentalism in adulthood. Having access to urban green spaces can play a role in children's social networks and friendships.

17 주어진 문장이 들어갈 위치로 가장 적절한 것은?

In particular, in many urban counties, air pollution, as measured by the amount of total suspended particles, had reached dangerous levels.

Economists Chay and Greenstone evaluated the value of cleaning up of air pollution after the Clean Air Act of 1970. (①) Before 1970, there was little federal regulation of air pollution, and the issue was not high on the agenda of state legislators. (②) As a result, many counties allowed factories to operate without any regulation on their pollution, and in several heavily industrialized counties, pollution had reached very high levels. (③) The Clean Air Act established guidelines for what constituted excessively high levels of five particularly dangerous pollutants. (④) Following the Act in 1970 and the 1977 amendment, there were improvements in air quality.

18 주어진 글 다음에 이어질 글의 순서로 가장 적절한 것은?

Before anyone could witness what had happened, I shoved the loaves of bread up under my shirt, wrapped the hunting jacket tightly about me, and walked swiftly away.

(A) When I dropped them on the table, my sister's hands reached to tear off a chunk, but I made her sit, forced my mother to join us at the table, and poured warm tea.

(B) The heat of the bread burned into my skin, but I clutched it tighter, clinging to life. By the time I reached home, the loaves had cooled somewhat, but the insides were still warm.

(C) I sliced the bread. We ate an entire loaf, slice by slice. It was good hearty bread, filled with raisins and nuts.

① (A) − (B) − (C)
② (B) − (A) − (C)
③ (B) − (C) − (A)
④ (C) − (A) − (B)

[19 ~ 20] 밑줄 친 부분에 들어갈 말로 가장 적절한 것을 고르시오.

19

Falling fertility rates are projected to result in shrinking populations for nearly every country by the end of the century. The global fertility rate was 4.7 in 1950, but it dropped by nearly half to 2.4 in 2017. It is expected to fall below 1.7 by 2100. As a result, some researchers predict that the number of people on the planet would peak at 9.7 billion around 2064 before falling down to 8.8 billion by the century's end. This transition will also lead to a significant aging of populations, with as many people reaching 80 years old as there are being born. Such a demographic shift ________________________, including taxation, healthcare for the elderly, caregiving responsibilities, and retirement. To ensure a "soft landing" into a new demographic landscape, researchers emphasize the need for careful management of the transition.

① raises concerns about future challenges
② mitigates the inverted age structure phenomenon
③ compensates for the reduced marriage rate issue
④ provides immediate solutions to resolve the problems

20

Many listeners blame a speaker for their inattention by thinking to themselves: "Who could listen to such a character? Will he ever stop reading from his notes?" The good listener reacts differently. He may well look at the speaker and think, "This man is incompetent. Seems like almost anyone would be able to talk better than that." But from this initial similarity he moves on to a different conclusion, thinking "But wait a minute. I'm not interested in his personality or delivery. I want to find out what he knows. Does this man know some things that I need to know?" Essentially, we "listen with our own experience." Is the speaker to be held responsible because we are poorly equipped to comprehend his message? We cannot understand everything we hear, but one sure way to raise the level of our understanding is to ____________________.

① ignore what the speaker knows
② analyze the character of a speaker
③ assume the responsibility which is inherently ours
④ focus on the speaker's competency of speech delivery

2025 출제기조 전환 예시문제 2차

[01 ~ 03] 밑줄 친 부분에 들어갈 말로 가장 적절한 것을 고르시오.

01

In order to exhibit a large mural, the museum curators had to make sure they had ________ space.

① cozy
② stuffy
③ ample
④ cramped

02

Even though there are many problems that have to be solved, I want to emphasize that the safety of our citizens is our top ________.

① secret
② priority
③ solution
④ opportunity

03

Overpopulation may have played a key role: too much exploitation of the rain- forest ecosystem, on which the Maya depended for food, as well as water shortages, seems to ____________ the collapse.

① contribute to
② be contributed to
③ have contributed to
④ have been contributed to

[04 ~ 05] 밑줄 친 부분 중 어법상 옳지 않은 것을 고르시오.

04

It seems to me that any international organization ① designed to keep the peace must have the power not merely to talk ② but also to act. Indeed, I see this ③ as the central theme of any progress towards an international community ④ which war is avoided not by chance but by design.

05

We have already ① arrived in a digitized world. Digitization affects not only traditional IT companies, but companies across the board, in all sectors. New and changed business models ② are emerged: cars ③ are being shared via apps, languages learned online, and music streamed. But industry is changing too: 3D printers make parts for machines, robots assemble them, and entire factories are intelligently ④ connected with one another.

[06 ~ 07] 밑줄 친 부분에 들어갈 말로 가장 적절한 것을 고르시오.

06

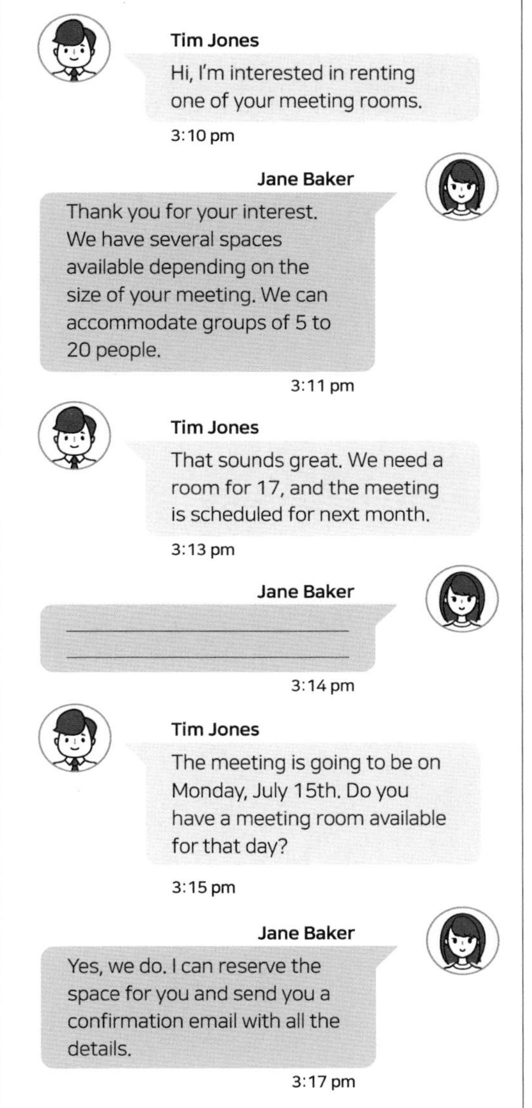

① Could I have your contact information?
② Can you tell me the exact date of your meeting?
③ Do you need a beam projector or a copy machine?
④ How many people are going to attend the meeting?

07

A: What do you think of this bicycle?
B: Wow, it looks very nice! Did you just get it?
A: No, this is a shared bike. The city launched a bike sharing service.
B: Really? How does it work? I mean, how do I use that service?
A: It's easy. 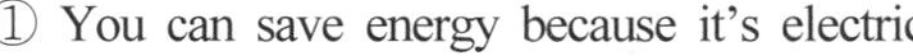.
B: It doesn't sound complicated. Maybe I'll try it this weekend.
A: By the way, it's an electric bicycle.
B: Yes, I can tell. It looks cool.

① You can save energy because it's electric
② Just apply for a permit to park your own bike
③ Just download the bike sharing app and pay online
④ You must wear a helmet at all times for your safety

[08 ~ 09] 다음 글을 읽고 물음에 답하시오.

Agricultural Marketing Office

Mission

We administer programs that create domestic and international marketing opportunities for national producers of food, fiber, and specialty crops. We also provide the agriculture industry with valuable services to ensure the quality and availability of wholesome food for consumers across the country and around the world.

Vision

We facilitate the strategic marketing of national agricultural products in domestic and international markets while ensuring <u>fair</u> trading practices and promoting a competitive and efficient marketplace to the benefit of producers, traders, and consumers of national food, fiber, and specialty crops.

Core Values

- Honesty & Integrity: We expect and require complete honesty and integrity in all we do.
- Independence & Objectivity: We act independently and objectively to create trust in our programs and services.

08 윗글에서 Agricultural Marketing Office에 관한 내용과 일치하는 것은?

① It creates marketing opportunities for domestic producers.
② It limits wholesome food consumption around the world.
③ It is committed to benefiting consumers over producers.
④ It receives mandates from other agencies before making decisions.

09 밑줄 친 fair의 의미와 가장 가까운 것은?

① free
② mutual
③ profitable
④ impartial

[10 ~ 11] 다음 글을 읽고 물음에 답하시오.

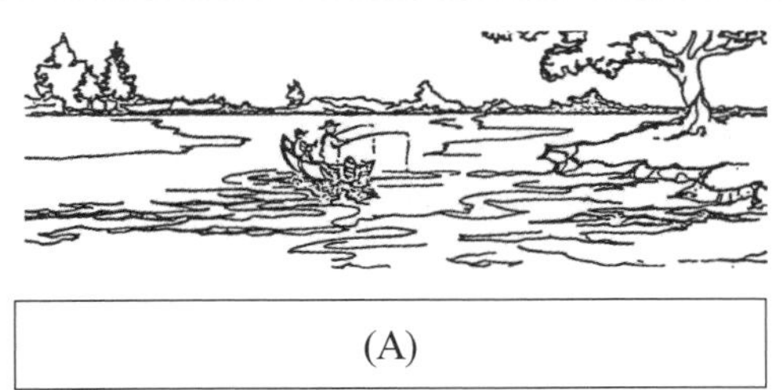

(A)

As a close neighbor, you will want to learn how to save your lake.

While it isn't dead yet, Lake Dimmesdale is heading toward this end. So pay your respects to this beautiful body of water while it is still alive.

Some dedicated people are working to save it now. They are having a special meeting to tell you about it. Come learn what is being done and how you can help. This affects your property value as well.

Who wants to live near a dead lake?

Sponsored by Central State Regional Planning Council

- Location: Green City Park Opposite Southern State College
  (in case of rain: College Library Room 203)
- Date: Saturday, July 6, 2024
- Time: 2:00 p.m.

For any questions about the meeting, please visit our website at www.planningcouncilsavelake.org or contact our office at (432) 345-6789.

10 (A)에 들어갈 윗글의 제목으로 가장 적절한 것은?

① Lake Dimmesdale Is Dying
② Praise to the Lake's Beauty
③ Cultural Value of Lake Dimmesdale
④ Significance of the Lake to the College

11 위 안내문의 내용과 일치하지 않는 것은?

① 호수를 살리기 위해 노력하는 사람들이 있다.
② 호수를 위한 활동이 주민들의 재산에 영향을 미친다.
③ 우천 시에는 대학의 구내식당에서 회의가 열린다.
④ 웹사이트 방문이나 전화로 회의에 관해 질문할 수 있다.

12 다음 글의 목적으로 가장 적절한 것은?

Send Preview Save

To	cbsclients@calbank.com
From	calbanks@calmail.com
Date	May 7, 2024
Subject	Important notice

My PC Browse

Times New 10pt G G G G G

Dear Valued Clients,

In today's world, cybercrime poses a serious threat to your security. As your trusted partner, we want to help you protect your personal and business information. Here are five easy ways to safeguard yourself from cyber threats:

1. Use strong passwords and change them frequently.
2. Keep your software and devices up to date.
3. Be wary of suspicious emails, links, or telephone calls that pressure you to act quickly or give out sensitive information.
4. Enable Two Factor authentication and use it whenever possible. When contacting California Bank & Savings, you will be asked to use a One Time Passcode (OTP) to verify your identity.
5. Back up your data regularly.

Visit our Security Center to learn more about how you can stay safe online. Remember, cybersecurity is a team effort. By working together, we can build a safer online environment for ourselves and the world.

Sincerely,

California Bank & Savings

① to inform clients of how to keep themselves safe from cyber threats
② to inform clients of how to update their software and devices
③ to inform clients of how to make their passwords stronger
④ to inform clients of how to safeguard their OTPs

13 다음 글의 주제로 가장 적절한 것은?

The International Space Station, orbiting some 240 miles above the planet, is about to join the effort to monitor the world's wildlife — and to revolutionize the science of animal tracking. A large antenna and other equipment aboard the orbiting outpost, installed by spacewalking Russian astronauts in 2018, are being tested and will become fully operational this summer. The system will relay a much wider range of data than previous tracking technologies, logging not just an animal's location but also its physiology and environment. This will assist scientists, conservationists and others whose work requires close monitoring of wildlife on the move and provide much more detailed information on the health of the world's ecosystems.

① evaluation of sustainability of global ecosystems
② successful training projects of Russian astronauts
③ animal experiments conducted in the orbiting outpost
④ innovative wildlife monitoring from the space station

14 다음 글의 내용과 일치하지 않는 것은?

The David Williams Library and Museum is open 7 days a week, from 9:00 a.m. to 5:00 p.m. (NOV—MAR) and 9:00 a.m. to 6:00 p.m. (APR—OCT). Online tickets may be purchased at the link below. You will receive an email confirmation after making a purchase (be sure to check your SPAM folder). Bring this confirmation — printed or on smart device — as proof of purchase.

- **Online tickets**: buy.davidwilliams.com/events

The David Williams Library and Museum and the Home of David Williams (operated by the National Heritage Service) offer separate $10.00 adult admission tickets. Tickets for tours of the Home may be purchased on-site during normal business hours.

- **CLOSED**: Thanksgiving, Christmas and New Year's Day

There is no charge for conducting research in the David Williams Library research room.

For additional information, call 1 (800) 333-7777.

① The Library and Museum closes at 5:00 p.m. in December.
② Visitors can buy tour tickets for the Home on-site.
③ The Home of David Williams is open all year round.
④ One can do research in the Library research room for free.

15 다음 글의 요지로 가장 적절한 것은?

Animal Health Emergencies

Preparedness for animal disease outbreaks has been a top priority for the Board of Animal Health (BOAH) for decades. A highly contagious animal disease event may have economically devastating effects as well as public health or food safety and security consequences.

Foreign Animal Diseases

A foreign animal disease (FAD) is a disease that is not currently found in the country, and could cause significant illness or death in animals or cause extensive economic harm by eliminating trading opportunities with other countries and states.

Several BOAH veterinarians who are trained in diagnosing FADs are available 24 hours a day to investigate suspected cases of a FAD. An investigation is triggered when report of animals with clinical signs indicative of a FAD is received or when diagnostic laboratory identifies a suspicious test result.

① BOAH focuses on training veterinarians for FADs.
② BOAH's main goal is to repsond to animal disease epidemic.
③ BOAH actively promotes international trade opportunities.
④ BOAH aims to lead laboratory research on the causes of FADs.

16 다음 글의 흐름상 어색한 문장은?

A very common type of writing task — one that appears in every academic discipline — is a reaction or response. ① In a reaction essay, the writer is usually given a "prompt" — a visual or written stimulus — to think about and then respond to. ② It is very important to gather reliable facts so that you can defend your argument effectively. ③ Common prompts or stimuli for this type of writing include quotes, pieces of literature, photos, paintings, multimedia presentations, and news events. ④ A reaction focuses on the writer's feelings, opinions, and personal observations about the particular prompt. Your task in writing a reaction essay is twofold: to briefly summarize the prompt and to give your personal reaction to it.

17 주어진 문장이 들어갈 위치로 가장 적절한 것은?

For others, activism is controversial and disruptive; after all, it often manifests as confrontational activity that directly challenges the order of things.

Activism is frequently defined as intentional, vigorous or energetic action that individuals and groups practice to bring about a desired goal. (①) For some, activism is a theoretically or ideologically focused project intended to effect a perceived need for political or social change. (②) Activism is uncomfortable, sometimes messy, and almost always strenuous. (③) In addition, it does not occur without the presence and commitment of activists, that is, folks who develop workable strategies, focus a collective spotlight onto particular issues, and ultimately move people into action. (④) As a noted scholar suggests, effective activists also make noise, sometimes loudly.

18 주어진 글 다음에 이어질 글의 순서로 가장 적절한 것은?

Nick started a fire with some chunks of pine he got with the ax from a stump. Over the fire he stuck a wire grill, pushing the four legs down into the ground with his boot.

(A) They began to bubble, making little bubbles that rose with difficulty to the surface. There was a good smell. Nick got out a bottle of tomato ketchup and cut four slices of bread.

(B) The little bubbles were coming faster now. Nick sat down beside the fire and lifted the frying pan off.

(C) Nick put the frying pan on the grill over the flames. He was hungrier. The beans and spaghetti warmed. He stirred them and mixed them together.

① (B) − (A) − (C)
② (B) − (C) − (A)
③ (C) − (A) − (B)
④ (C) − (B) − (A)

[19 ~ 20] 밑줄 친 부분에 들어갈 말로 가장 적절한 것을 고르시오.

19

Technological progress can destroy jobs in a single industry such as textiles. However, historical evidence shows that technological progress does not produce unemployment in a country as a whole. Technological progress increases productivity and incomes in the overall economy, and higher incomes lead to higher demand for goods and thus ____________. As a result, workers who lose jobs in one industry will be able to find jobs in others, although for many of them this might take time and some of them, like the Luddites, will end up with lower wages in their new jobs.

① increased job losses
② delayed promotion at work
③ greater work satisfaction
④ higher demand for labor

20

There is no substitute for oil, which is one reason ____________, taking the global economy along with it. While we can generate electricity through coal or natural gas, nuclear or renewables — switching from source to source, according to price — oil remains by far the predominant fuel for transportation. When the global economy heats up, demand for oil rises, boosting the price and encouraging producers to pump more. Inevitably, those high prices eat into economic growth and reduce demand just as suppliers are overproducing. Prices crash, and the cycle starts all over again. That's bad for producers, who can be left holding the bag when prices plummet, and it hurts consumers and industries uncertain about future energy prices. Low oil prices in the 1990s lulled U.S. auto companies into disastrous complacency; they had few efficient models available when oil turned expensive.

① the automobile industry thrives
② it creates disruptions between borders
③ it is prone to big booms and deep busts
④ the research on renewable energy is limited

2025 출제기조 전환 예시문제 1차 해설

ANSWER

01 ①	02 ②	03 ④	04 ①	05 ①
06 ④	07 ③	08 ③	09 ②	10 ②
11 ③	12 ④	13 ④	14 ④	15 ①
16 ③	17 ③	18 ②	19 ①	20 ③

01 ▶ ①

정답 해설

문맥에 있는 'abnormal(이상한, 비정상적인)'을 통해 날씨 패턴이 정상적이지 못하다는 의미가 필요하므로 빈칸에는 ①이 적절하다.

지문 해석

최근, 종종 "이상 기후"라고 불리는 점점 더 불규칙해지는 날씨 패턴이 전 세계에서 관찰되고 있다.

① irregular 불규칙한, 고르지 못한
② consistent 일관된, ~과 일치하는
③ predictable 예측[예견]할 수 있는
④ ineffective 효과 없는, 쓸모없는

지문 어휘

- refer to A as B A를 B라고 부르다
- abnormal 이상한, 비정상적인

02 ▶ ②

정답 해설

역접(instead)의 단서로 'emotion(감정, 정서)'과 상반된 의미가 필요하므로 빈칸에는 ②가 적절하다.

지문 해석

대부분의 경제 이론은 사람들이 이성적으로 행동한다고 가정하지만, 이것은 그들이 종종 감정에 의존한다는 사실을 설명하지 못한다.

① temporary 임시의, 일시적인
② rational 이성적인, 합리적인
③ voluntary 자발적인
④ commercial 상업의, 상업적인

지문 어휘

- assume 가정하다, 추정하다, 맡다
- account for 설명하다, 차지하다
- emotion 감정, 정서

03 ▶ ④

정답 해설

④ [출제 영역] 챕터 04 동사의 시제

빈칸은 동사의 시제를 물어보는 문제이다. 시간의 부사절에서는 현재시제가 미래를 대신한다. 따라서 밑줄 친 부분에 들어갈 말로 가장 적절한 것은 'finishes'이다.

지문 해석

그녀는 학위를 마치고, 그녀는 공부 분야에서 귀중한 지식을 획득할 것이다.

04 ▶ ①

정답 해설

① [출제 영역] 챕터 05 주어와 동사 수 일치

동사의 주어가 단수 명사 knowledge이므로 단수 동사로 수 일치해야 한다. 따라서 are 대신 is로 써야 올바르다.

오답 해설

② [출제 영역] 챕터 03 동사의 유형

help의 목적보어로 원형 부정사와 to부정사가 올 수 있다. 따라서 밑줄 친 부분은 올바르게 쓰였다.

③ [출제 영역] 챕터 02 단어의 이해

all은 부사로 조동사 have 뒤에서 쓸 수 있다. 따라서 밑줄 친 부분은 올바르게 쓰였다.

④ [출제 영역] 챕터 07 동명사

'~하는 데 어려움을 겪다'의 뜻으로 쓰일 때는 'have difficulty[trouble, a hard time] -ing'의 동명사 관용 구문 표현으로 쓸 수 있다. 따라서 밑줄 친 부분을 올바르게 쓰였다.

지문 해석

당신은 소리 체계, 단어 패턴, 그리고 문장 구조에 대한 지식이 학생이 언어에 능숙해지는 데 충분하다고 결론 내릴 수도 있다. 그러나 우리는 모두 영어를 구조적으로 이해하지만 여전히 의사 소통하는 데 어려움을 겪는다.

05 ▶ ①

정답 해설

① [출제 영역] 챕터 07 동명사
'~에 익숙하다'의 뜻으로 쓰일 때는 'get used to (동)명사'의 전치사 to를 포함한 동명사 표현으로 쓸 수 있다. 따라서 have 대신 having으로 써야 올바르다.

오답 해설

② [출제 영역] 챕터 14 관계사
관계사의 계속적 용법으로 쓰인 all of whom은 and all of them와 같은 의미다. 따라서 '접속사 + 대명사'의 의미인 목적격 관계대명사 whom은 올바르게 쓰였다.

③ [출제 영역] 챕터 08 분사
spread는 과거분사의 형태로 앞 부분의 'only 18 million people'를 수식하고 있으므로 밑줄 친 부분은 올바르게 쓰였다.

④ [출제 영역] 챕터 02 단어의 이해
alone은 명사, 대명사 바로 뒤에서 그것을 수식하는 형용사로 '다만, ~만, ~뿐'의 뜻으로 쓰인다. 따라서 밑줄 친 부분은 올바르게 쓰였다.

지문 해석

자동차와 교통 체증을 넘어서, 한 장소에 이렇게 많은 사람들이 모두 빠르게 움직이는 것에 적응하는 데 시간이 걸렸다고 그녀는 말했다. "매사추세츠 주 한 곳에만 600만 명 이상의 사람들과 비교해 보았을 때 호주에는 전체 국가에 퍼져 있는 1800만 명의 사람들만이 있다"라고 그녀는 말했다.

06 ▶ ④

정답 해설

항공편 예약과 관련된 대화로, 빈칸 앞에 좌석에 대한 선호도를 물어 보고 있으므로 좌석과 관련하여 대답했음을 짐작할 수 있다. 따라서 밑줄 친 부분에 들어갈 말로 가장 적절한 것은 ④이다.

지문 해석

A: 안녕하세요. 저는 오클랜드에서 오클랜드 항공편을 예약하고 싶습니다.
B: 네. 어떤 특정한 날짜를 원하십니까?
A: 네. 5월 2일에 출발해서 5월 14일에 돌아올 예정입니다.
B: 네. 스케줄에 맞는 것을 발견했습니다. 어떤 좌석을 예약하시겠습니까?
A: 일반석은 저에게 충분합니다.
B: 선호하시는 좌석이 있으신가요?
A: 네. 통로 쪽 좌석을 원합니다.
B: 좋습니다. 항공편이 지금 예약되었습니다.

① 네. 비즈니스 클래스로 업그레이드하고 싶습니다.
② 아니요. 편도 티켓을 구매하고 싶습니다.
③ 아니요. 짐이 없습니다.
④ 네. 통로 쪽 좌석을 원합니다.

지문 어휘

- book a flight 항공기를 예약하다
- specific 특정한
- economy class (여객기의) 일반석, 보통석
- aisle 통로, 복도

07 ▶ ③

정답 해설

워크숍의 참석과 관련된 대화로, 빈칸 앞에 워크숍에 참석하려면 자리를 예약해야 하는데 예약을 어떻게 해야하는지 방법에 대해 물어보고 있다. 따라서 밑줄 친 부분에 들어갈 말로 가장 적절한 것은 ③이다.

지문 해석

Kate Anderson: 다음 주 금요일에 워크숍에 오시는 건가요?
Jim Henson: 글쎄요. 그날은 병원 예약이 되어 있어서요.
Kate Anderson: 꼭 오셔야 합니다! 워크숍은 우리의 업무 효율성을 향상시킬 수 있는 인공지능 도구에 관한 것입니다.
Jim Henson: 와, 주제가 정말 흥미롭게 들리네요!
Kate Anderson: 맞아요. 하지만 워크숍에 참석하려면 자리 예약하는 것을 잊지 마세요.
Jim Henson: 어떻게 하면 되나요?
Kate Anderson: 게시판에 적힌 설명을 따르세요.

① 자신의 노트북을 가져와야 합니다.
② 이미 예약했습니다.
③ 게시판에 적힌 설명을 따르세요.
④ 진료 예약을 위해 병원에 전화해야 합니다.

지문 어휘

- reserve a seat 좌석을 예약하다
- instruction 설명, 지시
- bulletin board 게시판

08 ▶ ③

정답 해설

새로운 스포츠 경기장 소음으로 인한 불편함에 대한 우려를 나타내기 위해 Clifton 구청에 보낸 이메일이다. 따라서 글의 목적으로 적절한 것은 ③이다.

09 ▶ ②

정답 해설

'이 문제에 대해서 적합한 조치를 취하기를 원한다'라는 내용이 맥락상 적절하므로 steps와 가장 의미가 가까운 것은 ② 'actions(조치들)'이다.

오답 해설

① 'movement'는 '움직임, 이동'이라는 의미로, 문맥상 'step'과는 다른 의미이다.
③ 'level'은 '정도, 단계, 관점'이라는 의미로, 문맥상 'step'과는 다른 의미이다.
④ 'stair'는 '계단, 층계'라는 의미로, 문맥상 'step'과는 다른 의미이다.

[08 ~ 09]

지문 해석

수신인: 클리프턴 구청
발신인: Rachael Beasly
날짜: 6월 7일
제목: 인근의 과도한 소음

담당자분께,

이 이메일이 당신에게 잘 도착하기를 바랍니다. 저는 특히 새로운 스포츠 경기장에서 오는 우리 동네의 과도한 소음 수준에 대하여 우려와 좌절감을 표현하기 위해 글을 씁니다.

클리프턴 지역 주민으로서, 저는 항상 우리 지역 사회의 평화를 높이 평가해왔습니다. 그러나, 계속되는 소음으로 인한 방해는 우리 가족의 안녕과 우리 삶의 전반적인 질에 상당히 영향을 미치고 있습니다. 소음의 원인은 군중 응원, 선수들의 함성, 휘파람, 공의 충돌을 포함합니다.

저는 당신이 이 문제를 조사하여 소음으로 인한 방해를 해결하기 위한 적절한 조치를 취해 주시기를 부탁드립니다. 이 문제에 관한 당신의 관심에 감사드리며, 우리 인근의 평온을 회복하는 데 도움이 될 수 있는 신속한 대응에 감사드립니다.

진심을 담아,
Rachael Beasly

지문 어휘

- concern 관계하다, 관련되다, 걱정시키다, 염려[우려]하게 만들다, 일, 관계, 관심, 걱정, 우려
- regarding ~에 대하여, ~에 관하여
- excessive 과도한, 지나친
- district 지역, 지방
- look into ~을 조사하다, ~을 들여다 보다, 주의 깊게 살피다
- matter 문제, 물질, 재료, 중요하다, 문제가 되다
- take steps 조치를 취하다
- address 해결하다, 다루다, 처리하다, 주소를 쓰다, 연설하다
- prompt 신속한, 즉각적인, 자극하다, 촉구하다
- tranquility 평온, 고요, 차분함

10 ▶ ②

정답 해설

연간 행사인 도시 항만 축제의 일정과 세부 프로그램에 대한 공지의 글이다. 따라서 글의 제목으로 가장 적절한 것은 ② '활기찬 커뮤니티 이벤트를 기념하세요'이다.
① 커뮤니티를 위한 안전 규정을 만들어 보세요
③ 신나는 해양 체험을 계획하세요
④ 우리 도시의 유산을 재현하세요

11 ▶ ③

정답 해설

본문의 열세 번째 문장에서 '무료 시식뿐만 아니라 다양하고 맛있는 요리를 제공한다'고만 언급되어 있고, 무료 요리 강습에 대한 내용은 언급되지 않았으므로 윗글의 내용과 일치하지 않는 것은 ③이다.

오답 해설

① 본문의 두 번째 문장에서 언급하고 있으므로 일치한다.
② 본문의 일곱 번째 문장에서 언급하고 있으므로 일치한다.
④ 본문의 열네 번째 문장에서 언급하고 있으므로 일치한다.

[10 ~ 11]

지문 해석

우리의 활기찬 지역사회 행사를 기념하세요

우리는 우리의 공유된 유산, 문화, 그리고 지역 재능을 기념하기 위해 우리의 다양한 지역 사회를 화합하게 하는 연례행사인 곧 있을 City Harbour Festival을 발표하게 되어 기쁩니다. 여러분의 달력에 표시하고 신나는 주말에 우리와 함께 하세요!

세부 사항
- 날짜: 6월 16일, 금요일 – 6월 18일, 일요일
- 시간: 오전 10 : 00 – 오후 8 : 00 (금, 토)
  오전 10 : 00 – 오후 6 : 00 (일)
- 장소: City Harbour 공원, 시내 중심가, 주변 지역

하이라이트
- 라이브 공연
  축제장 곳곳에 다수의 무대에서 다양한 라이브 음악, 춤, 그리고 연극 공연을 즐기세요.
- 푸드 트럭
  무료 시식뿐만 아니라 다양하고 맛있는 요리를 제공하는 다양한 푸드 트럭과 함께 잔치를 즐기세요.

행사 및 활동의 전체 일정은 당사 웹사이트 www.cityharbourfestival.org를 방문하거나 축제사무소인 (552) 234-5678로 연락주세요.

지문 어휘

- vibrant 활기찬, 생기가 넘치는, 강렬한, 선명한
- upcoming 곧 있을, 다가오는
- bring together 화합하게 하다, 모으다, 화해시키다
- heritage 유산, 전승, 전통
- a variety of 다양한, 여러 가지의
- throughout 곳곳에, 도처에, ~동안, ~내내
- feast 잔치, 연회, 축제일, 포식하다
- cuisine 요리, 요리법

12 ▶ ④

정답 해설

본문의 여섯 번째 문장에서 '모바일 기기 사용이 불편한 사람들을 위한 웹 버전의 앱도 있다'고 언급하고 있으므로 윗글의 내용과 일치하지 않는 것은 ④이다.

오답 해설

① 본문의 세 번째 문장에서 언급하고 있으므로 일치한다.
② 본문의 네 번째 문장에서 언급하고 있으므로 일치한다.
③ 본문의 다섯 번째 문장에서 언급하고 있으므로 일치한다.

지문 해석

당신의 세관 신고를 위해 새로운 Enter-K 앱을 사용하세요.

공항에 당신이 도착하자마자 새로운 Enter-K 앱을 사용하세요. Enter-K에 의해 제공되는 한 가지 주목할 만한 특징은 Advance Declaration(사전 신고)인데, 이것은 여행자들에게 미리 그들의 세관 신고서를 제출할 수 있는 옵션을 허용하고 그들이 우리의 모든 국제 공항에서 시간을 절약할 수 있게 합니다. Enter-K는 계속 진행 중인 Traveller Modernization(여행자 현대화) 계획의 일환으로 미래에 국경 관련 추가 기능을 계속 도입하여 전체적인 국경 경험을 더욱 향상시킬 것입니다. 당신이 도착하기 전에 온라인 스토어에서 최신 버전의 앱을 간단히 다운로드 하세요. 모바일 기기 사용이 불편한 사람들을 위한 웹 버전의 앱 또한 있습니다.

① 이것은 여행자들이 미리 세관 신고를 할 수 있게 해준다.
② 더 많은 기능이 추가될 것이다.
③ 여행자들은 온라인 스토어에서 이것을 다운로드할 수 있다.
④ 이것은 개인 모바일 기기에서만 작동한다.

지문 어휘

- customs 세관, 관세
- declaration 신고, 선언, 발표, 공표
- arrival 도착, 도래, 도입
- in advance 미리, 전부터
- enable ~을 할 수 있게 하다, 가능하게 하다
- international 국제적인
- ongoing 계속 진행 중인
- introduce 도입하다, 소개하다, 시작하다
- comfortable 편안한, 쾌적한

13 ▶ ④

정답 해설

본문의 일곱 번째 문장에서 언급하고 있으므로 윗글의 내용과 일치하는 것은 ④이다.

오답 해설

① 본문에서 '세금을 제대로 납부하도록 보장한다'는 내용은 언급되지 않았으므로 일치하지 않는다.
② 본문의 네 번째 문장에서 '미성년자 고용에 관한 권한을 가지고 있다'고 언급하고 있으므로 일치하지 않는다.
③ 본문에서 '고용주의 사업 기회들을 촉진한다'는 내용은 언급되지 않았으므로 일치하지 않는다.

지문 해석

노동위원회(OLC) 사무소의 책임

OLC는 국가의 주요 노동 규제 기관입니다. OLC는 최저 임금, 적정 임금, 그리고 초과 근무 수당 등이 종업원에게 지급되고 종업원의 휴식 및 점심시간이 제공되도록 보장하는 것에 책임이 있습니다. 게다가, OLC는 미성년자 고용에 관한 권한을 가지고 있습니다. 노동과 관련된 문제들을 효율적이고 전문적이며 효과적인 방법으로 해결하는 것이 본 사무소의 비전이자 임무입니다. 이것은 고용주와 종업원에게 법에 따른 그들의 권리와 책임에 대해 교육하는 것을 포함합니다. OLC는 근로자가 공정하게 대우받고 모든 근무 시간에 대해 보상을 받는 것을 보장할 수 있도록 필요할 때 집행 조치를 취합니다.

① 그것은 직원들이 세금을 제대로 납부하도록 보장한다.
② 그것은 성인 근로자의 고용에만 권한을 가지고 있다.
③ 그것은 고용주의 사업 기회들을 촉진한다.
④ 그것은 직원들이 불공정하게 대우받을 때 조치를 취한다.

지문 어휘

- principal 주된, 주요한, 학장, 총장
- regulatory 규제의, 통제의, 단속의
- minimum 최저의, 최소한의
- wage 임금, 급료
- employee 종업원
- minor 미성년자, 부전공, 작은, 가벼운
- employer 고용주
- enforcement 집행, 시행, 실시
- compensate 보상하다, 보상금을 주다

14 ▶ ④

정답 해설

살모넬라에 의한 식중독의 예방을 위한 글로, 식약처는 식중독 증가 사례를 경고하며, 계란을 만질 때 손을 씻지 않아 음식이나 도구를 준비할 때 식품 중독이 발생할 수 있다고 경고하고 있다. 특히, 살모넬라 박테리아에 의한 식중독이 증가하고 있으며, 식품 안전을 위해 계란을 냉장하고 완전히 익혀야 함을 강조하고 있다. 따라서 글의 주제로 적절한 것은 ④이다.

지문 해석

식품의약품안전처는 음식을 준비하거나 도구를 사용하기 전에 사람들이 달걀을 만지고 손을 씻는 것에 소홀하는 교차 오염의 결과로 식중독 사례가 발생했다고 경고했다. 이러한 위험을 완화시키기 위해 식약처는 달걀을 냉장 보관하고 노른자와 흰자가 모두 단단해질 때까지 그것들을 완전히 익힐 것을 권고했다. 지난 5년간, 놀랍게도 7,400명의 사람들이 살모넬라균에 의해 야기된 식중독을 경험했다. 살모넬라균은 따뜻한 온도에서 번성하며, 대략 섭씨 37도가 최적의 성장 조건이다. 날달걀 또는 설익은 달걀을 먹고 날음식과 익힌 음식을 분리하지 못하는 것이 살모넬라균 감염의 가장 흔한 원인으로 확인되었다. 살모넬라균과 관련된 질병의 위험을 최소화하기 위해 식품 안전 조치를 우선시하고 적절한 조리 관행을 지키는 것이 중요하다.

① 면역 체계에 계란 섭취가 미치는 이점들
② 살모넬라 감염에 대한 다양한 치료법들
③ 따뜻한 온도에서 살모넬라 박테리아의 수명
④ 살모넬라 감염 예방을 위한 계란의 안전한 취급 방법

지문 어휘

- ministry (정부의 각) 부처, 목사, 성직자
- food poisoning 식중독
- utensil 도구, 기구, 가정용품
- advise 권고하다, 충고하다, 조언하다
- yolk (달걀 등의) 노른자(위)
- firm 단단한, 확고한, 회사
- staggering 놀랍게도, 충격적인, 믿기 어려운, 비틀거리는
- thrive 번성하다, 번영하다, 성장하다, 잘 자라다
- temperature 온도, 기온, 체온
- degree (온도 단위인) 도, 정도, 학위, 등급
- optimal 최적의, 최선의
- raw 날것의, 익히지 않은, 가공되지 않은
- undercooked (음식이) 설익은
- common 흔한, 공동의, 공통의
- infection 감염, 전염병
- prioritize 우선시하다, 우선순위를 매기다, 우선적으로 처리하다

- adhere to 지키다, ~을 고수하다
- minimize 최소화하다, 축소하다
- illness 질병, 질환, 아픔

15 ▶ ①

정답 해설

교육격차 해소를 위한 노력과 과제에 대한 글로, 전문가들이 격차를 줄이기 위해 효과적인 개입, 공정한 자원 할당, 포용적인 정책이 필요하다고 강조하고 있다. 따라서 글의 요지로 적절한 것은 ①이다.

지문 해석

교육 격차를 해결하기 위한 지속적인 노력에도 불구하고, 학생들 간의 끊임없이 지속되는 성취 격차는 교육 체제의 상당한 불평등을 계속해서 강조하고 있다. 최근 자료들은 저소득층 배경과 취약 계층을 포함한 소외된 학생들이 학업 성적에서 동료들보다 계속 뒤처지고 있음을 보여준다. 격차는 교육 형평성과 사회 이동성을 달성하는 데 어려움을 제기한다. 전문가들은 이러한 격차를 해소하고 사회경제적 지위나 배경에 관계없이 모든 학생들에게 균등한 기회를 보장하기 위해 표적적 개입, 공평한 자원 배분, 포용적 정책의 필요성을 강조한다. 지속적인 교육 격차의 문제는 교육 체제의 모든 수준에서 해결책을 찾기 위한 노력으로 해결되어야 한다.

① 우리는 지속적인 교육 불평등을 해결해야 한다.
② 교육 전문가들은 새로운 학교 정책에 초점을 맞출 필요가 있다.
③ 성취 격차를 해소하기 위해 새로운 교수 방법이 필요하다.
④ 교육 논의에서 가정 소득은 고려되지 않아야 한다.

지문 어휘

- despite ~에도 불구하고
- ongoing 지속적인, 계속 진행 중인
- disparity 격차, 차이
- persistent 끊임없이 지속되는, 끈질긴, 집요한
- highlight 강조하다, 돋보이게 하다
- inequity 불공평, 불공정
- reveal 드러내다, 나타내다, 밝히다
- marginalize ~을 소외되게 하다, 사회적으로 무시하다
- low-income 저소득의
- background 배경, 배후 사정
- vulnerable 취약한, 연약한
- lag behind ~보다 뒤(처)지다, 뒤떨어지다
- pose 제기하다, 두다, 놓다, 자세[태도]를 취하다, ~인 체하다
- challenge 어려움, 도전, 이의를 제기하다
- mobility 이동성, 기동성, 유동성
- emphasize 강조하다
- intervention 개입, 간섭
- equitable 공평한, 공정한
- allocation 배분, 할당
- inclusive 포용적인, 포괄적인, 포함된
- bridge the gap 격차를 해소하다
- status 지위, 신분, 자격
- address 해결하다, 다루다, 연설하다, 주소, 연설

16 ▶ ③

정답 해설

어린이들의 성장에서 중요한 '자연'을 강조하는 글이다. 어린이와 함께 도시 공원을 방문하는 것은 단순히 스트레스 해소뿐만 아니라 학업 성과 향상, 기분 및 집중력 향상과 같은 거대한 이점을 가져올 수 있음을 설명하고 있다. 그러나 ③의 진술은 '자연에서의 활동의 단점'을 언급하고 있으므로 글의 일관성에서 위배가 된다. 따라서 글의 흐름상 어색한 문장은 ③이다.

지문 해석

어린 아이들의 모든 부모나 보호자는 집에서 나가고 싶은 필사적인 충동과 심지어 지역 공원으로의 짧은 여행의 마법 같은 회복 효과를 경험했을 것이다. ① 여기서 아마도 단지 기분을 푸는 것 이상의 일이 일어나고 있을 것이다. ② 더 나은 학업 성취로부터 향상된 기분과 집중에 이르기까지, 아이들에게 자연에 들어가는 것의 이점들은 엄청나다. (③ 야외 활동들은 그들이 가족과 양질의 시간을 보내는 것을 어렵게 만든다.) ④ 자연에 대한 어린 시절의 경험들은 성인기에 환경보호주의를 신장시킬 수도 있다. 도시의 녹지 공간에 접근하는 것은 아이들의 사회적 관계망과 우정에 역할을 할 수 있다.

지문 어휘

- guardian 보호자, 후견인
- desperate 필사적인, 절망적인
- urge 충동, 욕구, 충고하다, 권고하다
- get out of ~에서 나오다, 도망치다
- restorative 회복하는, 복원하는
- probably 아마
- going on (일이) 일어나고 있는
- let off steam 기분을 풀다, 울분[열기 등]을 발산하다
- get into ~에 들어가다, ~에 도착하다

17 ▶ ③

정답 해설

Clean Air Act(1970년) 후, Chay와 Greenstone의 경제학적 평가에 따르면, 미 연방 정부의 공기 오염 규제는 공장 및 도시에서의 대기 질을 개선하고, 경제적 가치를 창출했음을 과거의 상황과 대비시킨 글이다. 주어진 제시문은 과거의 문제점을 강조하고 있으므로 ② 뒤의 '그 결과 오염에 대한 규제 없이 가동을 허용했고, 오염이 매우 높은 수준에 도달함'의 진술 다음에 위치해야 한다. 따라서 주어진 문장이 들어갈 위치로 가장 적절한 것은 ③이다.

지문 해석

경제학자 Chay와 Greenstone은 1970년 청정대기법 이후 대기오염 정화의 가치를 평가했다. (①) 1970년 이전에는 대기오염에 대한 연방 정부의 규제가 거의 없었고, 주 의원들의 의제에서 그 문제가 중요하지 않았다. (②) 결과적으로, 많은 주들이 오염에 대한 규제 없이 공장들이 가동하는 것을 허용했고, 몇몇 고도로 산업화된 주들에서는 오염이 매우 높은 수준에 도달했다. (③ 특히 많은 도시의 주들에서는 총 부유입자의 양으로 측정되는 대기오염이 위험 수준에 도달했다.) 청정대기법은 무엇이 5가지 특히 위험한 오염물질의 과도하게 높은 수준을 구성하는 지에 대한 지침을 제정했다. (④) 1970년 이 법령과 1977년 개정에 이후에, 대기의 질에 개선이 있었다.

지문 어휘

- act 법령, 행동, 행동하다
- federal 연방 정부의, 연방제의
- agenda 의제, 안건
- legislator 입법자, 법률 제정자, 의회[국회]의원
- county (자치)주, 군
- operate 가동[작동]하다, 작용하다, 수술하다
- suspend 부유시키다, 매달다, 중지하다, 연기하다
- particle 입자, 조각, 미립자
- constitute ~을 구성하다, 이루다, 설립하다
- excessively 과도하게, 지나치게
- pollutant 오염 물질, 오염원
- amendment 개정, 수정

18 ▶ ②

정답 해설

어려운 상황에서 빵을 집에 가져가서 가족들과 함께 식사를 즐기고 있는 내용의 이야기이다. 첫 문장에서 주인공이 빵을 몰래 가져가는 상황이 기술되어 있다. 그 후에 이어질 글에서는 그 빵을 가지고 어떻게 행동했는지에 관한 내용이 나와야 하므로 빵을 가지고 집으로 돌아가는 동안의 상황을 묘사한 (B)가 먼저 나오고, 여동생과 어머니를 식탁에 앉게 하는 (A)의 내용이 이어진 다음, 빵을 같이 먹는 (C)의 상황으로 글이 마무리가 되어야 한다. 따라서 글의 순서로 적절한 것은 ②이다.

지문 해석

누군가가 무슨 일이 일어났는지 목격하기 전에 나는 빵 덩어리들을 내 셔츠 아래로 아무렇게나 넣고 헌팅 재킷을 몸에 꽉 감싸 입고 신속하게 걸어 나갔다.

(B) 빵의 열기가 내 피부 안을 태웠지만, 나는 그것을 더 단단히 꽉 움켜잡고 삶에 매달렸다. 집에 도착할 때쯤, 빵 덩어리들은 약간 식었지만 속은 여전히 따뜻했다.

(A) 내가 그것들을 식탁에 떨어뜨릴 때, 내 여동생의 손이 다가와 한 덩어리를 찢으려고 했지만 나는 그녀를 앉히고 식탁에 어머니께서 우리와 함께 하도록 했고, 따뜻한 차를 따랐다.

(C) 나는 빵을 잘랐다. 우리는 한 조각 한 조각씩, 빵 한 덩이 전체를 먹었다. 그것은 건포도와 견과류로 가득찬 좋은 푸짐한 빵이었다.

지문 어휘

- witness 목격하다, 목격자, 증인
- shove 아무렇게나 넣다, 밀치다
- tightly 꽉, 단단히, 빽빽이
- swiftly 신속하게, 재빠르게
- burn 태우다, 불에 타다, 화상을 입히다
- clutch (꽉) 움켜잡다
- cling to 매달리다, 고수하다
- by the time ~할 때쯤, ~할 때까지
- tear off 찢어내다, 떼어내다, ~을 벗기다
- chunk 덩어리
- pour (음료를) 따르다[따라 주다], 붓다
- slice 자르다, 썰다, 조각, 부분
- entire 전체의, 전부의
- hearty 푸짐한, 원기 왕성한, 애정어린, 친절한
- filled with ~으로 가득찬
- raisin 건포도
- nut 견과

19 ▶ ①

정답 해설

21세기 말까지 거의 모든 국가에서 낮아지는 출산율은 인구 감소로 이어지고, 이 변화로 인해 고령화가 급증하며 미래의 과제로 세금, 노인 건강관리, 양육 책임, 퇴직 등이 우려되고 있음을 설명하고 있다. 빈칸의 내용은 '세금, 노인 건강관리, 돌봄 책임 및 은퇴를 포함한 문제'들을 포괄하는 '인구 감소로 말미암은 문제점'에 대해 나와야 한다. 따라서 밑줄 친 부분에 들어갈 말로 적절한 것은 ①이다.

지문 해석

떨어지는 출산율이 세기말까지 거의 모든 국가의 인구 감소를 야기할 것으로 예상된다. 세계 출산율은 1950년에 4.7명이었지만 2017년에는 거의 절반인 2.4명으로 감소했다. 2100년에는 1.7명 아래로 떨어질 것으로 예상된다. 결과적으로, 일부 연구원들은 지구상의 사람들의 수가 세기말에는 88억 명으로 떨어지기 전에 2064년에 97억 명으로 절정에 달할 것으로 예측한다. 이 전환은 태어나는 수만큼 많은 사람들이 80세에 도달하며 또한 인구의 상당한 고령화로 이어질 것이다. 이러한 인구학적 변화는 세금, 노인 건강관리, 돌봄 책임 및 은퇴를 포함한 미래의 문제에 대한 우려를 제기한다. 새로운 인구의 지형으로의 "부드러운 착륙"을 보장하기 위해 연구원들은 전환의 신중한 관리의 필요성을 강조한다.

① 미래의 문제에 대한 우려를 제기한다
② 뒤집힌 연령 구조 현상을 완화한다
③ 감소한 결혼율 문제를 보상한다
④ 문제 해결을 위한 즉각적인 해결책을 제공한다

지문 어휘

- fertility rate 출산율, 출생률
- project 예상하다, 추정하다, 계획하다, 계획, 과제
- shrink 줄어들다, 오그라들다
- population 인구, 주민
- nearly 거의, 대략
- lead to ~으로 이어지다
- aging 고령화, 노령화, 노화
- demographic 인구 통계학적인, 인구학의, 인구의
- taxation 조세
- elderly 노인, 어르신들, 나이가 지긋한
- caregiving 돌봄, 부양
- management 관리, 경영, 운영
- mitigate 완화하다, 진정시키다

20 ▶ ③

정답 해설

청취자의 역할과 책임을 강조하는 글로, 이 글은 나쁜 청취자와 좋은 청취자 간의 차이를 강조하며, 좋은 청취자는 발표자의 외모나 말하는 방식이 아닌 정보에 집중하며, 우리가 듣는 것을 이해하기 위한 확실한 방법은 우리에게 내재된 책임을 떠맡는 것이라 설명하고 있다. 추론의 근거로 다섯 번째 문장의 진술을 통해서 '우리의 책임'을 표현하는 선택지를 고르면 된다. 따라서 밑줄 친 부분에 들어갈 말로 적절한 것은 ③이다.

지문 해석

많은 청자들은 "누가 그런 등장인물의 말을 들을 수 있을까? 그가 그의 메모들로부터 읽는 것을 언제 멈출 수 있을까?"라고 혼자 생각함으로써 그들의 부주의에 대해 화자를 비난한다. 좋은 청자는 다르게 반응한다. 그는 화자를 보고 "이 남자는 무능하다. 거의 누구나 그것보다 더 잘 말할 수 있을 것 같다"고 생각할 것이다. 그러나 이러한 초기의 유사성으로부터 그는 다른 결론으로 넘어가면서 생각한다. "하지만 잠시만. 나는 그의 성격이나 전달력에 관심이 없어. 나는 그가 무엇을 알고 있는지 알고 싶어. 이 남자는 내가 알아야 할 것들을 알고 있나?" 근본적으로, 우리는 "우리 자신의 경험으로 듣는다." 우리가 그의 메시지를 이해할 수 있는 능력이 잘못 갖춰져 있기 때문에 화자에게 책임이 있는가? 우리가 듣는 모든 것을 이해할 수는 없지만, 우리의 이해 수준을 높일 수 있는 한 가지 확실한 방법은 본질적으로 우리의 것인 책임을 지는 것이다.

① 화자가 알고 있는 것을 무시하다
② 화자의 성격을 분석하다
③ 본질적으로 우리의 것인 책임을 지다
④ 화자의 말 전달 능력에 집중한다

지문 어휘

- blame 비난하다, ~을 탓하다, 비난, 책임
- inattention 부주의, 태만, 무관심
- initial 초기의, 처음의
- personality 성격, 인격, 개성
- find out ~을 알아내다, 알게 되다
- speaker 화자, 발표자, 연설가
- responsible ~에 대해 책임이 있는, ~의 원인이 되는
- equip 갖추다, 차려입게 하다
- comprehend 이해하다, 파악하다, 포함하다, 의미하다
- assume (책임을) 지다, (권력을) 쥐다, (역할을) 맡다, 추정하다
- inherently 본질적으로, 선천적으로

2025 출제기조 전환 예시문제 2차 해설

ANSWER

01 ③	02 ②	03 ③	04 ④	05 ②
06 ②	07 ③	08 ①	09 ④	10 ①
11 ③	12 ①	13 ④	14 ③	15 ②
16 ②	17 ②	18 ③	19 ④	20 ③

01 ▶ ③

정답 해설

대형 벽화를 전시하기 위해서는 충분한 공간이 필요하다는 문맥이 적절하므로 빈칸에는 ③이 적절하다.

지문 해석

> 큰 벽화를 전시하기 위해, 박물관 큐레이터들은 충분한 공간을 확인해야 했다.

① cozy 편안한, 아늑한, 기분 좋은
② stuffy 답답한, 통풍이 되지 않는
③ ample 충분한, 풍만한
④ cramped 비좁은, 갑갑한

지문 어휘

- exhibit 전시하다, 보이다, 전시(품)
- mural 벽화

02 ▶ ②

정답 해설

시민의 안전이 가장 중요한 문제라는 문맥이 자연스러우므로 빈칸에는 ②가 적절하다.

지문 해석

> 해결해야 할 문제가 많음에도 불구하고, 우리 시민들의 안전이 우선 순위임을 강조하고 싶다.

① secret 비밀, 비결, 비밀의
② priority 우선 순위, 우선 사항
③ solution 해결(책), 해법, 용액
④ opportunity 기회

지문 어휘

- solve 해결하다, 풀다
- emphasize 강조하다, 역설하다
- citizen 시민, 주민

03 ▶ ③

정답 해설

③ [출제 영역] 챕터 06 수동태

'contribute to'는 '기여하다'의 의미로, 능동태로 목적어를 취하는 동사이다. 현재 시점 기준에서 과거에 사실에 대한 진술을 하고 있으므로 완료부정사로 표현해야 한다. 따라서 밑줄 친 부분에 들어갈 말로 가장 적절한 것은 'have contributed to'이다.

지문 해석

> 인구 과잉이 핵심적인 역할을 했을 수도 있다: 물 부족뿐만 아니라 마야족이 식량을 의존했던 열대 우림 생태계의 과도한 착취가 붕괴에 기여한 것으로 보인다.

04 ▶ ④

정답 해설

④ [출제 영역] 챕터 14 관계사

which는 관계대명사로, 완전한 절을 이끌 수 없다. 완전한 절을 이끌 수 있는 것은 '관계부사' 또는 '전치사 + 관계대명사'이다. 따라서 which 대신 where 또는 in which로 써야 올바르다.

오답 해설

① [출제 영역] 챕터 08 분사

that절 내의 주어 'any international organization'을 수식하는 과거분사구 'designed to keep the peace'는 '평화를 유지하기 위해 설계된'의 뜻으로 쓰였다. 따라서 밑줄 친 부분은 올바르게 쓰였다.

② [출제 영역] 챕터 05 주어와 동사 수 일치

'not merely[only] A but (also) B'의 병렬 구조는 A와 B는 동일한 형태로 써야 한다. 따라서 밑줄 친 부분인 to부정사는 올바르게 쓰였다.

③ [출제 영역] 챕터 03 동사의 유형

see는 5형식 동사로 목적격 보어 자리에 as 명사/형용사를 쓸 수 있다. 따라서 밑줄 친 부분은 올바르게 쓰였다.

지문 해석

> 나에게는 평화를 유지하기 위해 설계된 모든 국제 조직은 단지 말할 뿐만 아니라 행동할 수 있는 권한을 가지고 있는 것처럼 보인다. 사실, 나는 이것을 전쟁을 우연이 아닌 계획적으로 피하는 국제 사회로의 발전을 위한 중심 주제라고 본다.

05 ▶ ②

정답 해설

② [출제 영역] 챕터 03 동사의 유형

emerge는 '나타나다'의 뜻인 1형식 자동사로 수동태 구조로는 쓸 수 없다. 따라서 are emerged 대신 emerge 또는 are emerging으로 써야 올바르다.

오답 해설

① [출제 영역] 챕터 03 동사의 유형

arrive는 '도착하다'의 뜻인 1형식 자동사로 수동태 구조로는 쓸 수 없다. '도시, 나라'와 같은 공간을 목적어로 취할 때는 전치사 in과 결합할 수 있다. 따라서 밑줄 친 부분은 올바르게 쓰였다.

③ [출제 영역] 챕터 06 수동태

'are being shared'는 진행형 수동태로, 주어(cars) 입장에서는 행위를 받는 입장이므로 수동태로 써야 한다. 따라서 밑줄 친 부분은 올바르게 쓰였다.

④ [출제 영역] 챕터 08 분사

주어(entire factories)가 서로 연결되는 행위를 받는 입장이므로 수동의 과거분사로 써야 한다. 따라서 밑줄 친 부분은 올바르게 쓰였다.

지문 해석

> 우리는 이미 디지털화된 세상에 도달했다. 디지털화는 전통적인 IT 회사들뿐만 아니라 모든 분야의 회사들에 영향을 미친다. 새롭고 변화된 비즈니스 모델이 등장하고 있다: 앱을 통해 자동차가 공유되고, 온라인으로 언어를 배우며, 음악이 스트리밍 되고 있다. 하지만 산업도 변하고 있다: 3D 프린터는 기계 부품을 만들고, 로봇이 이를 조립하며, 전체 공장이 서로 지능적으로 연결되고 있다.

06 ▶ ②

정답 해설

회의실 임대 문의와 관련된 대화로, 빈칸 앞에 회의는 다음 달에 예정되어 있다고 말하고 있고, 빈칸 뒤에는 회의의 날짜를 구체적으로 답하고 있으므로 회의 날짜를 물어봤음을 짐작할 수 있다. 따라서 밑줄 친 부분에 들어갈 말로 가장 적절한 것은 ②이다.

지문 해석

> Tim Jones: 안녕하세요, 회의실 중 하나를 임대하고 싶습니다.
> Jane Baker: 관심 가져주셔서 감사합니다. 회의 규모에 따라 이용할 수 있는 여러 공간들이 있습니다. 저희는 5명에서 20명까지 수용이 가능합니다.
> Tim Jones: 좋습니다. 17명을 위한 방이 필요하며, 회의는 다음 달에 예정되어 있습니다.
> Jane Baker: <u>회의의 정확한 날짜를 말씀해 주실 수 있나요?</u>
> Tim Jones: 회의는 7월 15일 월요일에 열릴 예정입니다. 그날에 회의실이 있나요?
> Jane Baker: 네, 있습니다. 당신을 위한 장소를 예약해 드리고 모든 세부 사항이 포함된 확인 전자 우편을 보내드리겠습니다.

① 연락처 정보를 알려주실 수 있나요?
② 회의의 정확한 날짜를 말씀해 주실 수 있나요?
③ 빔 프로젝터나 복사기가 필요하신가요?
④ 몇 명이 회의에 참석할 예정이신가요?

지문 어휘

- rent 임대하다, 임차하다, 집세, 임차료
- meeting room 회의실
- interest 관심, 흥미, 관심[흥미]을 끌다
- several 여러 가지의, 몇몇의, 각각[각자]의
- available 구할[이용할] 수 있는, 시간이 있는
- depending on ~에 따라
- accommodate 수용하다, 공간을 제공하다
- reserve 예약하다, 보류하다, 따로 남겨 두다
- confirmation 확인, 확증

07

▶ ③

정답 해설

자전거 공유 서비스와 관련된 대화로, 빈칸 앞에 서비스를 어떻게 사용하는 건지 물어보고 있으므로 자전거 공유 서비스의 이용 방법에 대해 대답했음을 짐작할 수 있다. 따라서 밑줄 친 부분에 들어갈 말로 가장 적절한 것은 ③이다.

지문 해석

A: 이 자전거에 대해 어떻게 생각해?
B: 와, 정말 멋져 보이네! 방금 산 거야?
A: 아니, 이건 공유 자전거야. 시에서 자전거 공유 서비스를 시작했어.
B: 정말? 어떻게 작동하는 거야? 내 말은, 그 서비스를 어떻게 이용하는 거야?
A: 쉬워. 자전거 공유 앱을 다운로드하고 온라인으로 결제하면 돼.
B: 복잡하지 않은 것 같네. 아마 이번 주말에 시도해 볼 수 있을 거 같아.
A: 그런데, 이건 전기 자전거야.
B: 응, 딱 보니 알겠어. 멋져 보여.

① 전기 자전거라서 에너지를 절약할 수 있어
② 자전거를 주차할 수 있는 허가증을 신청하기만 하면 돼
③ 자전거 공유 앱을 다운로드하고 온라인으로 결제하면 돼
④ 안전을 위해 항상 헬멧을 착용해야 해

지문 어휘

- shared 공유의
- launch 시작[착수]하다, 출시[출간]하다, 개시, 출시
- complicated 복잡한
- I can tell 딱 보니 알겠다

08

▶ ①

정답 해설

본문의 세 번째 문장에서 언급하고 있으므로 윗글의 내용과 일치하는 것은 ①이다.

① 그것은 국내 생산자들에게 마케팅 기회를 제공한다.
② 그것은 전 세계적으로 건강한 음식 소비를 제한한다.
③ 그것은 생산자보다 소비자에게 혜택을 주는 데 전념한다.
④ 그것은 결정을 내리기 전에 다른 기관으로부터 지시를 받는다.

오답 해설

② 본문에서 '음식 소비를 제한한다'는 내용은 언급되지 않았으므로 일치하지 않는다.
③ 본문의 여섯 번째 문장에서 '생산자, 거래자 및 소비자에게 이익이 되는 경쟁력 있고 효율적인 시장을 촉진한다'고 언급하고 있으므로 일치하지 않는다.
④ 본문의 아홉 번째 문장에서 '신뢰를 형성하기 위해 독립적이고 객관적으로 행동한다'고 언급하고 있으므로 일치하지 않는다.

09

▶ ④

정답 해설

'fair'는 '박람회, 전시회, 공정한'이라는 의미로, 선정의 기준이나 처리 방식에서 편견이 없음을 나타낸다. 따라서 'fair'의 의미와 가장 가까운 것은 ④ 'impartial(공평한, 공정한)'이다.

오답 해설

① 'free'는 '자유로운, 무료의, ~이 없는'이라는 의미로, 문맥상 'fair'와는 다른 의미이다.
② 'mutual'은 '상호간의, 서로의'라는 의미로, 문맥상 'fair'와는 다른 의미이다.
③ 'profitable'은 '수익성이 있는, 이득이 되는'이라는 의미로, 문맥상 'fair'와는 다른 의미이다.

[8 ~ 9]

지문 해석

농업 마케팅 사무소

사명

우리는 식품, 섬유 및 특수 작물의 국내 생산자를 위한 국내외 마케팅 기회를 창출하는 프로그램을 운영합니다. 또한, 우리는 농업 산업에 가치 있는 서비스를 제공하여 국내외 소비자에게 건강에 좋은 식품의 품질과 가용성을 보장합니다.

비전

우리는 국내외 시장에서 국가 농산물의 전략적 마케팅을 촉진하며, 공정한 거래 관행을 보장하고 생산자, 거래자 및 소비자에게 이익이 되는 경쟁력 있고 효율적인 시장을 촉진합니다.

핵심 가치

- 정직과 진실성: 우리는 우리가 하는 모든 일에서 완벽한 정직과 진실성을 기대하고 요구합니다.
- 독립성과 객관성: 우리는 프로그램과 서비스에 대한 신뢰를 형성하기 위해 독립적이고 객관적으로 행동합니다.

지문 어휘

- agricultural 농업의, 농사의
- administer 운영하다, 관리하다
- domestic 국내의, 가정의
- international 국제적인
- fiber 섬유(질)
- wholesome 건강에 좋은, 건전한, 유익한
- facilitate 촉진하다, 가능[용이]하게 하다
- competitive 경쟁력 있는, 뒤지지 않는
- integrity 진실성, 완전한 상태, 온전함
- independence 독립(성), 자립(성)
- objectivity 객관성

10

▶ ①

정답 해설

본문에서는 Dimmesdale 호수가 죽어가고 있다는 경고와 함께 이를 구하기 위한 노력을 강조하고 있으므로, 글의 제목으로 가장 적절한 것은 ① ‘Dimmesdale 호수가 죽어가고 있다’이다.

② 호수의 아름다움에 대한 찬사
③ Dimmesdale 호수의 문화적 가치
④ 대학에 대한 호수의 중요성

11

▶ ③

정답 해설

본문의 열두 번째 문장에서 ‘비가 올 경우 그린 시티 공원에서 대학 도서관 203호로 옮긴다’고 언급하고 있으므로 안내문의 내용과 일치하지 않는 것은 ③이다.

오답 해설

① 본문의 다섯 번째 문장에서 언급하고 있으므로 일치한다.
② 본문의 여덟 번째 문장에서 언급하고 있으므로 일치한다.
④ 본문의 열다섯 번째 문장에서 언급하고 있으므로 일치한다.

[10 ~ 11]

지문 해석

딤즈데일 호수가 죽어가고 있다

가까운 이웃으로서, 여러분은 호수를 구하는 방법을 알아야 할 것입니다.

아직 호수가 죽지는 않았지만, 딤즈데일 호수는 그 방향으로 나아가고 있습니다. 그러니 이 아름다운 수역이 아직 살아 있는 동안에 경의를 표해주세요.

지금 몇몇 헌신적인 사람들이 호수를 구하기 위해 노력하고 있습니다. 그들은 이에 대해 여러분에게 알리기 위해 특별 회의를 개최할 예정입니다. 무엇이 이루어지고 있으며, 어떻게 도움을 줄 수 있는지 배워보세요. 이것은 여러분의 재산 가치에도 영향을 미칩니다.

누가 죽어가는 호수 근처에 살고 싶겠어요?

중앙 주 지역 계획 위원회 주최

- 장소: 그린 시티 공원, 서던 주립 대학 맞은편
  (비가 올 경우: 대학 도서관 203호)
- 날짜: 2024년 7월 6일 토요일
- 시간: 오후 2시

회의에 관한 질문은 저희 웹사이트 www.planningcouncilsavelake.org을 방문하시거나 사무실 (432) 345-6789로 연락해 주시기 바랍니다.

지문 어휘

- pay respect to ~에 경의를 표하다, ~를 존중하다
- dedicated 헌신적인, 전념하는
- affect 영향을 미치다, 발생하다
- property 재산, 소유물, 부동산, 건물
- sponsor 주최[주관]하다, 후원하다, 후원자
- council 의회, 자문 위원회
- opposite 맞은편의, 다른 쪽의, 반대, 반의어
- in case of ~의 경우, ~에 대비해서

12

▶ ①

정답 해설

이 전자우편의 주요 목적은 고객들에게 사이버 범죄로부터 자신을 보호하는 방법에 대한 정보를 제공하는 것이다. 전자 우편의 내용은 다양한 안전 수칙을 제시하고 있으며, 전체적으로 사이버 위협에 대한 경각심을 일깨우고 있다. 따라서 글의 목적으로 가장 적절한 것은 ①이다.

지문 해석

수신인: cbsclients@calbank.com
발신인: calbanks@calmail.com
날짜: 2024년 5월 7일
제목: 중요 공지

소중한 고객님들께,

오늘날 사이버 범죄는 여러분의 보안에 심각한 위협을 가하고 있습니다. 신뢰받는 파트너로서, 우리는 여러분의 개인 및 비즈니스 정보를 보호하는 데 도움을 드리고자 합니다. 사이버 위협으로부터 자신을 보호하는 다섯 가지 간단한 방법은 다음과 같습니다:

1. 강력한 비밀번호를 사용하고 자주 변경하세요.
2. 소프트웨어와 장비를 최신 상태로 유지하세요.
3. 빠르게 행동하거나 민감한 정보를 제공하라는 압박을 가하는 의심스러운 전자 우편, 링크, 전화에 주의하세요.
4. 이중 인증을 활성화하고 가능한 경우 항상 사용하세요. 캘리포니아 저축은행에 연락할 때, 신원을 확인하기 위해 일회용 비밀번호(OTP)를 사용해야 합니다.
5. 데이터를 정기적으로 백업하세요.

온라인에서 안전을 유지하는 방법에 대해 더 알아보려면 보안 센터를 방문하세요. 기억하세요, 사이버 보안은 팀의 노력입니다. 함께 협력함으로써 우리와 전 세계를 위한 더 안전한 온라인 환경을 만들 수 있습니다.

진심으로,

캘리포니아 저축은행

① 고객에게 사이버 위협으로부터 자신을 안전하게 지키는 방법을 알리기 위해서
② 고객에게 소프트웨어와 장비를 업데이트하는 방법을 알리기 위해서
③ 고객에게 비밀번호를 더 강하게 만드는 방법을 알리기 위해서
④ 고객에게 OTP를 보호하는 방법을 알리기 위해서

지문 어휘

- valued 소중한, 존중되는, 평가된
- cybercrime 사이버 범죄
- frequently 자주, 흔히
- up to date 최신의, 최근의, 현대식의
- suspicious 의심스러운, 수상쩍은
- sensitive 민감한, 예민한, 세심한
- authentication 인증, 입증, 증명
- verify 확인하다, 입증하다
- regularly 정기[규칙]적으로, 자주

13

▶ ④

정답 해설

우주 정거장에서의 혁신적인 야생 동물 모니터링에 대한 글로, 국제 우주 정거장이 새로운 장비를 통해 야생 동물 모니터링을 혁신하고, 동물의 위치와 생리학적 데이터, 환경 정보를 수집하여 생태계 건강을 분석함을 설명하고 있다. 따라서 글의 주제로 가장 적절한 것은 ④이다.

지문 해석

국제 우주 정거장이 지구에서 약 240마일 상공을 돌며 세계의 야생 동물을 모니터링하고 동물 추적 과학에 혁신을 일으킬 준비를 하고 있다. 2018년 우주 유영을 한 러시아 우주인들이 설치한 대형 안테나와 기타 장비가 테스트 중이며, 올 여름에는 완전히 운영될 예정이다. 이 시스템은 이전 추적 기술보다 훨씬 넓은 범위의 데이터를 전달하며, 동물의 위치뿐만 아니라 생리학과 환경까지 기록할 수 있다. 이는 야생 동물의 이동을 밀접하게 모니터링을 해야 하는 과학자, 환경 보호 활동가 및 기타 연구자들에게 도움을 주며, 세계 생태계의 건강에 대한 보다 자세한 정보를 제공할 것이다.

① 지구 생태계의 지속 가능성 평가
② 러시아 우주비행사들의 성공적인 훈련 프로젝트
③ 궤도 전초기지에서 행해진 동물 실험
④ 우주 정거장에서 혁신적인 야생 동물 모니터링

지문 어휘

- space station 우주 정거장
- orbit 궤도를 돌다, 궤도, 영향권
- revolutionize 혁신을 일으키다
- install 설치하다, 설비하다
- spacewalk 우주 유영
- relay 전달하다, 중계하다
- previous 이전의, 바로 앞의
- physiology 생리학
- conservationist 환경 보호 활동가

14 ▶ ③

정답 해설

본문의 일곱 번째 문장에서 '추수감사절, 크리스마스, 새해 첫날은 휴무'라고 언급하고 있으므로 윗글의 내용과 일치하지 않는 것은 ③이다.

오답 해설

① 본문의 첫 번째 문장에서 언급하고 있으므로 일치한다.
② 본문의 여섯 번째 문장에서 언급하고 있으므로 일치한다.
④ 본문의 여덟 번째 문장에서 언급하고 있으므로 일치한다.

지문 해석

David Williams 도서관 및 박물관은 매주 7일 운영되며, 11월부터 3월까지는 오전 9시부터 오후 5시까지, 4월부터 10월까지는 오전 9시부터 오후 6시까지 열려 있습니다. 온라인 티켓은 아래 링크에서 구매할 수 있습니다. 구매 후 이메일로 확인서를 받게 됩니다(스팸 메일 폴더를 반드시 확인하시기 바랍니다). 이 확인서를 인쇄하여 지참하거나 스마트 기기에서 제시하여 구매 증빙으로 사용하세요.

• **온라인 티켓**: buy.davidwilliams.com/events

David Williams 도서관 및 박물관과 David Williams의 집(국가 문화유산 서비스 운영)은 성인 입장권을 각각 $10.00에 판매합니다. 집 투어 티켓은 정상 업무 시간 중 현장에서 구매할 수 있습니다.

• **휴무**: 추수감사절, 크리스마스, 새해 첫날

David Williams 도서관 연구실에서 연구를 진행하는 데는 비용이 들지 않습니다.

추가 정보는 1 (800) 333-7777로 문의해 주세요.

① 도서관과 박물관은 12월 오후 5시에 문을 닫는다.
② 방문객들은 현장에서 집 투어 티켓을 구매할 수 있다.
③ David Williams의 집은 연중무휴로 열려 있다.
④ 도서관 연구실에서 연구를 무료로 진행할 수 있다.

지문 어휘

- purchase 구매[구입]하다, 구매, 구입
- below 아래에, 밑에
- confirmation 확인, 확증, 증거
- be sure to 반드시 ~하다
- separate 각각의, 별개의, 분리된, 분리되다, 나누다
- admission 입장, 입학, 시인, 인정
- on-site 현장의, 현지의
- charge 비용, 요금, 고발, 비난, 청구하다, 고소하다, 비난하다

15 ▶ ②

정답 해설

글의 주된 내용은 동물 질병 발생에 대한 준비와 대응의 중요성을 강조하고 있다. BOAH는 동물 질병 발생에 대비하는 것을 최우선 과제로 삼고 있으며, 이는 동물 질병 전염이 경제적 피해와 공공 건강에 미치는 영향을 고려한 것이다. 따라서 글의 요지로 가장 적절한 것은 ②이다.

지문 해석

동물 건강 비상 사태
동물 질병 발생에 대한 준비는 수십 년 동안 동물 건강 위원회(BOAH)의 최우선 과제가 되어 왔습니다. 전염성이 매우 높은 동물 질병 사건은 공중 보건이나 식품 안전 및 보안 결과뿐만 아니라 경제적으로 파괴적인 영향을 미칠 수 있습니다.

외국 동물 질병
외국 동물 질병(FAD)은 현재 해당 국가에서 발견되지 않는 질병으로, 동물에게 심각한 질병이나 사망을 초래할 수 있으며, 다른 국가 및 주와의 무역 기회를 없애 경제적으로 큰 피해를 줄 수 있습니다.

FAD 진단 교육을 받은 여러 BOAH 수의사들이 24시간 대기 중이며, FAD 의심 사례를 조사합니다. 조사는 FAD를 나타내는 임상 징후가 있는 동물에 대한 보고가 접수되거나 진단 실험실에서 의심스러운 검사 결과를 확인할 때 시작됩니다.

① BOAH는 FAD를 위한 수의사 교육에 중점을 둔다.
② BOAH의 주요 목표는 동물 질병 전염에 대응하는 것이다.
③ BOAH는 국제 무역 기회를 적극적으로 추진한다.
④ BOAH는 FAD의 원인에 대한 연구를 주도하는 것을 목표로 한다.

지문 어휘

- preparedness 준비, 각오
- outbreak 발생, 발발
- top priority 최우선(과제)
- contagious 전염되는, 전염성의
- devastating 파괴적인, 충격적인
- consequence 결과, 중요함
- currently 현재, 지금
- extensive 아주 넓은, 대규모의, 광범위한
- eliminate 없애다, 제거하다
- veterinarian 수의사
- diagnose 진단하다
- investigate 조사하다, 수사하다
- clinical 임상의
- indicative ~을 나타내는[보여주는], 직설법의

16 ▶ ②

정답 해설

반응 에세이의 개념과 작성 방법에 대한 글로, 반응 에세이는 주어진 자극에 대한 개인의 감정과 의견을 표현하는 글쓰기 과제로, 글쓴이는 자극을 요약하고 자신의 반응을 제시해야 함을 설명하고 있다. 반응 에세이에서 중요한 것은 주어진 자극에 대한 개인의 감정이나 의견을 표현하는 것이며, 사실을 수집하여 주장을 방어하는 것이 아니다. 따라서 글의 흐름상 어색한 문장은 사실수집의 중요성을 말하는 ②이다.

지문 해석

매우 일반적인 종류의 글쓰기 과제는 모든 학문 분야에서 나타나는 반응 또는 응답이다. ① 반응 에세이에서는 보통 "프롬프터" — 시각적이거나 서면 자극 — 가 제공되어 이에 대해 생각하고 응답하는 방식이다. (② 당신의 주장을 효과적으로 방어하기 위해 신뢰할 수 있는 사실을 모으는 것이 매우 중요하다.) ③ 이 유형의 글쓰기를 위한 일반적인 프롬프트나 자극에는 인용문, 문학 작품, 사진, 그림, 멀티미디어 프레젠테이션, 뉴스 사건 등이 포함된다. ④ 반응은 특정 프롬프트에 대한 작가의 감정, 의견 및 개인적인 관찰에 중점을 둔다. 반응 에세이를 작성할 때의 작업은 두 가지이다: 프롬프트를 간결하게 요약하고 이에 대한 개인적인 반응을 제시하는 것이다.

지문 어휘

- discipline 분야, 훈육, 규율, 훈육하다, 징계하다
- prompt 프롬프터의, 즉각적인, 신속한, 촉발하다, 유도하다
- reliable 신뢰할[믿을] 수 있는
- argument 주장, 논쟁, 언쟁
- quote 인용문, 인용하다
- literature 문학, 문헌
- focus on 중점을 두다, 초점을 맞추다
- opinion 의견, 견해
- briefly 간결하게, 간단히, 잠시
- summarize 요약하다

17 ▶ ②

정답 해설

행동주의의 정의와 특성에 대한 글로, 행동주의는 목표 달성을 위한 의도적이고 에너지가 넘치는 행동으로 정의되며, 때로는 대립적이고 논란이 많은 활동으로 나타남을 설명하고 있다. 주어진 문장은 활동주의의 특성을 설명하는 내용으로, 활동주의가 대립적이고 혼란스러운 성격을 가지고 있음을 강조한다. 따라서 주어진 문장이 들어갈 위치로 가장 적절한 것은 ②이다.

지문 해석

행동주의는 종종 개인과 집단이 원하는 목표를 달성하기 위해 연습하는 의도적이거나 격렬하거나 에너지가 넘치는 행동으로 정의된다. (①) 어떤 사람들에게 행동주의는 정치적 또는 사회적 변화에 대한 인식된 필요에 영향을 미치기 위한 이론적 또는 이념적으로 집중된 프로젝트이다. (② <u>다른 사람들에게 행동주의는 논란이 많고 파괴적이다; 결국에는, 그것은 종종 사물의 질서에 직접적으로 도전하는 대립적인 활동으로 나타난다.</u>) 행동주의는 불편하고, 때로는 지저분하며, 거의 항상 격렬하다. (③) 게다가, 그것은 행동주의자들, 즉 실행 가능한 전략을 개발하고, 특정 문제에 집단적인 스포트라이트를 집중하고, 궁극적으로 사람들을 행동으로 옮기는 사람들의 존재와 헌신 없이는 발생하지 않는다. (④) 저명한 학자가 시사하듯이, 효과적인 활동가들은 또한 때때로 큰 소리로 소음을 낸다.

지문 어휘

- activism 행동주의, 능동주의
- controversial 논란이 많은
- disruptive 파괴적인, 분열시키는, 지장을 주는
- after all 결국에는, 어쨌든
- confrontational 대립의, 모순되는
- define 정의하다, 규정하다
- vigorous 격렬한, 활발한, 건강한
- theoretically 이론적으로
- ideologically 이념적으로, 사상적으로
- messy 지저분한, 엉망인, 골치 아픈
- strenuous 격렬한, 몹시 힘든, 완강한, 불굴의
- presence 존재, 참석, 있음
- commitment 헌신, 약속, 전념
- scholar 학자, 장학생

18 ▶ ③

정답 해설

Nick이 캠핑을 할 때 요리하는 장면을 묘사하는 글이다. 소나무 조각으로 불을 피우고, 철망 그릴을 설치했다는 제시문 다음에는 Nick이 그릴 위에 프라이팬을 올리고 음식을 데우는 과정이 자연스럽게 이어진다. 먼저 (C)에서 프라이팬을 그릴 위에 올리고, (A)에서는 기포가 생기는 모습을 설명하며, 마지막으로 (B)에서 작은 기포들이 더 빨리 올라오고 있는 모습과 함께 글이 마무리된다. 따라서 글의 순서로 가장 적절한 것은 ③이다.

지문 해석

> Nick은 그루터기에서 도끼로 얻은 소나무 조각으로 불을 피우기 시작했다. 그는 불 위에 철망 그릴을 얹고, 네 개의 다리를 부츠로 땅에 눌러 고정했다.
> (C) Nick은 불꽃 위에 그릴에 프라이팬을 올렸다. 그는 더 배가 고팠다. 콩과 스파게티가 데워졌다. 그는 그것들을 저어 섞었다.
> (A) 그것들은 기포가 생기기 시작했고, 작은 기포들이 힘겹게 표면으로 올라왔다. 좋은 냄새가 났다. Nick은 토마토 케첩 병을 꺼내고 빵 네 조각을 잘랐다.
> (B) 작은 기포들이 이제 더 빨리 올라오고 있었다. Nick은 불 옆에 앉아 프라이팬을 들어 올렸다.

지문 어휘

- pine 소나무, 솔
- stump (나무의) 그루터기, 남은 부분
- surface 표면, 지면
- beside 옆에, ~에 비해
- lift 들어 올리다, 올라가다
- flame 불꽃, 불길, 활활 타오르다
- warm 데워지다, 따뜻해지다, 따뜻한
- stir 섞다, 젓다, 흔들리다, 동요, 충격, 젓기

19 ▶ ④

정답 해설

'기술 발전과 고용과의 관계'에 대한 글로, 기술 발전은 특정 산업의 일자리를 파괴할 수 있지만, 역사적 증거는 오히려 경제의 생산성과 소득을 증가시켜 노동 수요를 높일 수 있음을 강조하는 글이다. 따라서 상품에 대한 수요 증가로 인해 노동에 대한 수요도 증가하게 되어, 이로 인해 실직한 노동자들이 다른 산업에서 일자리를 찾을 수 있는 가능성이 높아진다. 따라서 밑줄 친 부분에 들어갈 말로 가장 적절한 것은 ④이다.

지문 해석

> 기술 발달은 섬유와 같은 특정 산업에서 일자리를 파괴할 수 있다. 그러나 역사적 증거는 기술 발전이 국가 전체에서 실업을 초래하지 않는다는 것을 보여준다. 기술 발전은 전체 경제의 생산성과 소득을 증가시키며, 높은 소득은 상품에 대한 수요를 증가시키고, 따라서 <u>노동력에 대한 높은 수요</u>도 증가한다. 결과적으로 한 산업에서 일자리를 잃은 근로자들은 다른 산업에서 일자리를 찾을 수 있을 거지만, 그들 중 많은 사람들은 이것이 시간이 걸릴 수 있고, 러다이트(the Luddites)와 같은 그들 중 일부는 그들의 새로운 일자리에서 결국 더 낮은 임금을 받게 될 것이다.

① 증가하는 실직
② 직장에서의 승진 지연
③ 직장의 만족도 향상
④ 노동력에 대한 높은 수요

지문 어휘

- progress 발달, 진보, 전진, 진행. 나아가다, 진행하다
- textile 섬유 산업, 직물, 옷감
- unemployment 실업(률)
- overall 전체의, 종합[전반]적인
- income 소득, 수입
- be able to ~할 수 있다, ~이 가능하다
- end up 결국 ~하게 되다
- wage 임금, 급료

20 ▶ ③

정답 해설

석유의 경제적 영향과 대체 에너지 한계에 대한 글로, 세계 경제가 활기를 띨 때는 석유 수요도 증가하고 가격도 상승하지만, 필연적으로 높은 가격은 경제 성장을 저해하고 과잉 생산으로 인해 수요가 줄어든다고 설명하고 있다. 따라서 밑줄 친 부분에 들어갈 말로 가장 적절한 것은 ③이다.

지문 해석

석유를 대체할 수 있는 것은 없으며, 이것은 큰 호황과 깊은 불황에 빠지기 쉬운 이유 중 하나로, 그로 인해 세계 경제도 영향을 받는다. 우리는 석탄이나 천연가스, 원자력 또는 신재생 에너지를 통해 전기를 생성할 수 있지만, 가격에 따라 에너지원에서 에너지원으로 전환하더라도 석유는 여전히 운송을 위한 가장 주요한 연료이다. 세계 경제가 활기를 띨 때, 석유에 대한 수요가 증가하고, 가격이 상승하며 생산자들이 더 많은 석유를 퍼내도록 자극한다. 필연적으로 이러한 높은 가격은 경제 성장을 저해하고 공급자들이 과잉 생산을 하고 있을 때 수요를 줄인다. 가격이 급락하면 사이클이 다시 시작된다. 이는 가격이 급락할 때 빈손이 될 수 있는 생산자들에게 나쁘며, 미래의 에너지 가격이 불확실한 소비자와 산업에도 피해를 준다. 1990년대의 낮은 석유 가격은 미국 자동차 회사들을 안심시켜 처참한 안일함에 빠지게 했다. 석유가 비싸졌을 때 사용할 수 있는 효율적인 모델이 거의 없었기 때문이다.

① 자동차 산업이 번창하는
② 이것은 국경 간의 혼란을 초래하는
③ 이것은 큰 호황과 깊은 불황에 빠지기 쉬운
④ 재생 에너지에 대한 연구가 제한적인

지문 어휘

- substitute 대체하다, 대신하다, 대체물, 대리자
- generate 생성하다, 만들어 내다, 발생시키다
- coal 석탄
- renewables 재생 가능 에너지, 신재생 에너지
- bust 불황, 실패, 파산
- predominant 주요한, 우세한, 지배적인, 두드러진, 뚜렷한
- inevitably 필연적으로, 불가피하게
- supplier 공급자, 공급 회사
- overproduce 과인 생산하다
- plummet 급락하다, 곤두박질치다
- lull into ~를 안심시켜 ~하게 만들다
- disastrous 처참한, 재앙의, 불길한
- complacency 안주, 안일